Mit der Erfindung des »künstlerischen Reformkleides« befreite Emilie Flöge als eine der ersten Modeschöpferinnen Europas die Frauen von Mieder und Korsett und zelebrierte eine neue selbstbewusste Weiblichkeit. Gemeinsam mit ihren zwei Schwestern betrieb sie den »Salon Schwestern Flöge« in Wien: Wer gesellschaftlich etwas auf sich hielt, ließ sich ein Haus von Josef Hoffmann bauen und einrichten, die Dame des Hauses von Gustav Klimt malen und von Emilie Flöge einkleiden. Adele Bloch-Bauer, Margaret Stonborough-Wittgenstein, Berta Zuckerkandl und Clarisse Rothschild liebten Emilie Flöges bahnbrechenden neuen Stil. Ihre für die damalige Zeit ungewöhnliche finanzielle Unabhängigkeit ermöglichte ihr auch eine selbstbestimmte Gestaltung ihres Privatlebens. Sie heiratete nie, blieb in freier Entscheidung kinderlos, verweigerte sich allen Rollenklischees. Überaus spannend erzählt Margret Greiner das Leben der Emilie Flöge, die Gustav Klimt als junges Mädchen kennenlernte und die dem schwierigen und extravaganten Künstler bis zu seinem Tod eine verlässliche Gefährtin jenseits einer konventionellen Liebesbeziehung war.

MARGRET GREINER studierte Germanistik und Geschichte in Freiburg und München. Viele Jahre arbeitete sie als Lehrerin und Journalistin. In ihren erzählten Biografien hat sie sich immer wieder mit außergewöhnlichen Frauenleben beschäftigt, u.a. »Charlotte Salomon. ›Es ist mein ganzes Leben‹«, »Margaret Stonborough-Wittgenstein. Grande Dame der Wiener Moderne«, »Mutig und stark alles erwarten. Elisabeth Erdmann-Macke – Leben für die Kunst«. Margret Greiner lebt in München.

Margret Greiner

Auf Freiheit zugeschnitten

EMILIE FLÖGE
Modeschöpferin und Gefährtin Gustav Klimts

btb

Bildnachweis:
Österreichische Nationalbibliothek: S. 33, S. 57, S. 75, S. 95, S. 135
rechts, S. 198, S. 211

IMAGNO/Austrian Archives: S. 14, 41, 97, 127, 133, 134, 135 (links),
146, 185, 199, 231, 241, 268 sowie Farbabbildungen 1, 3, 4
IMAGNO/ Sammlung Hubmann: S. 109
IMAGNO/Wien Museum: S. 240 sowie Farbabbildung 2

Für Christina und Christine

MIX
Papier | Fördert
gute Waldnutzung
FSC® C014496

Penguin Random House Verlagsgruppe FSC® N001967

8. Auflage
Genehmigte Taschenbuchausgabe Mai 2016,
btb Verlag in der Penguin Random House Verlagsgruppe GmbH,
Neumarkter Str. 28, 81673 München
Copyright © 2014 by Kremayr & Scheriau GmbH & Co. KG, Wien
Alle Rechte vorbehalten
Umschlaggestaltung: semper smile, München
nach einem Umschlagentwurf von Sophie Gudenus
unter Verwendung eines Fotos von Madame d´Ora (IMAGNO/ÖNB)
Druck und Einband: GGP Media GmbH, Pößneck
MK · Herstellung: sc
Printed in Germany
ISBN 978-3-442-71413-1

www.btb-verlag.de
www.facebook.com/penguinbuecher

Inhalt

Zeittafel

1874	Am 30. August wird Emilie Louise Flöge als viertes Kind des Drechslermeisters und Meerschaumfabrikanten Hermann Flöge und seiner Ehefrau Barbara in Wien-Mariahilf geboren. Sie wächst mit ihren älteren Geschwistern Hermann (geb. 1863), Pauline (geb. 1866) und Helene (geb. 1871) auf. Ihr Vater ist Protestant, die Kinder werden evangelisch getauft.

Nach dem Besuch der Volksschule erlernt Emilie den Beruf einer Kleidermacherin. |
| 1891 | Emilie Flöge lernt Gustav Klimt kennen. Er ist 12 Jahre älter und bereits ein arrivierter Maler. Sein jüngerer Bruder Ernst heiratet ihre Schwester Helene.

Gustav Klimt malt ein Bild der siebzehnjährigen Emilie. |
| 1892 | Helene Klimt, genannt Lentschi, Tochter von Ernst Klimt und Helene, geborene Flöge wird geboren. Im gleichen Jahr stirbt Ernst Klimt. Gustav Klimt wird Vormund der kleinen Lentschi.

Klimt zieht mit seiner Mutter und den zwei Schwester Klara und Hermine in die Westbahnstraße 36 im VII. Bezirk, wo er bis zu seinem Tode lebt. |
1897	Gründung der *Wiener Secession*, Klimt wird erster Präsident.
1901	Ferien am Attersee: die Familie Flöge verbringt die Sommerferien zusammen mit Gustav Klimt im Bräuhof in Litzlberg am Attersee. Der Bräuhof wird bis zum Jahr 1907 regelmäßiges Feriendomizil.
Ab 1901	während der Ferien am Attersee viele Besuche in der Villa Paulick in Seewalchen. Hermann Flöge war mit der Erbin der Villa, Therese Paulick, verheiratet.
1902	Klimt malt das Bildnis Emilie Flöges in Öl (heute: Wien-Museum)
1903	Gründung der *Wiener Werkstätte* durch Josef Hoffmann, Koloman Moser und Fritz Wärndorfer

Inspiriert durch die Ziele der *Wiener Werkstätte* entwickelt Emilie Flöge das künstlerische Reformkleid. |
| 1904 | Gründung des *Salon Schwestern Flöge* in der Mariahilfer Str. 1b über dem Café *Casa Piccola*. Der Salon der Schwestern Pauline, Helene und Emilie Flöge wird zum führenden Modeatelier Wiens. |
| Ab 1904 | fährt Emilie zweimal im Jahr zu den Modemessen nach Paris und London. Zu den Kundinnen gehören Adele Bloch-Bauer, Serena Lederer, Margaret Stonborough-Wittgenstein, Clarisse Rothschild. |

1906	Klimt fertigt in Litzlberg eine Serie von Fotografien an, die Emilie in ihren Reformkleidern zeigen. Die Fotos erscheinen in der Darmstädter Zeitschrift *Deutsche Kunst und Dekoration*.
1907	Zwei der berühmtesten Bilder Klimts entstehen: das Bildnis *Adele Bloch Bauer* und *Der Kuß.* In der weiblichen Figur auf dem Bild *Der Kuß* glauben viele Emilie Flöge zu erkennen.
Juni 1908	Sommerfrische in der Villa Oleander in Kammer (Gemeinde Schörfling) am Attersee. Die Villa Oleander wird regelmäßiges Domizil bis 1912.
1912	Klimt bezieht ein Atelier in der Feldmühlgasse 11 in Hietzing.
	Pauline Flöge stirbt.
	Emilie kurt wegen ihrer angegriffenen Gesundheit in Gastein
1913	Ferien am Gardasee (in Malcesine oder Tresimone)
1914-1916	Jeweils Sommerfrische in Weißenbach am Attersee. Die Familie Flöge logiert im Gästehaus der Familie Brauner, Klimt im nahegelegenen Forsthaus.
1914	Ausbruch des 1. Weltkriegs
1916	Kuraufenthalt Emilies in Steinakirchen
1917	Der Bruder Hermann Flöge stirbt.
1918	Am 6. Februar stirbt Gustav Klimt nach einem Schlaganfall. Im gleichen Jahr sterben: Egon Schiele, Ferdinand Hodler, Koloman Moser.
1928	Nach dem Tod ihres Mannes, Dr. Rudolf Donner, im Jahre 1928 tritt auch Helene (Lentschi) in den Salon ein.
1936	Helene Klimt, geborene Flöge, Lentschis Mutter, stirbt.
1938	Nach dem „Anschluss" Österreichs muss der *Salon Schwestern Flöge* schließen, da die großbürgerliche jüdische Kundschaft ausbleibt. Emilie Flöge zieht mit Lentschi in die Ungargasse 38, wo die beiden weiterhin eine kleinen Salon betreiben.
	Während des zweiten Weltkriegs verbringen Emilie Flöge und ihre Nichte viele Monate in einer von ihnen gekauften Villa in Weißenbach am Attersee (»Villa Donner«)
1945	Die Wohnung in der Ungargasse in Wien brennt aus, Emilies Trachtensammlung und wertvolle Teile aus Klimts Nachlass fallen den Flammen zum Opfer.
1952	Am 26. Mai stirbt Emilie Flöge an einem Nierenversagen in Wien. Das Ehrengrab der Stadt Wien, in dem neben Emilie auch ihre Mutter Barbara, ihre Schwestern Pauline und Helene, ihre Nichte Helene Donner und deren Ehemann Rudolf Donner begraben sind, befindet sich auf dem Evangelischen Friedhof in Simmering.

*Ich glaube, Schönheit ist nichts anderes als
der Ausdruck davon, daß etwas geliebt worden
ist, alle Schönheit der Kunst und der Welt
hat ihren Ursprung in der Kraft, eine Liebe
verständlich zu machen...*

Robert Musil, Der Mann ohne Eigenschaften

Klimt taucht auf

Das erste Mal sah Emilie ihn, als er mit seinem Bruder Ernst zu Familie Flöge nach Hause kam. Es war nur wenige Wochen vor Helene Flöges Hochzeit im Jahr 1891. Für Hermann Flöge war die Verlobung seiner Tochter Helene mit Ernst Klimt nicht leicht zu akzeptieren gewesen. Ernst war ein Künstler, ein Maler. Hermann Flöge war, wenn man so will, auch ein Künstler. Oder einer gewesen. Als junger Mann von gerade 16 Jahren hatte er sich in der Akademie der Bildenden Künste eingeschrieben. Das Fach konnte er immer noch aufsagen wie einen Kinderreim: „Kleine Plastik, Ornamentik und Medailleurkunst". Aber er hatte diese künstlerischen Ambitionen rasch aufgegeben, weil die Kunst eben nicht nach dem Brote gehe, wie er sagte. Ob das wirklich der Grund war, ob er nicht eher eingesehen hatte, dass seine Begabung nicht ausreichte, wer konnte das sagen. Jedenfalls war Hermann Flöge ein tüchtiger Handwerker geworden, ein Drechslermeister. Und die Kunst des Ornamentalen und der kleinen Plastik übte er ja auch aus – auf einem sehr seltenen Gebiet: Er schuf wunderschöne Meerschaumpfeifen, die er sogar bis nach England exportierte. So waren die Flöges nicht reich, aber doch wohlhabend und angesehen. Wenn sie am Sonntag im Volksgarten spazieren gingen, der Herr Papa, die Frau Mama, Hermann, der Sohn, und die Töchter Pauline, Helene und Emilie, zogen die Leute den Hut vor dem Herrn Fabrikanten Flöge und seiner Familie. Ernst Klimt kam da schon aus einem anderen Milieu, wohnte in einem Haus, von dem Helene hinter vorgehaltener Hand sagte: „Schäbig, einfach nur schäbig." Aber Ernst war fesch. Er war schlank, hatte ein schmales Gesicht, dunkles Haar, das sich bei Feuchtigkeit leicht kräuselte, einen immer frisch gestutzten Bart. Mit seinem Bruder Gustav und Franz Matsch bildete Ernst eine Künstler-Compagnie, die auf Anhieb Erfolg hatte. Die Aufträge konnten sich sehen lassen: Deckengemälde im Hofburgtheater, Ausstattungsbilder für das Stiegenhaus des Kunsthistorischen Museums, Ausstattung des rumänischen

Königsschlosses Peleş, Dekoration der Hermes-Villa in Wien. Alle waren beeindruckt, was diese jungen Burschen für eine Karriere machten, nur Hermann Flöge nicht.

„Können Sie denn eine Frau ernähren?", hatte er Ernst gefragt, als dieser um Helenes Hand anhielt. „Und noch drei Kinder dazu", hatte Ernst gelacht. Aber Helenes Vater grummelte vor sich hin, nörgelte herum. Helene, die ihren Vater als junges Mädchen um den Finger wickeln konnte, ließ ihren Charme blitzen: „Das Handwerk hat goldenen Boden – aber die Kunst hat einen goldenen Himmel!" Emilie hätte das nicht zu sagen gewagt, aber Helene war eben die ältere Schwester, die sich das traute. Helene konnte wohl auch so vorwitzig und couragiert sein, weil sie die Mutter auf ihrer Seite wusste. Frauen stehen eben immer auf der Seite der Liebe. Wenn die Liebe einigermaßen passt.

Als Emilie an einem Sonntagnachmittag ins Wohnzimmer kam, um den Kaffeetisch zu decken, geriet sie unversehens in ein temperiertes Gespräch zwischen ihren Eltern. „Aber sie liebt ihn doch", sagte die Mama. Der Vater zog heftig an seiner Zigarre und stieß hervor: „Liebe, wenn ich das schon höre!" Liebe gab es, aber für eine gute Ehe war sie eher hinderlich. Außer bei einem romantischen Gemüt, wie es seine Frau war, die aus Niederösterreich stammte, das eigentlich nicht als Nährboden für starke Gefühlsaufwallungen berühmt ist. Es gab rechte Partien oder unrechte, und Ernst war recht, weil er ein rechtes Mannsbild war, freundlich gegen jedermann, ausgeglichen, tüchtig, redlich. Er war unrecht, weil er nur ein Maler war. Man konnte doch auch am Sonntag malen und in der Woche ein ehrbares Handwerk ausüben.

Emilie mochte Ernst gut leiden und hoffte sehnlichst, ihr Vater möge einsehen, dass er keinen besseren Schwiegersohn bekommen konnte. Ernst hatte die Angewohnheit, wenn er zu Flöges nach Hause kam, seine künftige Schwägerin Emilie mit einem tiefen Bückling zu begrüßen und zu sagen: „Verehrtes Fräulein, auf die Emilien muss man besonders aufpassen, die werden von Prinzen geraubt, die Helenen allerdings" – und dabei schaute er seiner Verlobten tief in die Augen – „von Königssöhnen." Was ist denn der Unterschied zwischen Prinzen und Königssöhnen, dachte Emilie, ist doch das gleiche. Erst später wurde ihr klar, dass Ernst auf Lessing und Homer anspielte. Er kam aus einfachen Verhältnissen, aber er war belesen. Und seine Augen waren von bezwingender Lebendigkeit.

Ernst sprach viel von seinem älteren Bruder Gustav, mit dem er die Kunstgewerbeschule besucht hatte. Gustav war schon berühmt, ganz Wien tratschte über ihn. Man erzählte sich, dass auf seinen Bildern im Stiegenhaus des Hofburgtheaters nicht nur die klassischen Theater abgebildet seien, sondern auch nackte Frauen in lustvollen Posen. Die Flöges waren noch nicht im neuen Burgtheater gewesen: Hermann Flöge liebte das Theater nicht, allenfalls gestattete er seiner Frau und den Kindern die klassischen Dichter. Er war Protestant und hörte Bach-Kantaten.

Und eines Tages, kurz vor der Hochzeit, brachte Ernst seinen Bruder mit zu Familie Flöge.

Ausgerechnet zu einem der steifen Sonntagnachmittagskaffees, bei denen Barbara Flöges Topfenstrudel, das gute Limoger Blümchen-Service und das Silberbesteck von Auerhahn auf den Tisch kamen.

Gustav sah wie eine gröbere Fassung von Ernst aus. Emilie war damals 17, und für sie waren alle jungen Männer jenseits der 22 Jahre ältere Herren. Und Gustav war entschieden ein älterer Herr, nein, ein älterer Mann. Dabei war er gerade 29 Jahre alt. Untersetzte Statur, kantiger Schädel, buschige Brauen, dunkles Haar, das auf dem Kopf schon dünne Stellen zeigte, an den Seiten aber hochgebauscht war, was ihn wie einen Faun aussehen ließ, und ein üppiger schwarzer Vollbart, ein Rauschebart, wie ihn fromme Juden trugen, allenfalls etwas mehr gestutzt. Nur der Mund war so sensibel und fein gezeichnet wie bei einer Frau.

Auch Ernst entsprach nicht dem Bild eines durchgeistigten Künstlers, aber Emilie hatte sich in ihren romantischen Jungmädchengefühlen Gustav wohl als einen auf die Wiener Erde gefallenen Raffael vorgestellt.

Gut gekleidet war er, trug einen hellen Leinenanzug, zum weißen Hemd eine Fliege und – das war ein merkwürdiger Anblick –

Gustav Klimt und Emilie
Flöge um 1899. Ferrotypie

um die Taille, die auch nicht mehr ganz schlank war, einen breiten
dunklen Bund wie eine Schärpe. Emilie hatte so etwas noch nie gesehen, vielleicht war das sein Markenzeichen als Künstler. Später
erfuhr sie, dass man solch ein Gebilde „Kummerbund" nannte, was
einen Lachanfall bei ihr auslöste.

Gustav Klimt saß ungelenk auf dem Stuhl, die breiten Hände
lagen wie Löwenpranken auf dem Tisch, schoben manchmal den
Kuchenteller beiseite, als störe alles, was seinen Händen nicht
genug Raum ließ. Die Frauen Flöge spürten, dass Gustav Klimt
an diesem Kuchennachmittag alles lästig war, außer dem Kuchen
selbst. Dreimal ließ er sich von Mutter Flöge den Teller mit Topfenstrudel füllen, Emilie hätte sich nicht gewundert, wenn er wohlig

gegrunzt hätte. Als Barbara Flöge ihm ein viertes Stück anbot, sah man in seinem Blick den Hunger, ja, die Gier, aber er bezwang sich, lehnte dankend ab. Dabei schien ihm das Urteil seiner Mitmenschen ziemlich gleichgültig zu sein. Vielleicht dachte er an diesem Tag aber an seinen Bruder Ernst, wollte einen passablen Eindruck machen, weil doch die Hochzeit ins Haus stand. Und wirklich nicht verschoben werden sollte, da Helenes Leib sich schon allzu deutlich rundete.

Gustav war maulfaul; er sagte nur etwas, wenn das Gespräch auf das Wetter kam. Dann konnte er erklären, warum die Rückseite eines Tiefs über dem Balkan kaltes Wetter nach Wien brachte. Oder umgekehrt. Meteorologie interessierte allenfalls Vater Flöge.

Als Gustav sich verabschiedete – Ernst blieb noch länger –, schaute er Emilie an und sagte: „Würden Sie mir Modell sitzen, Fräulein Emilie?" Emilie sah, als er ihr den vollen Blick schenkte, dass er gleichzeitig dunkle und helle Augen hatte, von tiefem Braun mit ockerfarbenem Glanz. Sie stotterte, wie sich das für ein Mädchen in ihrem Alter gehörte, wollte schon den Standardsatz aller wohlerzogenen Töchter „Da muss ich meine Mutter fragen" herauswürgen, sagte dann aber: „Ich will es mir überlegen", was in Klimts Ohren bestimmt besser klang. Denn schon da ahnte Emilie, dass er mit kleinen dummen Mädchen nichts anzufangen wusste. Oder nur etwas sehr Bestimmtes.

Als Ernst ging, nahm er Emilie einen Moment beiseite und flüsterte ihr zu: „Du gehst nicht alleine in Gustavs Atelier, hörst du! Nicht ohne deine Mutter!"

Das Fetzenkind

Die Kindheit? Ist nicht jede Kindheit eine große Kränkung, weil man nie das bekommt, was man braucht? Dabei hatten die Flöges ja noch Glück, halbwegs gute wirtschaftliche Verhältnisse, eine liebevolle und lebenslustige Mutter, einen immer abwesenden, weil hart arbeitenden Vater, der aber als Sonntagnachmittagsvater (so nannten ihn manchmal die Flöge-Töchter) auf eine täppische Art durchaus seinen Kindern zugetan war, sofern sie seinen Vorstellungen, die vom rigorosen Ethos eines norddeutschen Protestantismus geprägt waren, entsprachen. Am meisten liebte er natürlich Hermann, weil der ein Junge war. Emilie kam als letztes Kind, und da es schon zwei Schwestern gab, hätte sie wirklich ein Junge sein sollen. Drei Mädchen, das bedeutete, drei Aussteuern zu erarbeiten, dreimal Glück mit Schwiegersöhnen haben zu müssen, die möglichst gut situiert sein, aber auch die absolute Autorität des Schwiegervaters anerkennen sollten. Schwiegertöchter machten in diesem Punkte selten Schwierigkeiten, bei ihnen gab es immer nur die Befürchtung, dass sie nicht mit Geld umgehen konnten.

Emilie war also die jüngste, die vierte. Die Geschwister waren mit einigem Abstand gekommen, Hermann, der älteste war 1863 geboren, 1866 Pauline, fünf Jahre später Helene, schließlich Emilie Louise im Jahr 1874. Kein Nesthäkchen, aber eine Nachgeborene. Erfahrungsgemäß hat sich die Begeisterung der Eltern beim vierten Kind abgeschliffen, das ist aber nicht immer von Nachteil, weil die mangelnde Konzentration auf ein Kind diesem auch Freiheit gibt. Trotzdem beneidete Emilie manchmal ihren Bruder Hermann, der drei Jahre lang als Kind die ungeteilte Liebe und Aufmerksamkeit zumindest der Mutter genossen hatte.

Emilie hatte nie eigene Kleidung, immer nur von ihren älteren Schwestern geerbte oder umgeänderte. Dabei hätten die Flöges das Geld gehabt, ihr auch einmal ein neues Kleid zu kaufen, aber wozu diese Ausgabe, wenn man doch eine Mutter hatte, die die Nähmaschine bedienen konnte.

Als Emilie neun Jahre alt war, bat sie ihre Mutter, sie solle ihr einfach ein paar Fetzen geben, sie würde sich jetzt selbst etwas nähen. Mama Flöge ging im Spaß darauf ein und brachte ihrer Tochter einen Stoß aufgetrennter Kleider und Blusen, Nadel und Faden und Schere. Jeden Tag neckte sie Emilie mit der Frage, wann denn das Wunderwerk fertig sei. Es dauerte lange. Aber dann erschien das Mädchen eines Sonntagsmorgens mit einem langen Rock, der aus zwölf kunterbunten Flicken zusammengeschustert war. Den Vater rührte fast der Schlag: „Wo habt ihr denn dieses Zigeunerkind aufgelesen?"

Natürlich durfte Emilie den „Zigeunerfetzen" nicht tragen. Aber ihre Mutter fühlte sich bemüßigt, ihr einen besonders schönen Rock (aus dem aufgetrennten Stoff eines Sommerkleides, das Helene zu klein geworden war) zu nähen.

Jetzt müsste eigentlich kommen, damit die Geschichte auf einen Sinn hinausläuft, dass alle Familienmitglieder prophezeiten, dass die Emilie eine Kleidermacherin werden würde. Keine Rede davon. Es war eine folgenlose Episode.

Vielleicht nicht ganz: was Emilie blieb, war, dass sie als Kind, mehr noch als Jugendliche, nie zufrieden mit ihrer Kleidung war. Am schlimmsten empfand sie es, als sie im Alter von vierzehn Jahren von ihren Schwestern in die „weiblichen Geheimnisse" eingeweiht wurde. Da waren einmal die in vielen sprachlichen Verrenkungen angedeuteten Hinweise auf die bald einsetzende Menstruation. Wie sollte man das begreifen, dass man jeden Monat bluten musste, damit man eine richtige Frau war und eines Tages Kinder in die Welt setzen konnte? Als das Ereignis dann zum ersten Mal eintrat, brüllte Emilie vor Schrecken über das schwärzliche Blut in ihrer Unterhose das Haus zusammen, sodass sogar Hermann entgeistert angelaufen kam, weil er glaubte, sie hätte sich schwer verletzt. Ähnlich verstörend waren die Anweisungen der älteren Schwestern, wie Emilie sich jetzt zu kleiden habe – nämlich wie sie! Schluss mit den flotten Hängekleidchen, die eine Handbreit über dem Knie endeten. Ab jetzt gab es lange Kleider und Röcke, die bis zu den Schuhen fielen, hochgeschlossenen Blusen, unter denen lachsfarbene Büstenhalter getragen werden mussten. Dass Emilie so schlank war, dass ihre Brüste in diesem Alter nur zwei kleine „Krapferl" waren, spielte keine Rolle. Ähnlich erging es ihr mit der Corsettage, die auch im Hochsommer nie weggelassen werden durfte. Es war lächerlich, einem schmalen jungen Mädchen ohne die geringsten Rundungen einen Unterbau zu verpassen, mit dem die Taille noch wespiger zusammengezurrt werden konnte, aber es gehörte sich einfach so.

Wer bestimmt denn eigentlich, was sich gehört, fragte sich die junge Emilie. Musste man diese Quälerei wirklich ertragen? Durfte man nicht vielleicht ungehorsam sein? Was wären denn die Strafen?

Aber das waren die Probleme der späteren Jahre. Als Kind hatte Emilie andere, vielleicht auch nur eines. Von dem Zeitpunkt an, da sie lesen konnte, hungerte und dürstete sie nach Büchern und konnte nie genug bekommen – und das war viel schlimmer, als immer abgetragene Kleider anziehen zu müssen. Vielleicht gab es einmal ein Buch zu Weihnachten oder zum Geburtstag, wenn sie heftig darum quengelte. Das Buch hatte sie dann am Abend desselben Tages ausgelesen. Selten war es so spannend, wie sie erhofft hatte. Die Mädchenliteratur im Wien ihrer Kindheit feierte als Prototyp das brave Mädchen, das Unglaubliches leistet, wenn die Mutter einmal krank wird und sieben Geschwister versorgt werden müssen. Emilies Mutter war nie krank.

Da war es ein Höhepunkt, als ihr Pauline mit der Großmut der acht Jahre älteren Schwester den Band „Grimms Märchen" lieh. In diesen Geschichten gab es nicht nur brave Mädchen, sondern böse Hexen, ungehorsame Kinder, widerliche Schwestern, grausame Mütter, also viel interessantere Figuren.

Sie hätte auch gerne Jungenbücher gelesen. Da hatte sie keine Chance. Hermann konnte ihr nichts vererben, er konnte mit Büchern nichts anfangen, er war an Technik interessiert.

Schon Kaiserin Maria Theresia hatte in Österreich die allgemeine Schulpflicht eingeführt, die sechsjährige Volksschule. Ab dem 12. Lebensjahr mussten die Mädchen der Arbeiterklasse arbeiten, die Mädchen des Bürgertums sich irgendwie beschäftigen, bis sie möglichst mit 17 oder 18 Jahren einen respektablen Mann kennenlernten und nach angemessenem zeitlichen Abstand heirateten. Immerhin konnten die Flöge-Mädchen schon auf die achtjährige Bürgerschule gehen, sodass sie erst mit 14 Jahren aus der Schule kamen. Für die reiche Oberschicht – zu der Flöges nicht gehörten – gab es die Möglichkeit, die Töchter auf private und teure „Höhere Töchterschulen" zu schicken. Aber auch die dienten nur dazu, die Töchter als bessere Heiratspartien auszustaffieren. Die Schulen führten nicht zu einer Matura, weil es diese für Frauen nicht gab, also konnten sie auch nicht studieren.

Immer wenn Emilie später eine so gebildete Frau wie Adele Bloch-Bauer traf, dachte sie, wie schmerzhaft es für diese gewesen sein musste, nicht studieren zu dürfen. Adele sprach mehrere Sprachen, sie hatte eine intensive Liebe zur Literatur, sie war an Kunst, Musik, ja, auch an Politik interessiert, führte einen Salon und konnte sich mit den führenden Männern ihrer Zeit unterhalten, aber sie blieb ihr ganzes kurzes Leben lang von ihrem Mann abhängig, unfähig, all ihr Wissen und Können jemals in einem Beruf produktiv umzusetzen.

Die einfachen Flöge-Töchter konnten der Bankierstochter und Fabrikantengattin Bloch-Bauer natürlich nicht das Wasser reichen, der Vater hätte nicht das Geld und nicht die Einsicht gehabt, die Mädchen etwas lernen zu lassen, das über die ehevorbereitenden Tätigkeiten wie Kochen und Backen, Nähen und Klavierspiel hinausging. Emilie bestand aber – genau wie Pauline und Helene – darauf, den Beruf der Kleidermacherin von Grund auf zu erlernen, auch wenn die Perspektive, irgendwann eine Beschäftigung für drei Kronen am Tag zu finden, nicht eben verlockend war.

Die Lehrzeit war schrecklich. Emilie hätte bei Pauline lernen können, die schon ihre eigene kleine Lehranstalt für Kleidermacherinnen hatte, aber sie hatte sich in ihren vierzehnjährigen Kopf gesetzt, dass sie „auswärts" mehr lernen würde. „Auswärts" bedeutete in einem anderen Lehrbetrieb in Wien. Emilie lernte wenig und litt umso mehr, da sie als Lehrmädchen weniger wert war als die Kohle im Ofen der Werkstatt. Sie beklagte sich nie, aber ihre Mutter ahnte, was sie durchmachte. Barbara baute Brücken, Emilie könne doch aufhören und zu Pauline in die Lehre gehen. Aber die Mutter wusste, dass ihre Tochter genauso dickköpfig war wie sie selbst, die sich als Niederösterreicherin zum Entsetzen ihrer Familie einen protestantischen Mann mit preußischen Vorfahren ausgesucht (das Aussuchen war zumindest ihre Version) und durchgesetzt hatte, Hermann Flöge zu heiraten und mit ihm nach Wien zu ziehen. Was man gewählt hatte, dabei blieb man. Wenn auch nicht immer ein Leben lang.

Emilie sah eine „Karriere" als Hausschneiderin oder Änderungsschneiderin in einem der neuen Warenhäuser in der Mariahilfer Straße vor sich. Aber dann ging sie nach der Lehre doch in die Werkstatt in der Neuburger Straße, die Pauline und Helene betrieben. Die Schwestern verdienten kein Vermögen, das mussten sie auch nicht, weil sie den wohlhabenden Vater im Rücken hatten, aber sie waren ihr „eigener Herr", sie liebten die Unabhängigkeit – und sie mussten nicht so dringend auf einen Mann warten.

Dann traten Ernst und Gustav Klimt in das Leben der Flöge-Fräuleins. Mit Ernst änderte sich Helenes Leben, mit Gustav Emilies Leben. Ob und was sich für Pauline änderte, darüber konnte man nur spekulieren. Durch Gustav gewann Emilie bald ungeahnte neue Perspektiven. Plötzlich wurde sie Teil einer „Bewegung", eines Aufbruchs in eine neue Zeit. Aber sie war nicht nur ein Rädchen, das von außen bewegt wurde, sie drehte begeistert mit. Wer hätte das gedacht, da ihr doch eine konservative Karriere als Ehefrau, Hausfrau und Mutter in die Wiege gelegt war, am besten an der Seite eines mittleren Beamten. Das Leben macht eben wunderliche Sprünge.

Eine Hoffnung stirbt

Helene Klimt war erstaunt, als sich schon am frühen Nachmittag der Schlüssel in der Wohnungstür drehte. „Du kommst schon nach Hause! Ist dir nicht wohl?", fragte sie ihren Mann. Dann sah sie, dass ihre Frage überflüssig war, Ernst sah bleich aus, die Augen glänzten vor Fieber. „Dieses scheußliche Dezemberwetter, da muss man sich ja eine Erkältung holen." Ernst wollte seine kleine Tochter streicheln, die im Laufstall saß, er beugte sich zu ihr herab, hielt aber in der Bewegung inne, um sie nicht anzustecken. Er hatte darauf bestanden, dass die Tochter nach der Mutter Helene genannt wurde. Helene, die Mutter, hätte lieber eine Johanna gehabt. „Du rufst ‚Helene', und dann kommen demnächst zwei Frauen gehaxelt." – „Ja, genau, das ist der Gipfel des Glücks", hatte Ernst gesagt.

„Leg dich ins Bett, ich mache dir Milch mit Honig. Und miss das Fieber!"

In der Nacht stieg das Fieber weiter. Helene wechselte das Leintuch, gab Ernst einen frischen Pyjama, legte ihm kalte Kompressen auf, er konnte nicht schlafen, klagte über rasendes Kopfweh und wiederholte den Satz: „Und gerade jetzt haben wir so viel zu tun." Am Morgen schickte Helene eine Depesche an Dr. Kaltenbrunner. Der kam am Mittag. „Die Lunge ist frei. Da sind wir mal froh, dass es keine Lungenentzündung ist. Aber es ist eine ausgewachsene Influenza. Die grassiert. Eiserne Bettruhe, kalte Umschläge gegen das Fieber – dann kommt Ihr Mann bald wieder auf die Beine. Und halten Sie das Kind von ihm fern."

Das war leichter gesagt als getan, denn die kleine Helene, die alle „Lentschi" nannten, konnte zwar noch nicht laufen und nur wenig vor sich hin brabbeln, aber sie zeigte immer zur Schlafzimmertür, weil sie genau wusste, dass sich dort ihr Vater versteckt hielt. Ihr Vater, der sie sonst immer so hoch in die Luft warf, dass Helene vor Vergnügen juchzte. Jetzt heulte Helene, wie nur Kleinkinder heulen können: mit einer Engelsgeduld, als gäbe es zur Belohnung für die Ausdauer einen Riegel Schokolade.

Ernst kam nicht wieder auf die Beine. Das Fieber klang ab, aber er klagte über starke Schmerzen in der Brust, vor allem beim tiefen Ein- und Ausatmen. Helenes Mutter Barbara brachte Tafelspitz mit Apfelkren, Ernsts Lieblingsgericht, aber er aß nur eine Gabel voll. Gustav kam vorbei und wollte ihn beruhigen, die Arbeit gehe zügig voran, er solle sich erst auskurieren. „Ihr kommt also ohne mich zurecht", sagte Ernst trocken. „Sei stad", sagte Gustav ebenso trocken. Das war die Art, in der die Brüder miteinander kommunizierten. Beiden war klar, dass Gustav und Franz Matsch Ernst brauchten, um ihre Aufträge termingerecht abliefern zu können, dass Gustav aber seinem Bruder nicht auch noch eine Verantwortung für Schwierigkeiten der Compagnie auf die schmerzende Brust laden wollte.

Schließlich wurde es unvermeidlich, Ernst ins Spital einzuliefern, auch wenn sich dieser entschieden wehrte. Dort wurde eine Perikarditis, eine Entzündung des Herzbeutels vermutet, normalerweise würde die von selbst ausheilen, es sei denn, die Krankheit griffe auf den Herzmuskel über.

Es sei denn. Am 9. Dezember 1892 starb Ernst Klimt im Alter von 29 Jahren und hinterließ seine 21-jährige Ehefrau Helene und seine einjährige Tochter Helene.

Das Gewalttätige dieses frühen Todes erschütterte die Welt der Klimts und Flöges. Helene brach völlig zusammen, ließ die Wohnung verkommen, die sie zuvor wie eine Puppenstube hergerichtet hatte, saß tagelang mit der Tochter auf einer Chaiselongue und stierte auf die gegenüberliegende Wand, an der ein Bild von Ernst hing. Pauline kam am Morgen, warf den Ofen an, damit die beiden in der Dezemberkälte nicht erfroren, kochte Brei für die kleine und Suppe für die große Helene. Emilie kam abends, badete das Kind, sorgte dafür, dass Mutter und Tochter ins Bett kamen und schlief im Gästezimmer bei offener Tür, um bei jedem verdächtigen Laut aufzuspringen.

Gustav kam vorbei, blieb nie lange, sprach wenig, legte Geld auf den Sekretär. Er werde die Vormundschaft für die kleine Helene übernehmen und auch für die Mutter sorgen.

Emilie dachte: Was bürdet sich der Mann alles auf: Er unterhält seine Mutter und die unverheirateten Schwestern und jetzt noch die Schwägerin und die Nichte. Und trotzdem strahlt er eine Stärke aus, als könne er unter keiner Last zusammenbrechen. In die Dankbarkeit mischte sich Bewunderung. Gustav war für alle ein Halt. Emilie fiel nur das abgenutzte Wort vom „Fels in der Brandung" ein. Eine Schutzhütte in den Bergen würde auch passen, wenn man sich ein wütendes Gewitter dazudachte. Emilie war achtzehn Jahre alt, es überkamen sie romantische Stimmungen, für die ihr Worte und Bilder fehlten, nach denen sie aber suchte.

Gustav würde Helene retten, er würde ihr ermöglichen, in Anstand und Würde ihre Witwenschaft zu tragen. Später fragte sich Emilie manchmal, ob nicht Helene durch ein bestimmtes Entgegenkommen Gustav Dankbarkeit bezeugt hatte. Aber dann schob sie den Gedanken als ungehörig beiseite.

Im gleichen Jahr wie Gustavs Bruder Ernst starb auch sein Vater Ernst, Verluste, die Gustav zu schaffen machten. Seine künstlerische Produktivität erlahmte, es schien, als brauche er Zeit zur Besinnung. Dass zur gleichen Zeit die Beziehung zu Franz Matsch zerbrach und damit die Compagnie ein Ende fand, war aber nicht nur Ernsts Tod geschuldet, sondern einer künstlerischen Neuorientierung, mit der sich Klimt vom Stil des Historismus, der bei den staatlichen Aufträgen verlangt war, entfernte und die ihn mit neuen Ausdrucksformen experimentieren ließ.

Theatrum mundi

Gustav kam jetzt regelmäßig in das Haus Flöge. Helene war mit ihrer Tochter Lentschi in die elterliche Wohnung zurückgezogen, so hatte der Schwager und Onkel gute Gründe, seine Schwägerin und sein Mündel zu besuchen. Aber allen war klar, dass er vor allem Emilies wegen kam, auch wenn er selten das Wort an sie richtete und sich lieber mit Vater Hermann über das Wetter – ein wahrhaft unerschöpfliches Thema – und mit Mutter Barbara über Hausmittel gegen Erkältungen unterhielt. Eines Tages wartete er mit einer Überraschung auf: Er lud die drei Schwestern zu einer Besichtigung der Gemälde im Hofburgtheater ein, die endgültig fertiggestellt waren, nachdem Gustav die Bilder seines Bruders Ernst vollendet hatte.

„Ja, aber man sieht doch gar nichts, man kriegt nur einen steifen Hals", wandte Pauline ein, die einmal, als die Schwestern mit ihrer Mutter in einer Aufführung von Schillers „Don Carlos" im Hofburgtheater gewesen waren, mit wachsender Verzweiflung zur Decke gestarrt hatte und in 20 Meter Höhe nur verschwommene Farblandschaften und keine Details hatte entdecken können. „Ernst hat doch immer erzählt, dass ihr auf einem hohen Gerüst arbeiten musstet, fast liegend wie Michelangelo bei der Sixtinischen Kapelle", assistierte Helene.

„Ich konnte immer stehen, aber ich bin ja auch kleiner, als Ernst es war", brummte Gustav. „Das Gerüst wird morgen abgebaut. Der Direktor hat die private Besichtigung erlaubt, auf eigene Gefahr versteht sich. Ernst zu Ehren."

Helene wurde ganz aufgeregt. Sie hatte nur Entwürfe für Ernsts Bilder gesehen. Und es gab so wenig Gemälde, die er hinterlassen hatte, fast alles, was er mit der Compagnie geschaffen hatte, hing in schwer zugänglichen öffentlichen Gebäuden: in den Stadttheatern von Fiume und Karlsbad, im Bukarester Nationaltheater oder in privaten Palästen.

Pauline, Helene und Emilie kleideten sich ausgehfein, sodass sogar Mutter Barbara, die sehr auf Contenance hielt, sagte: „Madln, ihr kletterts auf ein Baugerüst, ihr gebts keinen Empfang in der Kaiserloge."

Gustav saß im Fiaker neben Emilie. „Du wirst dir etwas fremd vorkommen", sagte er, und niemand wusste, was er damit meinte.

Über einen roten Teppich mit gerafften Röcken die Prachtstiege im Burgtheater emporzusteigen, vermittelte schon ein wahrhaft erhebendes Gefühl.

Das Gerüst stand im linken Stiegenhaus, wo Ernst das Deckenbild „Der Hanswurst auf der Jahrmarktsbühne in Rothenburg ob der Tauber" geschaffen hatte. Es zeigt eine Szene in der Commedia dell'arte-Tradition: Volkstheater auf dem Marktplatz vor viel Publikum. Die Flöge-Schwestern arbeiteten sich vorsichtig auf hölzernen Planken und eisernen Stufen aufwärts, Gustav immer hinter ihnen, als könne er alle drei mit seinen starken Armen auffangen, sollten sie ins Strauchlen kommen. Auf einem Steg unmittelbar unter dem Bild hielten sie an und starrten in die Höhe. Der Hanswurst steht auf einem steinernen Sockel in theatralischer Pose, tippt sich mit ausgestrecktem Finger an die Stirn, im Hintergrund sind eine Säule mit dem Heiligen Georg und die mittelalterlichen Häuser zu erkennen, die Rothenburg ob der Tauber zu einem deutschen Schmuckkästchen gemacht haben. Auf dem Marktplatz drängelt sich viel Volk, einfach gekleidete Bürgersleute, vor allem viele junge Frauen in Biedermeier-Kleidern mit Häubchen und Hüten, zwischen ihnen agieren Schauspieler in samtenen Kostümen. Kleine Kinder wuseln herum, ein Knabe im Vordergrund betätigt sich als Ausrufer. Ein Hund wendet sich demonstrativ vom Geschehen ab. Auf dem Absatz des Sockels lagert eine andere Figur der Commedia dell'arte, Pantalone, der geizige Geck mit dem spitzen Bart und roten engen Strumpfhosen, der den Arm drohend in Richtung Hanswurst reckt, als habe dieser ihn geleimt.

Ernst hatte hier ein Genrebild ganz im historisierenden Stil geschaffen – und nicht vollenden können.

„Wo sind denn Klara und Hermine?", rief Pauline. Sie wusste, dass Ernst zwei Figuren die Züge seiner Schwestern verliehen hatte.

Die beiden jungen Damen waren schnell als Zuschauerinnen unmittelbar vor dem Podest ausgemacht. Und dann platzte Helene heraus: „Und daneben, das bist doch du, Emilie! Wie kommst du denn hier hin? Auf Ernsts Entwürfen steht da eine ganz andere Frau." Einen Augenblick sagten alle drei Schwestern nichts. Dann sagte Pauline, die einen Hang zum Feierlichen hatte: „Da hat dich nun Gustav verewigt!"

Dieser stand auf der obersten Sprosse der Eisenleiter, weil auf dem Steg kein Platz mehr war, und nickte. Ertappt sah er eben nicht aus. Es war allgemein üblich, auf Bildern Verwandte und Bekannte zu porträtieren, einfach, weil es viel leichter war, aus der Anschauung zu malen, als sich Gesichter zu imaginieren.

Emilie drehte sich zu Gustav um, und einen Augenblick wurde ihr schwindelig, als sie in die Tiefe schaute, sie griff fester nach dem eisernen Handlauf. „Jetzt verstehe ich deine Andeutung, dass ich mich wohl kaum wiedererkenne: so ein braves Biedermeier-Mädchen hast du aus mir gemacht, ein Rosenrot, wie aus dem Märchen entsprungen."

Gustav nickte: „Was hinter dir steht, ist ein Oleander". Damit hatte er alles erschöpfend kommentiert.

Von ihrem Standort aus versuchten sie auch die anderen Deckenbilder zu sehen. Helene hätte gerne genauer „Das Theater Molières" gesehen, das Ernst gemalt hatte, Emilie Gustavs „Theater von Taormina", auf dem er sehr eigenwillig das Theater in den Hintergrund verschoben, aber eine lasziv sich räkelnde nackte Schöne – vielleicht als Symbol römischer Dekadenz – in den Vordergrund gestellt hatte. Oder das „Globe Theatre", das auch weniger einen Theaterraum als das Ende von Romeo und Julia darstellte. So leicht ließ sich Gustav Klimt nicht vorschreiben, auf welche Weise er das Hofburgtheater in das „theatrum mundi" einschrieb. Dem Kaiser hatte die Ausstattung trotzdem gefallen.

„Wie war es?", fragte Barbara Flöge, als die Töchter nach Hause kamen.

„Anstrengend", sagte Pauline. „Ergreifend", sagte Helene. „Komisch", sagte Emilie.

Wiener Blut

Helene gestand lange nach Ernsts Tod, dass sie nach der zunächst geheim gehaltenen Verlobung mit Ernst darauf bestanden habe, das Klimt'sche Elternhaus zu besuchen. Ernst hingegen hatte hartnäckig versucht, diesen Besuch zu hintertreiben. Die Aufwartung war für Fräulein Helene Flöge aus dem respektablen bürgerlichen Milieu gelinde gesagt eine Verstörung gewesen. Sie erhielt einen Einblick in ein anderes Wien jenseits der Stadt der Sonntagsspaziergänge in weißem Kleid, mit Strohhut, hellen Strümpfen und Lacklederschuhen. Der Weg über die Siebensterngasse war angenehm, hier waren in den vergangenen Jahren viele prächtige sechsstöckige Häuser im neobarocken oder klassizistischen Stil entstanden. Unvermittelt verwandelte sich in den Nebenstraßen das Bild in eine kleinbürgerliche Szene: Die Bebauung war niedrig, drei schmächtige Stockwerke, schmucklose Fassaden, von denen der Putz abbröckelte, kleine Fenster – ein scharfer Kontrast zur Siebensterngasse und den Häusern am nahen Spittelberg.

Ernst Klimt, der Vater, war nicht zu Hause, er hatte gerade Arbeit, was nicht mehr häufig vorkam. Die Familie, Ernst und Anna Klimt, die Söhne Gustav, Ernst und Georg und die drei Töchter Klara, Hermine und Johanna wohnten in drei Räumen. In der Wohnung roch es nach ungelüfteten Betten. In der Küche stand ein großer Tisch, an dem das Essen vorbereitet und gegessen und alle anderen häuslichen Arbeiten verrichtet wurden. In den zwei anderen Zimmern standen Betten, eins für das Ehepaar Klimt, drei für die Töchter. Die Männer schliefen in einem separaten Zimmer unter dem Dach. Früher hatten sie es auch noch als Atelier genutzt.

Helene hatte sich nicht vorstellen können, dass die Klimts so lebten, so armselig und primitiv. Da hatten Gustav und Ernst doch ein üppiges Honorar für die Ausmalung des Hofburgtheaters erhalten, waren mit einer kaiserlichen Verdienstmedaille geehrt worden, anerkannte Künstler – und dann schliefen sie auf Pritschen in einer Wohnung, die man nur als proletarisch bezeichnen konnte. Sie hatte Ernsts Mutter Anna die Pralinen, die sie beim Demel gekauft hatte, überreicht und sich geschämt, weil sie spürte, dass die üppig mit Schleifen und Bändern dekorierte Schachtel ein peinliches Geschenk war. Klara und Hermine beäugten sie misstrauisch, das spürte sie sogar im Rücken. Man sprach über das Wetter. Nach einer Anstandsfrist von zwanzig Minuten drängte Helene Ernst zum Aufbruch.

„Hier lebst du also?", hatte sie gestammelt, als sie wieder auf der Straße waren. „Ich habe dich gewarnt", sagte Ernst. „Du hättest lieber in unser Atelier in der Sandwirtgasse kommen sollen, dort hat uns ein Silberfabrikant sehr noble Räume im 4. Stock zur Verfügung gestellt, Gustav, Franz Matsch und mir. Beste Umgebung, ideale Lichtverhältnisse, das richtige Ambiente für die kommenden Malerfürsten. Bis wir es zu einer Prunkausstattung à la Makart bringen, kann es noch ein paar Jährchen dauern, aber der Aufstieg ist unaufhaltsam. Als Entschädigung entwerfen wir dem Silberfabrikanten Schmuckstücke in Silber, da spart er sich einen Modelleur. Und das machen wir haut la main!"

„Aber du lebst doch nicht im Atelier, du lebst immer noch hier!"

„Nicht mehr lange. Gustav hat eine große schöne Wohnung für alle in Aussicht, in der Westbahnstraße 36, gleich bei Euch um die Ecke. Und ich…"

„Und du?"

„Ach, Spatzerl, ich fange an, eine köstliche Wohnung zu suchen für Ernst Klimt und seine schöne junge Frau Helene in einem reputierlichen Bezirk der schönen Stadt Wien."

„Noch sind wir nicht verheiratet. Und was genau verstehst du unter ‚reputierlich'?"

„Rettung ist nah, so nah, so nah", stimmte Ernst unvermittelt auf die Melodie von „Donau so blau, so blau, so blau" von Johann Strauss an. Aber Helenes Humor war ins Schwimmen geraten.

„Wie hast du deine Kindheit verbracht?", fragte sie, während sie versuchte, ihre Sonntagsschuhe auf der schmutzigen Straße nicht völlig zu ruinieren. „So, oder schlimmer", gab Ernst zu. „Manchmal hatten wir nur ein einziges Zimmer zu neunt, später zu acht, meine Schwester Anna ist ja mit fünf Jahren gestorben. Und wenn der Vater keine Arbeit hatte und nichts verdiente, kamen wir in die Zinskasernen."

„In die Zinskasernen?" „Ach, lass doch, was soll ich das alles erzählen", sträubte sich Ernst. Aber Helene war es vorgekommen, als müsse sie dringend von einigen Jungmädchenträumen Abschied nehmen: „Wenn ich dich heiraten soll, muss ich etwas von deiner Jugend wissen!", insistierte sie.

„Mein Vater gehört zu den vielen Immigranten, die es nach Wien verschlagen hatte, weil sie glaubten, hier ihr Glück zu machen. Seine Familie kam aus Böhmen, andere, vor allem viele Juden, kamen und kommen aus Galizien, es wandern Menschen aus Ungarn und Mähren ein, aus den slawischen Ländern. Sie suchen Arbeit, eine Zukunft. Nur wenige finden sie, die meisten werden ausgebeutet. Wien ist ein Schmelztiegel von mindestens fünfzehn verschiedenen Völkern, manche sagen auch ein ‚Völkerkerker'. Davon kriegt man eben wenig mit, wenn man in einem gutbürgerlichen Bezirk wohnt. All diese glücklosen Zuwanderer bilden den Bodensatz der Wiener Gesellschaft, arbeitsloses Proletariat, Obdachlose. Und dazu gehören die Klimts."

„Sag das nicht so, Ernst!", bat Helene.

„In den Zinskasernen mussten wir natürlich auch Miete zahlen. Diese Häuser waren in den Vorstädten für die Industriearbeiter und die Einwanderer gebaut worden – oft sogar mit einer prachtvollen Fassade im Ringstraßenstil. Innen aber gab es nur kleine Zimmer. Die Toilette war auf dem Gang oder im Hinterhof, viele waren Bassenahäuser. Die Zimmer waren immer überbelegt, die Betten wurden oft untervermietet, manchmal in drei Schichten."

„Bassena?"

„Das sind die öffentlichen Wasserstellen im Gang eines Mietshauses. Hast du noch nie den Begriff ‚Bassenatratsch' gehört? Hier treffen sich die Frauen beim Wasserholen, hier blühen die unschuldigen und weniger unschuldigen Blumen des Tratsches und der Verleumdung. So, und das ist jetzt alles vorbei, und mein unschuldiger Engel vergisst ganz schnell das Elend meiner frühen Jahre und sieht in mir den medaillengeschmückten kaiserlichen Hof-Maler, der bald in Glanz und Gloria schwelgt."

Abends ging Ernst mit Helene in die Sophiensäle. Er liebte es, mit seiner Braut Walzer zu tanzen. Und er liebte die Musik von Johann Strauss, der ja in den Sophiensälen seine großen Erfolge gefeiert hatte. Ernst konnte alle Walzer und Märsche mitsummen und tat das auch reichlich. Sein Gesicht rötete sich vor Vergnügen, wenn der „Frühlingsstimmen-Walzer", der „Kaiserwalzer", „Wiener Blut" und natürlich „An der schönen blauen Donau" erklangen. In den Pausen flüsterte er Helene Liebesworte ins Ohr, manchmal auch: „Ich müsste unbedingt arbeiten, aber mein Wiener Blut geht einfach mit mir durch."

Helene hatte sich anstecken lassen von dem, was Ernst „Frohsinn" nannte. Wie konnte ein Mann, der so eine schwere Kindheit gehabt hatte, so ein unbeschwerter Mann werden? Sein Bruder Gustav war ein ganz anderer Typ, schwerfällig, wortkarg, manchmal sogar ruppig. Er ging durchs Leben, als trüge er schwer an einer Vergangenheit, die nach ungelüfteten Betten roch.

Dabei hatte doch auch er den Aufstieg geschafft. Die Compagnie mit Ernst, Gustav und Franz Matsch war jetzt schon eine feste Größe im Wiener Kunstleben. Aber Gustav triumphierte nie. Und Helene konnte sich nicht vorstellen, dass er „Donau so blau, so blau" sang.

Da aber widersprach Ernst: „Du müsstest ihn einmal erleben, wenn er richtig in Feierlaune ist. Dann nimmt er es mit jedem Wiener Volkssänger auf. Und außerdem ist er der bessere Maler von uns beiden."

Verführung ist die wahre Gewalt

Im Hofburgtheater gab man „Emilia Galotti". Der Vater hatte seinen Segen gegeben, dass die drei Schwestern zusammen eine Vorstellung besuchten. Lessing war deutsche Klassik, Lessing war unverdächtig.

Emilie erinnerte sich, was Ernst vor drei Jahren über ihre literarische Namensschwester gesagt hatte: Emilien werden von Prinzen geraubt! Sie versuchte sich zu konzentrieren. Das Stück war mehr als 100 Jahre alt, aber es kam ihr außerordentlich zeitgemäß vor. Zwar wurde in historischen Kostümen gespielt, und der Herzog von Guastalla, eigentlich mehr ein Fürst als ein Prinz, und sein Kammerherr Marinelli waren rechte Karikaturen adeliger Jünglinge, wie es sie so nicht mehr gab, mit Culottes und Strumpfhosen, Schnallenschuhen und engem Wams bekleidet, mehlbepuderte Perücken auf dem Kopf, die immer etwas Staub aufwirbelten, wenn sich einer von ihnen schnell bewegte. Odoardo, Emilias Vater, wurde als knorriger Alter gespielt, er verdrehte ständig die Augen und sprach mit knarziger Stimme, was eher zum Lachen als zum Mitleiden reizte. Seine Frau rang sehr häufig die Hände, was wohl am Anfang ihre Genugtuung über den prinzlichen Verehrer ihrer Tochter, später wohl eher Verzweiflung darüber ausdrücken sollte, dass aus dem Aufstieg in die Kreise des Hofes doch nichts werden würde. Aber Emilia war wunderbar besetzt, hinreißend in ihrer Unschuld und grazilen Liebenswürdigkeit. Sie hatte immer ein Gebetbuch in den Händen, das sie nach dem Besuch der Messe einfach nicht weglegte, hielt es wie einen Schlüssel, mit dem sie sich abschließen konnte von der gefährlichen Welt. Das war ein schöner Einfall. Und war es nicht zeitgemäß oder zeitlos, wenn sich ein Mädchen wehrte, wenn es mit Gewalt zur Geliebten eines Mannes gemacht werden sollte, der Macht hatte? Es gab schließlich auch in Wien genügend reiche Herren, die sich Mädchen gefügig machten.

Der Herzog von Guastalla war einfach ein schmieriges Ekel, seine Verführungskünste so übertrieben plump, dass jedes vernünftige Mädchen davonlaufen musste und nur eine so abgetakelte Scharteke wie die Gräfin Orsina noch Gefallen an ihm finden konnte. Marinelli war als Teufel herausgeputzt und fegte wie der Leibhaftige über die Bühne, was das Publikum zu spontanem Beifall animierte. Aber das Zentrum der Aufführung blieb Emilia in ihrer Reinheit. Warum sie so darauf insistierte, von ihrem Vater getötet zu werden, konnte Emilie erst nicht verstehen, bis jene Worte fielen, die alles erklärten: „Verführung ist die wahre Gewalt. – Ich habe Blut, mein Vater, so jugendliches, so warmes Blut als eine. Auch meine Sinne sind Sinne. Ich stehe für nichts. Ich bin für nichts gut. Ich kenne das Haus der Grimaldi. Es ist das Haus der Freude. Eine Stunde da, unter den Augen meiner Mutter – und es erhob sich so mancher Tumult in meiner Seele, den die strengsten Übungen der Religion kaum in Wochen besänftigen konnten!"

Aber ist eine erwachende Leidenschaft ein Grund, den Vater zum Mörder zu machen? Im Grunde will Odoardo seine Tochter doch nicht töten, wehrt sich gegen das Ansinnen, das ihm Emilia unausgesprochen, aber immer dringlicher nahelegt. Sie glaubt sich verführbar, aber Verführung soll es für sie nicht geben – um das zu erreichen, verführt sie ihren Vater zum Schlimmsten, was es geben kann, dem Mord an der eigenen Tochter.

Emilie spürte hier eine unauflösliche, ihr schwer erträgliche Verwirrung der Gefühle.

„Ich habe Blut, mein Vater, so jugendliches, so warmes Blut als eine. Auch meine Sinne sind Sinne. Ich stehe für nichts."

Die Sätze gingen Emilie in den folgenden Tagen nicht aus dem Kopf. Sie wusste, dass Gustav Geliebte hatte. Helene sagte, er habe immer zwei oder drei Modelle, die im Vorraum seines Ateliers darauf warteten, dass er sie malen oder „mit ihnen spielen" würde. Ihr Bruder Hermann warnte sie, sich mit Klimt einzulassen, jeder wisse, dass er Syphilis habe, die sei ansteckend. „Und wenn er dir ein Kind macht, heiratet er dich nicht!" Was bildete sich Hermann ein, ihr gute Ratschläge zu geben. Schließlich war sie zwanzig Jahre alt.

Hermann, Helene, ihre Eltern, sie alle liebten Gustav – und alle wollten Emilie vor ihm schützen. Sogar Pauline, die sich in ihrer Existenz als spätes Mädchen eingerichtet hatte, errötete, wenn Gustav sie ansprach. Dabei tat er nichts, um eine Frau zu verführen. Wie lächerlich waren doch die Bemühungen des Schauspielers gewesen, der den Herzog gespielt hatte, Emilia zu umgarnen. Wie töricht er seine Hüften hatte kreisen lassen, seine Lippen geschürzt, seine Stimme ins Säuseln und Singen verdreht hatte – lächerlich, dass ein Mädchen darauf hereinfiel. Gustav – und das war sein Geheimnis – tat einfach gar nichts, um eine Frau zu verführen. Nie fielen Hand, Augen oder Stimme ins Zärtliche, ins Bewundernde, in die Überredung, nie fand er Liebesgesten oder Liebesworte. Er war einfach da, mit seiner physischen Präsenz, mit der Ausstrahlung seiner Person, mit der unbezwinglichen Gewalt seiner schönen braunen Augen, die sich in die einer Frau versenken konnten.

Emilie Flöge in einem
weißen Reformkleid, 1909.
Foto: Madame d'Ora

Emilie wusste, dass er sie begehrte. Daran ließ er keinen Zweifel. Aber sie wusste nicht, ob sie ihn genug begehrte, um ihre Ängste und Zweifel zu zerstreuen. Er war der erste Mann in ihrem Leben.

Man konnte ja auch nicht darüber reden. Da lebte man in einer Zeit, in der sich Möglichkeiten eröffneten, die noch vor wenigen Jahren vollkommen tabuisiert gewesen waren; in der Dichter wie Schnitzler „alles" sagen und Maler wie Klimt „alles" malen durften, nur sprechen durfte man über das heikle Thema nicht. Zumindest Mann und Frau konnten sich nicht miteinander verständigen.

Es war ja nicht so, als hätte Emilie keine Angst, auch wenn sie das vor Hermann niemals zugeben würde. Sie war vernünftig, sie wollte auf keinen Fall ein uneheliches Kind, weder von Klimt noch von sonst jemandem. Sie dachte weniger daran, wie sehr sich eine Frau ihre Heiratschancen verdarb, sie wollte einfach nicht abhängig werden. In der Verwandtschaft gab es genügend Beispiele von Ehen, die wegen eines zu früh gezeugten Kindes geschlossen worden waren. Die meisten waren die Hölle, mindestens das Fegefeuer.

Man müsste als Frau so viel Geld verdienen, dass man es sich leisten konnte, ein uneheliches Kind zu haben, ohne heiraten zu müssen und ohne in gesellschaftliche Ächtung zu fallen. Aber das war vielleicht in künftigen Zeiten möglich, nicht im Jahr 1895 in Wien.

Es gab weise Frauen, die sagten, dass es am sichersten sei, vor oder unmittelbar nach der Monatsblutung mit einem Mann zu schlafen. Das gaben sich Frauen hinter vorgehaltener Hand weiter. Aber sicher war gar nichts.

Und wenn das jugendlich warme Blut genau in der Mitte der Periode wallte? Es war ein unlösbares Problem, und am besten war es, mit Gustav einfach so weiterzumachen, ihn liebzuhaben, ohne ihn zu „haben".

Aber Gustav drängte. Am Anfang hielt sie sein Werben noch für eine Form von mutwilligem und spaßhaftem Anbandeln, so als ihr Klimt beim Trachtenkränzchen des Vereins der Vorarlberger im Februar 1895 in ihre Tanzordnung ein Herz zeichnete, das von einem Schwert durchbohrt wird. Dazu hatte er mit Bleistift gekritzelt:

„Schmerzlich ist es nicht zu lieben Liebe selbst bringt bittern Schmerz Aber Lieben wir vergebens dann schlagt im ärgsten Leid das Herz. Anakreon. Keiner weiss es besser als GUSTAV der Esel."

Das war einfach nur lustig, ein Poesiealbumspruch.

Sechs Wochen nach der Tanzerei brach Emilies Vater an einem Montagabend ohnmächtig zusammen, er war 57 Jahre alt. Alle Flöge-Frauen gerieten in Panik, Barbara, Hermann Flöges Ehefrau, weinte, Helene nahm ihre Mutter in den Arm und strich ihr über den Rücken, Pauline holte kalte Umschläge, Lentschi, Helenes dreijährige Tochter, schrie wie am Spieß, Hermann, der Sohn, bewegte die Arme des Ohnmächtigen rhythmisch auf und nieder und wiederholte in einer Endlosspule den Satz: „Das hätt' jetzt nicht sein müssen", seine Frau Therese schluchzte, Emilie telefonierte nach der Ambulanz. Als die Hermann Flöge, der schon wieder zu sich gekommen war, abgeholt und in einem Krankenwagen davongefahren war, verließ Emilie die Wohnung und ging zu Gustavs Atelier in der Josefstädter Straße. Es war schon spät, aber sie sah noch Licht. Sie tastete sich über den engen dunklen Pfad durch den Garten, erschrak über eine streunende Katze, klopfte, erst zaghaft, dann lauter, aber er öffnete nicht. Sie rief seinen Namen. Wahrscheinlich war er nicht allein. Schließlich öffnete sich die Tür einen Spalt. Gustav war erstaunt: „Emilie, was ist passiert?" Er ließ sie ein, er war allein. Sie ließ sich auf das Sofa fallen, von dem sie wusste, dass hier seine Modelle saßen oder lagen und posierten.

„Komm", sagte sie. „Wärm' mich ein bisschen!"

„Nicht, dass du es morgen bereust", sagte er.

„Das kann schon sein", sagte sie.

Lettres d'amour

Gustav war ein erstaunlich sanftmütiger Liebhaber. Er erkundete mehr einen weiblichen Körper, als dass er ihn nahm. Er verlor sich in einer Frau wie in einer Landschaft, feierte deren vegetative Schönheit und suchte die verborgenen Reize, durchschritt Mohnfelder und blühende Wiesen und ließ dem Apfelbaum seine Früchte.

Er, der im Alltag den Naturburschen herauskehrte, das Ringen liebte, das Bergwandern, das Schwimmen, Rudern und Fechten und in seinem Kaftan aussah wie ein ungehobeltes Kraftpaket aus den Alpen, konnte unglaublich leise und behutsam einer Frau Lust entlocken und strafte die Derbheit seiner Hände, die immer nach Ölfarbe rochen, Lügen.

Er röhrte nicht, er stöhnte nicht, er flüsterte nicht, er sprach überhaupt nicht, nur manchmal summte er leise den Schubert'schen „Lindenbaum", als sei es das schönste Schlaflied für Liebende.

Er, Gustav.

Er, der nach eigenem Bekunden kein Briefeschreiber war („Schon, wenn ich einen einfachen Brief schreiben soll, wird mir angst und bang wie vor drohender Seekrankheit"), fing an, Emilie Liebesbriefe zu schreiben. Wenn er verreisen musste, bat er sie, sich eine postlagernde Adresse einzurichten, damit die Briefe im Flöge'schen Hause kein Aufsehen erregten. So wurde aus Emilie Flöge „Ihr Hochwolgeboren Fräulein Emilie Nickl", „Ihr Wolgeboren Fräulein Helene Nickl", „Ihr Wolgeboren Fräulein Emilie Ferdin", poste restante, Wien, Postamt VI oder VII.

Im November 1895 schrieb Klimt ihr aus Prag und stellte einige Sätze auf Französisch in Anspielung auf die gemeinsamen Französisch-Stunden voran: „Toi, ma gazelle, ma mignonne, Toi, plus douce que l'eau du ciel." „Du, meine Gazelle, meine schöne, Du, süßer als das Wasser des Himmels." Und wie ein verliebter Pennäler mit roten Ohren raspelte der gestandene Mann von 33 Jahren Süßholz und rettete sich vor der Lächerlichkeit in die ironische Volte: „Ein goldnes zartes Mägdlein durchwandelt eine mir wolbekannte Strasse hinaus, es schaut heute gar nicht nach mir aus, aber es gedenkt hoffentlich meiner, gedenkt meiner in Liebe – ein wenig zum mindesten." – „Eigentlich", so fährt er fort, müsse er einen „glühenden heißen Wonne und Liebesbrief" schreiben, „wie ihn jedes Mägdlein wenigstens einmal zu im Leben erhalten müsste", aber es werde nur ein einfacher Reisebericht. Ganz so nüchtern werden die Fahrt nach Prag und der Aufenthalt in der Stadt dann doch nicht beschrieben, die Anreden feiern den Gefühls-Überschwang, aus der lieben Emilie ist ein „herziges schönes Miderl" geworden, eine „schöne Midi", „liebes süßes Miderl", „schöne Mitz", und Klimt endet mit „Leb wol mein Herz, ich küsse Dich innig im Geiste und freu mich herzlich Dich wiederzusehen."

Er schwärmt von Prag: „Je suis charmé, de cette ville [...] c'est un tableau rarissant", und wünscht, dass Emilie bei ihm wäre, deren Begeisterungsfähigkeit er preist: „Des schönen Bildes wegen allein schon würde ich gewünscht haben Dich schöne Midi an meiner Seite zu haben weil ich Deine starke Empfindung für solche Erscheinungen mit Freude seit Langem kenne – nur darfst Du Empfindung[en] für solche Erscheinungen nicht äußern, denn leichtlich wirst Du sofort verspottet, dem Maler verzeiht mans eher, so wie vieles andere, man hält sie eben für harmlose stille Narren. Lass Dich begeistern, erheben, beglücken dem Alltäglichen entrücken von der urwüchsigen erhabenen unfassbaren Mutter Natur, so auch von ihrer lieblichen Tochter Kunst, wie's unter Menschen genannt wird lass sie mächtig auf Dich wirken, aber sag' es nicht allzu laut den Andern, denn leichtlich hast Du den Spott."

Der Brief – für Klimt nachgerade ein Exzess an schriftlichen Lobpreisungen – erweist, was er an Emilie schätzte und was ein Wesenszug an ihr war: ihre Fähigkeit, sich über das Alltägliche hinaus zu erheben, sich begeistern, ja entrücken zu lassen – von der Schönheit der Natur wie von der Schönheit der Kunst.

Geschmälert wird die Bewunderung und Zärtlichkeit durch das, was Klimt nie lassen kann, das Sprechen von anderen Frauen. Dieser Schwerenöter-Ton wird hier erst leicht angeschlagen, auf späteren Postkarten robuster intoniert. „…noch ein paar Worte über die Weiber hierorts, es sind ganz hübsche Mägdleins hier…", „Heute will ich mich im böhmischen Prater vergnügen, Vielleicht kommt mir da eine schöne Böhmin zu."

Die Liebe blühte, und auch wenn keine Antworten von Emilie erhalten sind, kann man aus Klimts Briefen schließen, dass seine Gefühle erwidert wurden. Er selbst steht im Feuer. „Liebe Midschi", schreibt er ein halbes Jahr später, wieder aus Prag, und er versucht sich wieder auf Französisch: „Soit-moi fidèle ma belle amie que j'aime. Soit-moi fidèle, mon […] tresor, ma vie." „Sei mir treu, meine schöne Freundin, die ich liebe, sei mir treu, mein Schatz, mein Leben." Er berichtet von dem schönen Maientag in Prag, von einer Sitzung, einer Einladung bei Prof. Groll von der Kunstgewerbeschule, von dessen Schwager, einem Professor der Universität nebst junger, hübscher, blonder, gesprächiger und temperamentvoller Gattin und schließt: „Was hat schön Midi in dieser Zeit wol gemacht? Hoffentlich doch oft an mich gedacht… Vieles wollt ich noch schreiben und sagen als wenigstens manches doch. Zeit und Pagina sind zu End. Sei herzlich geküsst und innig und lang, lang – GUSTAV".

Die schöne Midi hat in dieser Zeit wahrscheinlich an ihren Gustav gedacht, gewiss aber hat sie in der kleinen Werkstatt der Flöge-Schwestern in der Neubaugasse 7 genäht, hat Überstunden gemacht, wenn Aufträge hereinkamen. Pauline hatte sich einen treuen Kundenstamm erobert. Aber die Konkurrenz war groß: Die Hausschneiderinnen arbeiteten billiger, die Warenhäuser, in denen man Kleider „von der Stange" kaufen konnte, nahmen zu, die Mariahilfer Straße barst vor „Angeboten".

Sorgen musste sich Emilie nicht. Die Geschäfte des Vaters gingen gut, Hermann Flöge hatte sich von seinem Schwächeanfall erholt. Eigentlich musste sie ja nicht arbeiten, und es gab Tage, an denen sie überhaupt keine Lust verspürte, sich an die Nähmaschine zu setzen: Es war so langweilig, immer die gleichen mechanischen Änderungen vorzunehmen. „Aber wir müssen das tun, was die Kundinnen wünschen", sagte Emilie entrüstet. „Warum haben sie denn nicht einmal originellere Wünsche, oder etwas mehr Fantasie?

Oder sagen: ‚Fräulein Flöge, schneidern Sie mir ein hübsches Kleid! Wie's ausschaut, das überlass' ich Ihnen.' Das wäre doch mal etwas. Da würde ich mich anstrengen." Pauline sah zu Helene herüber mit diesem Blick, den Emilie schon zur Genüge kannte: Woher hat unser Bauxerl nur diese Ideen? Eine richtige Kleidermacherin wird die nie und nimmer.

„Woher hast du nur diese Unruhe im Leib?", fragte ihre Mutter.

In der Mittagszeit ging Emilie oft in den Volksgarten, die Linden verströmten im Mai einen Duft, der sie schwach und selig machte. Sie war 21 Jahre alt, sie war verliebt. Sie wurde geliebt.

Und sie war nicht schwanger – Gott sei Dank!

Homer schreibt nach Langenwang

Langenwang bei Mürzzuschlag ist eine kleine Marktgemeinde in der Steiermark. Sie zählte um 1900 rund 3000 Einwohner und zählt heute nicht viel mehr. Das Städtchen war und ist kein touristisches Juwel, von denen Österreich eine Fülle hat. Aber es gibt eine ländliche Umgebung, die zum Wandern einlädt, die Burgruine Hohenwang auf einem steilen, nach Südwesten fast abfallenden Felsberg verleiht einen Anflug von pittoresker Silhouette, und die Amundsenhöhe, mit 1666 Metern die höchste Erhebung der Gegend und nach dem norwegischen Südpol-Forscher Roald Amundsen benannt, vermittelt das gute Gefühl, in den Bergen zu sein.

Wie für fast alle Wiener galt Wien in den Monaten Juli und August als unbewohnbar. Zu heiß, zu stickig, zu dreckig, zu dumpf. Die einzige Rettung war die Sommerfrische. Auch die Flöge-Frauen liebten die Sommerfrische, hielten sie für ein Muss, auf das man sich den ganzen Winter hindurch freute. Im Jahr 1896 hatte Helene durch die Bekanntschaft mit einem Herrn Schimmel ein Quartier in dessen Gästehaus in Langenwang gefunden, und so verbrachten die drei Schwestern Pauline, Helene und Emilie und Helenes vierjährige Tochter Lentschi den August in der Steiermark. Zum ersten Mal hatte Emilie gezögert mitzufahren, wäre lieber in Wien bei Gustav geblieben, sehnte sich schon auf der Hinfahrt nach ihm zurück. Aber es wäre zu schwierig gewesen, ihre Schwestern davon zu überzeugen, dass sie die geheiligte Tradition der gemeinsamen Sommerfrische aufkündigen wolle. Außerdem hätte sie in Wien den ganzen Tag bei ihrer Mutter gesessen, die heuer nicht mit ihrem Mann verreiste, weil Hermann Flöge seine Fabrik nicht wochenlang alleinlassen wollte. Nur übers Wochenende kamen die Eltern nach Langenwang und gesellten sich zu den Töchtern und der Enkelin. Und Gustav hatte auch versprochen, sie zu besuchen, ganz sicher an Emilies Geburtstag am 30. August.

So vergnügte sich Emilie, so gut sie es vermochte, mit ihren Schwestern und der kleinen Nichte, die allerliebst vor sich hin-

Emilie und Pauline Flöge, Gustav Klimt, Hermann Flöge (verdeckt) und Helene Klimt in einem Motorboot bei einem Ausflug auf den Attersee bei Seewalchen, 1905. Foto: Emma Bacher

plapperte und die allgemeine Aufmerksamkeit, die ihr von der Mutter, den Tanten und den anderen Pensionsgästen entgegengebracht wurde, genoss. Gustav hatte ja recht, wenn er vermutete, dass Langenwang von Langeweile abstammte, und dass das Beste, was man vor Ort machen könne, war, mit der Bahn oder einer gemieteten Equipage woandershin zu fahren. Selbst das war in diesem Sommer keine Option, das Wetter war schlecht, der Himmel ungnädig. Wäre Lentschi nicht gewesen, hätten sich die Schwestern an manchen Morgen nach einem Blick aus dem Fenster gleich wieder mit einem Buch ins Bett verziehen können.

Aber ganz sicher wäre Emilie um 11 Uhr aufgestanden, um den Briefträger abzupassen, der einen Brief von Gustav bringen konnte. Der schrieb, schrieb lange Briefe, kündigte immer wieder sein Kommen an und sagte immer wieder ab, weil „sich die Arbeit verzögert".

Die Briefe aber bewiesen ihr, dass das „einfache Mannsbild" Klimt, als das er sich selbst gern apostrophierte, als Liebender zum Poeten werden konnte. So schrieb er am 20. August à la mode japonaise, zitierte (oder erfand) ein Gedicht im Stil eines – um zwei Zeilen verlängerten – Haikus:

„In des Mina-Stroms Kristallklarer Wellen-Fluth / Mein Gewand ich wusch / Doch der Aermel meines Rockes / Ach! Von Thränen niederträuft!"

…und nutzte das Bild zunächst für seine so geliebten meteorologischen Betrachtungen:

„Das Waschen des Gewandes besorgt heuer bei uns zu Lande in ganz ausgiebigster Weise der Himmel – l'eau di ciel – das Wasser des Himmels", um dann über seine Unabkömmlichkeit von Wien zu klagen:

„Von Thränen wiederträuft der Himmel nur ich selber die Geschichte mit meinem Landaufenthalt fängt nachgerade an lächerlich zu werden – Wieder verschoben – zum Kuckuk schon – jetzt hoff' ich wieder erst auf Montag Dienstag – die Arbeit verzögert sich."

Und so geht es weiter. Elf Tage später fährt er fort „zu plauschen und zu lamentieren" und hofft darauf, am nächsten Dienstag „ein wenig Landluft athmen zu können." Allerdings scheint sich auch dieser Reiz für Klimt in Grenzen zu halten: „Langenwang selbst reizt mich nicht zum Kommen, es drängt mich nur das Sehnen zu Euch." „Zu Euch", schreibt Klimt, nicht „zu Dir". Und er bleibt im Plural, besingt die Flöge-Schwestern selbdritt und übt sich in Homer'schen Hexametern:

„Nicht reizten mich Langewang's öde Gefilde noch des schimmernden Semmerings verlockende Nähe der edlen Flöge's blauäugigsten Töchter weithin leuchtend durch bethörende Schönheit Sie drängen in übermächtiges Sehnen mein gequältes Herz, das Entflammte."

Das ist gekonnt im Metrum gedichtet, und das findet Klimt – ziemlich selbstgefällig – selbst auch so: „Das ist schön, nicht wahr?" Emilie mag es weniger schön gefunden haben, nur als Teil einer Familie angesprochen zu werden, die Gustav sich als Ersatzfamilie adoptiert hatte. Vielleicht ahnt sie jetzt schon, dass sie nie eine „einzige" für Klimt werden kann, dass eine Frau für ihn immer nur im Plural existiert.

Zu Emilies 22. Geburtstag ist er nicht in Langenwang und entschuldigt sich einen Tag vorher gedrechselt im Konjunktiv der Vergangenheit: „Gerne wäre ich morgen in Langenwang gewesen, aber es geht nicht." Er muss fleißig sein, sehr fleißig, nur „mit enormen Fleiß" sei es möglich, die Zeichnungen für die Fakultätsbilder der Universitätsaula fertigzustellen, das Ministerium dränge schon.

Aber er küsst seine schöne Freundin zum Geburtstag recht herzhaft –„brieflich darf man's ja – in Wirklichkeit thät ich's viel lieber" – und widmet ihr ein Zitat aus dem Klopstock-Gedicht „Petrarca und Laura" und wandelt es ab, indem er „Sie ist" an Stelle von „Laura war" einfügt. Und in der letzten Zeile erklärt er noch den Unterschied zwischen Einfalt und Einfältigkeit:

Sie ist jugendlich schön,
Nicht, wie das leichte Volk
Rosenwangiger Mädchen ist,
Die gedankenlos blühn, nur im Vorübergeh'n
Von der Natur und im Scherz gemacht,
Leer an Empfindung und Geist, leer des allmächtig
Triumphirenden Götterbliks.
Sie ist jugendlich schön, ihre Bewegungen
Sprechen alle die Göttlichkeit
Ihres Herzens, und werth, werth der Unsterblichkeit,
Tritt sie hoch im Triumph daher;
Schön wie ein gastlicher Tag, frei wie die heitere Luft,
Voller Einfalt, (Nicht zu verwechseln mit Einfältigkeit!) wie du,
Natur!
(Klopstock)

Klimt zeigt – wieder einmal –, wie belesen er ist, aber Emilie soll die Qualität seiner literarischen Zitate auch, bitte schön, würdigen: „Fühlst Du Dich nicht gehoben?"

Aufbruch

„Morgen Abend ist eine Réunion bei Berta Zuckerkandl. Geh doch mit!" Emilie zögerte. Nicht, dass sie menschenscheu gewesen wäre. Nicht, dass sie je bei Gustavs Freunden das Gefühl gehabt hätte, in einen erlauchten Kreis zu geraten, in den sie nicht gehörte. Gustavs Freunde waren weit entfernt davon „erlaucht" zu sein, auch wenn sie Professoren und berühmte Architekten waren wie Josef Hoffmann, den alle „Peppo" nannten, oder Künstler wie Alfred Roller, der als Bühnenbildner zusammen mit Gustav Mahler die Opernwelt am Burgtheater revolutionierte, oder Kolo Moser, der „Tausendkünstler", wie ihn Ludwig Hevesi, der Kunstkritiker, genannt hatte, oder Moritz Nähr, der Fotograf, oder die Familie Lederer, Gustavs großzügige Mäzene.

Für Berta Zuckerkandl aber empfand sie eine Art von distanziertem Respekt, und damit stand sie nicht allein.

„Ihr seid euch doch ähnlich", wiegelte Gustav ab. „Du schneidest mit der Schere, sie schneidet mit dem Wort. Was herauskommt, ist in beiden Fällen Kunst."

„Monsieur ist ein Flatteur!" Emilie zupfte Klimt am Kittel, als müsse sie die Ärmel glattstreichen. Dabei gab es an seinem wüsten Kaftan wirklich nichts glattzustreichen. Am Abend würde er natürlich einen dunklen Anzug tragen und um den Leib eine breite Binde, seine „Anstatt-Weste". Sein modisches Markenzeichen.

Berta Zuckerkandl gehörte zur „Haute Juiverie", wie man das in Wien nannte, zur neuen jüdischen Crème der Gesellschaft: völlig säkulare, völlig akkulturierte, wirtschaftlich erfolgreiche Repräsentanten der Industrie und des Geisteslebens. Viele waren konvertiert, waren katholisch oder protestantisch geworden, nicht nur, wenn sie Ehepartner dieser Religionszugehörigkeit gewählt hatten. Es ging nicht darum, die Herkunft zu verleugnen, sondern sie im Kontext einer Gesellschaft, die katholisch und latent antisemitisch war, zu transformieren. Die eigentliche Religion dieser

Gesellschaftsschicht war der Liberalismus. Und mit den jüdischen Einwanderern, die aus Polen oder Galizien nach Wien strömten, den „Schtetl-Juden", hatte man nichts gemein.

In Berta Zuckerkandls Salon in der Nußwaldgasse gab sich die Ehre, was Rang und Namen hatte. Hier begegneten sich Gustav Mahler und Alma Schindler und gerieten heftig wegen eines Balletts von Alexander Zemlinsky aneinander, dessen Aufführung Mahler abgelehnt hatte. Alma musste in ihrem Zorn so hinreißend gewesen sein, dass ihr Mahler wenige Wochen später die Heirat antrug. In diesem Salon wurden mit Max Reinhardt die Salzburger Festspiele aus der Taufe gehoben, hier gab es mit Hofmannsthal die erste Lesung seines „Jedermann", hier verkehrten Arthur Schnitzler und Stefan Zweig und all die bildenden Künstler, die sich den Kreisen der offiziellen Künstlerhausgenossenschaft entfremdet hatten und nach anderen künstlerischen Wegen suchten, Klimt insbesondere.

Hofrätin Zuckerkandl schrieb den neuen Geist herbei, und als dieser wehte wie ein verheißungsvoller Frühlingswind, tat sie alles, um ihn in Bewegung zu halten. Die „Wiener Allgemeine Zeitung" und das „Neue Wiener Journal" druckten ihre Feuilletons. Die leisen Töne waren ihre Sache nicht, sie liebte das klare Wort, die feste Behauptung, die heftig vorgebrachte und keinen Widerspruch duldende These. Dabei freute sie sich, wenn Widerspruch kam, dann konnte sie trefflich streiten, verstieg sich auch manchmal ins Absurde, war eine Meisterin des emphatischen Überschwangs. Bei alldem war sie absolut ehrlich und loyal. Sie hatte Klimt, dessen Malerei sie begeisterte, zum Freund erkoren, unterstützte ihn nach Kräften und blieb ihm bis zu seinem Tod treu.

Wenn Emilie trotzdem zögerte, zu einem der Abende im Salon der Frau Hofrätin Zuckerkandl mitzugehen, lag es eher daran, dass sie die Dame bewundern wollte und gleichzeitig ihre scharfe Zunge fürchtete.

Dabei hatte sie an diesem Februarabend des Jahres 1897 nichts zu fürchten. Es hatten sich einige der engen Freunde Klimts zusammengefunden, Carl Moll, Emil Orlik, der Architekt Joseph

Olbrich und natürlich Kolo Moser, der hundert Leben haben musste: Er war immer und überall präsent.

Es ging hoch her. Seit eine Minderheit der Künstlerhausgenossenschaft im Jahr zuvor den reaktionären Eugen Felix zum Präsidenten gewählt hatte, standen sich zwei Fronten gegenüber: die Konservativen, die das Kunstleben in Wien kontrollieren und sich gegenseitig Aufträge zuschanzen wollten, und die jungen Aufrührer um Moll und Klimt, die über einen Auszug aus der Genossenschaft nachdachten.

Berta heizte die Stimmung an: „In Paris haben sich die Impressionisten schon vor zwölf Jahren abgenabelt und die Société des Artistes Indépendants gegründet. Worauf wartet Ihr noch?" Kolo Moser assistierte: „Seit sich in München 1892 Maler von der akademischen Kunst abgeschnitten haben und die Sezession gegründet haben, hat die Kunst dort einen gewaltigen Aufschwung erlebt."

Und wieder Berta, leidenschaftlich und in der Attitüde der Medizinergattin: „Die Münchner wissen doch, warum sie ihren neuen Künstlerbund ‚Sezession' genannt haben. Sezession kommt ja nicht von ‚trennen', sondern von ‚schneiden', und so wie eine Sectio, ein Schnitt, in der Medizin Wunder bewirken kann, so ist ein Schnitt nötig, um eine Lähmung im Kunstleben zu beenden und eine Revitalisierung in Gang zu setzen."

Klimt sagte wenig. Wie immer war er der Bedächtige, gab zu bedenken, ob man nicht eine neue Künstler-Vereinigung gründen solle, die aber im Dachverband der Genossenschaft bliebe. Josef Hoffmann, der später gekommen war, äußerte Skepsis: die Probleme würden hinausgeschoben, nicht gelöst.

So ging die Diskussion hin und her.

Emilie spürte, wie sich ihre Wangen röteten. Natürlich war der Wein daran schuld. Aber es war auch die Aufregung, dass sie Zeugin eines bedeutenden Ereignisses wurde: dass sich hier Künstler zusammentaten, um eine neue Kunst zu proklamieren, die es bisher in Österreich nicht gegeben hatte.

Kolo Moser, dem die Natur in überreichem Maße Charme geschenkt und dabei wohl ihren guten Gustav etwas vernachlässigt hatte, ging auf Berta zu und küsste ihr die Hand: „Gnädige Frau, wir brauchen Sie. Sie könnten mithelfen, Wien aus dem Schlaf der Müden und Selbstgerechten zu rütteln."

Klimt küsste Berta nicht die Hand, aber er verstärkte Kolos Kompliment: „Worauf es uns ankommt, ist, aus der Provinzialität herauszukommen und Anschluss an das internationale Kunstgeschehen zu finden. Wir ersticken ja an unserem eigenen Mief." Auch Gustav liebte die bildhafte Sprache, wenngleich auf bäuerischerem Niveau. „Sie haben ja die Verbindungen zu Frankreich."

Jeder wusste, worauf er anspielte, Bertas ältere Schwester Sophie hatte in die Pariser Familie Clemenceau eingeheiratet, ihr Schwager war der spätere französische Ministerpräsident Georges Clemenceau. Durch die französischen Verwandten kannte Berta viele Künstler und unterhielt Kontakte zu den bedeutendsten Malern und Bildhauern. Könnte man nicht einmal den selbstzufriedenen Wienern zeigen, was sich in anderen Ländern auf dem Gebiete der Kunst tat, sie mit französischen Malern konfrontieren, mit Manet, Cézanne, Renoir, Monet, Degas, Pissarro, Berthe Morisot? Das wäre vermutlich ein Schock und würde einige selbsternannte Kunstexperten vom Glauben an den Rang der österreichischen Kunst abfallen lassen. „Vergesst nicht Rodin!", rief Berta Zuckerkandl aufgeregt. „Rodin!"

Andere Namen flogen hin und her, auch Namen von Wiener Malern, die sich Künstler nannten und doch nur Kunstgewerbler waren. Die Fallhöhe zur internationalen Kunst wurde bemessen, der Spott über die Mitglieder der Künstlergenossenschaft, die nichts anderes im Sinn hatten, als – mediokren Beamten nicht unähnlich – ihre Pfründe zu verwalten, trieb rhetorische Blüten. Man ereiferte sich, die Lautstärke im Salon schwoll an, das Zuckerkandl'sche Hausmädchen kam kaum nach mit dem Einschenken des Weines.

Als Gustav und Emilie schließlich das Haus in der Nußwaldgasse verließen, nahm sie seinen Arm und hakte ihn unter – mehr um ihm Halt zu geben, als um bei ihm Halt zu finden. Gustav war noch immer erregt. „Heute beginnt etwas ganz Neues in Wien", sagte er, „du wirst dich daran erinnern."

„Parlez-vous français/
G'schnittene Nudeln im Kaffee"

Klimt spielte mit den Eltern und den Schwestern Flöge leidenschaftlich gerne Karten. Wenn er so recht erhitzt war in der Euphorie des Siegers, aber auch in der Wut des Verlierers, brach es im breitesten Wiener Dialekt aus ihm heraus: „A botzn Hetz!" Er rieb sich mit weißen Taschentüchern, die groß waren wie Tischservietten, die Schweißperlen von der Stirn, trank Obstschnäpse, die gefährlich in ihm zu brodeln und nach vulkanischen Eruptionen zu drängen schienen. An anderen Tagen sprach er wenig, quälte sich eine Konversation mit Hermann Flöge, dem Älteren, ab, die sich um die steigende Verkehrsdichte am Ring, um den Bierpreis im Prater, um neue Bauprojekte in der Neustadt drehten. Über Kunst sprach er nie. Manchmal sah er zu Emilie hinüber, die sich in der Küche zu schaffen machte. Es gab immer genug Geschirr abzuräumen und zu spülen.

„Was hältst du davon, dass wir gemeinsam Französisch lernen?", rief sie eines Tages aus der Küche ins Wohnzimmer. Es klang unternehmungslustig.

Einen Augenblick lang war Gustav verblüfft. Natürlich wusste auch er, dass sich die feine Wiener Gesellschaft französisch gab, dass die Beherrschung der Sprache zwischen Petersburg und Madrid als elegant und weltläufig galt. Aber er war weder das eine noch das andere. Er war ein Wiener „von Grund auf", wie er sagte.

Und als solcher sprach er Dialekt, keinen Honoratioren-Dialekt, sondern die Mundart der Wiener Arbeiter, was seine Ausstrahlung als bodenständiger Naturbursche verstärkte. Wer ihn sah, assoziierte einen Senner aus den Kärntner Bergen, wer ihn hörte, dachte an einen Karussellbetreiber im Prater. Auf seinen Postkarten stöhnt er Emilie vor, dass ihm die Arbeit nur „weech" (unbefriedigend) von der Hand gehe, und nach einer durchzechten Nacht fühlt er sich „verdebscht" (benommen).

Emilie empfand einen Nachholbedarf, Sprachen zu lernen und allgemeines Wissen zu erwerben. Sie hatte ja immer gerne gelernt.

Jetzt aber saß sie tagtäglich in der kleinen Nähstube der Kleidermacherei, applizierte neue Kragen an alte Kleider, kürzte, säumte, nähte ein Umstandskleid enger und ließ im nächsten Jahr wieder die Nähte heraus, weil sich doch noch ein weiteres Kind angemeldet hatte. Aufregend war diese Arbeit nicht gerade. Sie fühlte eine Leere, die mit anderem gestopft werden wollte als mit Nadel und Faden. Französisch zu lernen war apart. Und vielleicht war die Beherrschung der Sprache sogar nützlich – später vielleicht einmal. Insgeheim träumte Emile davon, eines Tages Kleider zu entwerfen, statt fertige Kleider immer nur zu verändern, Stoffe und Accessoires in Paris zu kaufen, Modenschauen zu besuchen, die Frauen der besseren Wiener Gesellschaft einzukleiden. „Hirngespinste", hätte Pauline wahrscheinlich zu diesen Träumen gesagt. Wahrscheinlich hatte sie ja recht. Aber Französisch zu lernen konnte in keinem Falle schaden.

Und da Gustav sich mehr und mehr privaten Auftraggebern zuwandte, die dem neuen, häufig frankophilen Geldadel entstammten, wären Französischkenntnisse auch für ihn von Vorteil.

„Warum willst du denn Französisch lernen?", fragte Gustav.

„Sinnigerweise haben mich die Eltern mit zweitem Namen nicht Luise genannt, sondern ganz fein französisch ‚Louise'. Da bin ich es mir wohl schuldig, ein paar Worte Französisch zu können."

Gustav aber hieß nur Gustav und nicht Gustave.

Aber stärkte gemeinsames Lernen nicht eine Freundschaft und Liebe im besonderen Maße? Gab es nicht ein Gefühl von Gemeinsamkeit, wenn man die Köpfe gemeinsam in ein Buch steckte?

Oder in zwei Bücher. Klimts großer Schädel und Emilies ausladende Frisur würden ein engeres Zusammenstecken wohl kaum erlauben.

Emilie kannte ein älteres Fräulein in der Nachbarschaft das in einer Höheren Töchterschule Französisch unterrichtet hatte: Minna.

Fräulein Minna gab sich alle Mühe, aber so rasch Emilie lernte, so hoffnungslos ließ sich der Unterricht mit Gustav an. Die Grammatik wollte ihm nicht in den Kopf, die Wörter nicht auf die Zunge. L'impression klang nach „Lemperessjon", l'aventure nach

„Awentüre", l'éducation nach Ädukatzion. Emilie verspürte den weiblichen Reflex, ihre Fähigkeiten herunterzuspielen, sich gleichermaßen begriffsstutzig zu stellen. Aber sie durchschaute ihre Anpassungsbereitschaft als falsches Zugeständnis (und Fräulein Minna durchschaute sie auch).

Klimt fing an, sich vor den ungeliebten Französischstunden zu drücken, erfand die üblichen Ausreden, schrieb Postkarten: „Liebe Emilie! Es ist mir leider nicht möglich heute Stunde zu nehmen, Du wirst müssen allein Deine Weisheit auskramen, wiederhole nach besten Nichtwissen mit dem Fräulein sie möge mit mir Nachsicht haben und mir gütige Entschuldigung zu theil werden lassen besten Gruß Gust." Zwei Jahre später schrieb er resigniert: „Sollen wir es nicht endlich bleiben lassen?" Und er zitierte den Spruch, mit dem die Wiener sich ihrer Überlegenheit über alles Französische, insbesondere über die Anmaßungen der französischen Küche versicherten: „Parlez-vous français, g'schnittene Nudeln im Kaffee!"

Emilie aber nahm weiter Unterricht, und als sie Jahre später zum ersten Mal nach Paris zu einer Modenschau fuhr, aufgeregt und ängstlich, ob sie überhaupt etwas würde verstehen oder gar parlieren können, entdeckte sie zu ihrer tiefen Genugtuung, dass sie sich nicht nur verständlich machen konnte, sondern auch handeln und verhandeln konnte.

Und sie verdankte dem Französischunterricht, dass Gustav sie mit „Midi" anredete oder anschrieb, in seltenen Augenblicken sogar mit Midelinchen oder gar Midessa. Das ging auf einen Übungssatz zurück: À midi, tout est tranquille. Mittags ist alles ruhig. Gustav sollte den Satz nachsprechen und sagte: À midi, Emilie est tranquille. Seither war sie die ruhige Mittagsfrau.

Klimt hätte gerne auf Französischkenntnisse zurückgegriffen, als er den großen Auftrag bekam, das Stoclet-Palais in Brüssel auszustatten. Bei einem Besuch bei der Familie Stoclet im Jahr 1914 stöhnt er: „Dass ich nicht ordentlicher französisch spreche ist äußerst schmerzhaft Sitz' zu öftern da wie ein Halbtrottl, oder ein Ganzer?"

Die Selbstironie aber triumphiert über das Minderwertigkeitsgefühl. Mit derbem Griff in die Dialekt-Kiste schreibt er ein anderes Mal: „Stoclet wachst mir unterm Dibl beim Gnack heraus", was Emilie natürlich verstand: Die Arbeit am Stoclet-Fries wächst mir wie eine Beule aus dem Genick heraus.

Liebe und Liebelei

Klimt lud Emilie ins Theater ein. Im Burgtheater machte Adele Sandrock Furore, wurde als die Femme fatale der Wiener Moderne gefeiert, als männermordender Vampir. In einer Zeitung stand: „Sie sieht aus wie der verkörperte Inbegriff mehrerer Todsünden." Gustav hatte einmal gesagt, sie würde sicher auch noch Fausts Gretchen wie Lady Macbeth spielen.

Auf der Bühne wie im Leben spielte die Sandrock die hypernervöse, hysterische, exzentrische Frau, die ihre Liebhaber wechselte wie die Theaterkostüme. Und die Liebhaber waren so prominent wie die Kostüme exquisit. Für das Kostüm der Maria Stuart, mit der sie im Burgtheater debütierte, mussten 35 Stickerinnen allein an dem hohen Kragen des Kleides arbeiten und ihn mit Silberfäden und Perlen durchziehen.

An diesem Abend gab es eine Vorstellung von Schnitzlers „Liebelei". Bei der Premiere war sogar der Hof anwesend gewesen – und natürlich Arthur Schnitzler, Sandrocks Noch-Liebhaber oder schon abgehalfterter Galan. Ein Skandal hatte in der Luft gelegen, war aber ausgeblieben. Die Zeitungen kolportierten, die Sandrock habe nach der Premiere gesagt, „Liebelei" sei ein rechter Schmarrn, den nur sie durchgebracht und vor einem sicheren Durchfallen gerettet habe.

Emilie hatte gemischte Gefühle. Sie ging sehr gerne ins Theater, liebte die klassischen Stücke, liebte aber auch die Dramen Ibsens und Tschechows, die sie immer aufwühlten (Ibsen auf die etwas lautere, Tschechow auf die leisere Art). Aber all das, was sie über Schnitzler und Adele Sandrock gehört hatte, ließ etwas Obszönes, Unanständiges erwarten. Sie wusste nicht, wie sie sich verhalten sollte. Für Gustav schien es nichts Unanständiges zu geben, höchstens Dilettantisches. „Wieso soll an der Darstellung von Nacktheit etwas Schlechtes sein. Wir sind Natur, wir sind Geschlecht, auch wenn wir Kleider tragen, sind wir darunter nackt." Emilie stimmte Gustav „im Prinzip" zu. Aber wenn sich sein theoretischer Ansatz in der Praxis behaupten wollte, schreckte sie zurück. Es war ihr einfach nicht an der Wiege gesungen worden, Sexualität als etwas Natürliches zu empfinden. Es war für alle „ordentlichen" Frauen in Wien undenkbar, weibliche Lust als ein natürliches Recht einzufordern. Man brachte die „Sache" irgendwie hinter sich, und wenn man als Frau Glück hatte, wurde man nicht allzu sehr damit molestiert. Vielleicht gab es aus diesem Grunde 40.000 Prostituierte in Wien, wie Gustav behauptete, die die braven Ehefrauen „entlasteten".

Im Theater würde es wenigstens dunkel sein, wenn es etwas „Genantes" gäbe.

Es gab zwar nichts Genantes, wohl aber Schockierendes. Unbarmherzig legt Schnitzler die Beziehungen zwischen Mann und Frau bloß, zeigt ohne jede Beschönigung, dass die Mädel aus der Vorstadt in den Augen der jungen verwöhnten Herren der Bourgeoisie nur Zeitvertreib sind, Spielzeug, dessen man sich entledigt, wenn man seiner überdrüssig ist. Und wie dumm ein Mädchen wie Christine in dieser Gesellschaft ausschaut, wenn sie einen Mann „in Ehrlichkeit" liebt. Die Sandrock spielte diese Figur anrührend und mit bedrängender Intensität, obwohl sie von ihrer Statur, ihrem Aussehen, ihrer tiefen, leicht schnarrenden Stimme überhaupt nicht den Typus des „süßen Mädels" verkörperte. Da kam nichts von ihrer berüchtigten Zickigkeit und Hysterie zum Vorschein, da war sie ganz Hingabe, Leidenschaft und Schmerz. Emilie stiegen die Tränen in die Augen, als am Schluss klar wurde, dass der Fritz die Christine in die Verzweiflung, vielleicht sogar in den Selbstmord getrieben hatte.

Der Oktoberabend war kühl, als sie aus dem Burgtheater kamen. Man ahnte schon die eisigen Ostwinde, die den Herbst in Wien so unerträglich machen. Gustav fasste Emilie unter den Arm. Er wollte eine Droschke nehmen, doch Emilie ging lieber zu Fuß über den Ring, vorbei am Volksgarten und der Hofburg, die dunkel und geheimnisvoll dalag, in die Westbahnstraße. Gustav würde sie zu Hause abliefern und dann zurückgehen, um mit Freunden zum Wirten zu gehen. Entweder das Café Dobner am Getreidemarkt hatte noch geöffnet, oder die Zechkumpane trafen sich im daneben liegenden Gasthaus Weingartl.

„Da seid ihr Männer aber schlecht weggekommen heute Abend. Was der Theodor so alles an Sprüchen hergesagt hat, das war schon furchtbar. ,Die Weiber sind zum Erholen da!' Und wie war noch der andere Satz: ,Wir hassen nämlich die Frauen, die wir lieben – und lieben die Frauen, die uns gleichgültig sind.' Abscheulich!"

„Du hast ja gut aufgepasst."

„Du etwa nicht?"

„Ja, der Schnitzler weiß schon das Seziermesser zu schwingen und tüchtig ins Fleisch zu schneiden. Aber die Frauen kommen auch nicht gut weg."

„Aber ich bitte dich, die Mizi ist doch nur so leichtlebig und so dumm auf Uniformen fixiert, weil sie die Wünsche der Männer, wie Theodor einer ist, erfüllen will, sie sieht keine andere Chance."

„Nun mach' mal die Frau nicht zum Opfer. Die Mizi hat doch Spaß mit dem Theodor. Das leichte Leben gefällt ihr."

„Das Leben gefällt ihr, bis sie dreißig ist oder ein uneheliches Kind kriegt. Dann muss sie froh sein, wenn sie einen Metzgergesellen abkriegt."

„Ach, Emilie, nun mach's mal nicht so dramatisch. Woher kommt denn das wirkliche Unglück in diesem Stück? Nicht von der Liebelei. Sondern von der Liebe. Der Fritz kann die verheiratete Frau nicht vergessen, das dämonische Weib. Und die Christine muss den Fritz lieben und ihn ständig bedrängen. Da rührt alles Unglück her. Und im Übrigen sollte man keine Briefe schreiben."

„Gustav, du bist zynisch."

„Da wirst du schon recht haben."

„Der Schnitzler hält der Wiener Gesellschaft einen Spiegel vor, aber alle delektieren sich, statt zu erschrecken. Und nichts ändert sich."

„Duelle sind verboten. Das hat sich schon geändert."

„Ich hatte gedacht, dass sich etwas für die Frauen ändert."

Klimt zuckte die Schultern. Emilie wusste, dass ihm solche Gespräche nicht passten. War er nicht auch eine Art Theodor? Sie wollte ja nicht so genau wissen, was er mit seinen Modellen in seinem Atelier trieb. Aber sie kannte auch die andere Seite seines Wesens, den scheuen Mann, der wenig Privates offenbarte, der nie über seine Gefühle sprach, wahrscheinlich, weil er das in seinem Elternhaus nicht gelernt hatte; der Emilie Flöges Nähe suchte, obwohl sie weder ein süßes Mädel noch eine Dame der besten Gesellschaft war.

Sie waren vor ihrem Haus angekommen. „Ich danke dir für den Abend, Gustav."

„Midi, schlaf gut. Und denk' nicht zu viel!" Und schon sah sie, wie seine untersetzte Gestalt von der Dunkelheit aufgesogen wurde.

Heiliger Frühling

Im Februar 1897 war die „Secession" im Salon der Berta Zuckerkandl noch eine Kopfgeburt gewesen. Sie sollte bald Gestalt annehmen: Im April desselben Jahres erklärten 19 Mitglieder ihren
Austritt aus der Genossenschaft. Sie wählten Gustav Klimt zum
Präsidenten der „Vereinigung der bildenden Künstler Österreichs"
und formulierten ihre Ziele: das Interesse an der Kunst zu fördern,
sie vor Kommerzialisierung zu bewahren, den Kontakt mit ausländischen Künstlern zu intensivieren.

Das las sich noch recht unverbindlich, aber spätestens mit der
Errichtung des Secessionsgebäudes und den ersten Ausstellungen
konnten die Wiener einen Begriff davon bekommen, was die Secession bedeutete. „Nachdem der größte Theil unseres Publicums
bisher in süsser Unkenntnis über die machtvolle Kunstbewegung
im Auslande gelassen wurde, waren wir gerade bei unserer ersten
Ausstellung bestrebt, ein Bild der modernen Kunst des Auslandes
zu bieten, damit das Publicum einen neuen und höheren Maßstab
für die Bewerthung der heimischen Hervorbringungen erhalte",
hieß es im Vorwort des Katalogs der ersten Ausstellung. Program-
matisch wurden Bilder und Objekte von Giovanni Segantini, Fernand Khnopff, Constantin Meunier, Auguste Rodin, Arnold Böcklin,
Max Liebermann und Max Klinger gezeigt, eine erste Übersicht
über die Strömungen des europäischen Symbolismus. In einer späteren Ausstellung wurde die zeitgenössische französische Malerei
mit herausragenden Vertretern vorgestellt: Manet, Monet, Renoir,
Degas, Cézanne.

Das dringendste Anliegen war, ein Ausstellungsgebäude für
die Secession zu errichten, eines, das schon in der Architektur die
Ziele der Bewegung umsetzte. Joseph Maria Olbrich reichte Ende
1897 einen Entwurf beim Wiener Gemeinderat ein, der nicht auf
Gegenliebe stieß, es kündigte sich außerdem ein endloses Ringen
um den Baugrund an. Vorsichtshalber wurde von den Behörden
schon signalisiert, dass man sich nur auf ein auf 10 Jahre begrenz-

tes Provisorium einlassen werde. Dann aber wurde überraschend schnell ein Baugesuch auf einem Grundstück an der Ecke genehmigt, wo der Getreidemarkt in die Wienzeile mündet. Es fanden sich Mäzene wie der Industrielle Wittgenstein. Am 12. November 1898 wurde das neue Haus der Secession nach nur achtmonatiger Bauzeit mit einer Vernissage zur II. Ausstellung eröffnet.

Das Secessionsgebäude um 1901

Neben Olbrich hatte der neue Tempel der Kunst viele weitere Väter. Klimt hatte schon einen ersten Entwurf geliefert, Kolo Moser schuf das Fresko „Reigen der Kranzträgerinnen", die Blätter der Kuppel sind von Klimts Ornamentik beeinflusst, die Torflügel wurden von Georg Klimt, Gustavs Bruder, hergestellt, die Gorgonenhäupter am Altar stammen von Othmar Schimkowitz, das Leitmotiv „Der Zeit ihre Kunst. Der Kunst ihre Freiheit." hatte der Kunstkritiker Ludwig Hevesi beigesteuert, der ähnlich wie Berta Zuckerkandl ein glühender Verehrer und Unterstützer der Secession war.

Wenn das Wort „Secession" das Trennende betonte, so wies der Titel der eigenen Zeitschrift „Ver sacrum" auf den Aufbruch, die Erneuerung hin. Alfred Roller wurde verantwortlicher Redakteur, Max Burckhard, der Direktor des Burgtheaters, und Hermann Bahr waren als literarische Mitarbeiter gewonnen. Der Titel bezog sich auf ein römisches Ritual: die Weihung der Jünglinge in Zeiten nationaler Gefahr. In Wien weihten sich die „Jungen", wie sich die Secessionisten gerne nannten, um eine Kultur zu retten, die in ihren Augen verloren gegangen war. Hermann Bahr, den Stefan Zweig in seinem Buch „Die Welt von Gestern" als „geistigen Raufbold" charakterisiert, „der sich für alles Werdende und Kommende wütend herumschlug", erläutert in der ihm eigenen provokanten Weise im ersten Heft, worum es der Secession ging: „In München und Paris ist es Sinn der Secession gewesen, neben die ‚alte' Kunst eine ‚neue' Kunst zu stellen [...] bei uns ist es anders. [...] Es wird nicht zwischen der alten Kunst, die es bei uns gar nicht gibt, und einer neuen gestritten [...], sondern um die Kunst selbst [...] um das Recht, künstlerisch zu schaffen. Unsere Secession ist eine Erhebung der Künstler gegen die Hausierer, die sich für Künstler ausgeben und ein geschäftliches Interesse haben, keine Kunst aufkommen zu lassen." Bahrs Polemik gegen das alte Kunst-Wien gipfelte in den schönen Sätzen: „Man muss verstehen, sich verhaßt zu machen. Der Wiener hat nur vor Leuten Respect, die ihm eigentlich zuwider sind."

Emilie wurde angesteckt von der Euphorie, die die Gründung der Secession auslöste. Sie erlebte aus erster Hand die Aufbruchstimmung, die bei allen Beteiligten ungeahnte Kräfte und Ideen freisetzte, sie bewunderte die Energie dieser jungen Männer, die sich im Bewusstsein zusammengeschlossen hatten, etwas Neues und in Wien noch Unerhörtes zu wagen. Gustav, der ja eher zu den Verschlossenen und wenig Gesprächigen gehörte, konnte plötzlich in zügelloses Reden verfallen. Anders als Bahr und Zuckerkandl und Hevesi konzentrierte er sich weniger auf den theoretischen Überbau dieser „Revolution", als vielmehr auf die künstlerische Umsetzung der Ideen, die Auswahl von Exponaten, die Hängung und Beleuchtung bei den Ausstellungen, das Bild-Programm. Der Pulsschlag seiner Leidenschaft trieb Emilies Pulsschlag höher, die Begeisterung für die Sache beförderte die Erotik: Nie war ihr Gustav so anziehend, so leuchtend erschienen wie in diesem Jahr 1898, in dem er bis zur Erschöpfung für den Erfolg der Secession arbeitete und auch als Maler nach fünf Jahren sparsamen künstlerischen Schaffens mit dem Bildnis der Sonja Knips, dem ersten seiner großen Frauenporträts, einen neuen Durchbruch feierte.

Emilie aber war nicht die Frau, die sich in Bewunderung erschöpfte. Sie hatte den Drang, die bei anderen erlebte Kreativität für sich selbst produktiv zu machen. Es sollte noch sechs Jahre dauern, bis die Schwestern Flöge ihren Salon eröffneten. Aber die junge Kleidermacherin Emilie Flöge entdeckte zu dieser Zeit, dass sie auf ihrem Gebiet – der Mode – etwas ähnlich Innovatives leisten könnte wie die Künstler der Secession, dass die Werkzeuge der Kunst nicht bei Pinsel und Palette aufhörten.

Wie zu erwarten war, kochte Wien vor heftiger Erregung hoch, als das Secessionsgebäude eingeweiht wurde. Die einen verspotteten den Bau als „Krauthappl", das klang noch liebevoll, der „Tempel für Laubfrösche" weniger freundlich. Dass das Gebäude tatsächlich ein Tempel war, dass man über Treppen wie in einen Kirchenraum stieg, der nicht von Fenstern, sondern von Oberlicht erhellt wurde, dass die Ausgestaltung Sakrales wie Heidnisches suggerierte, dass die Ornamentik an antike Vorbilder anknüpfte, war für viele Wiener jenseits aller gewohnten Kunst- und Architekturerfahrung. Aber es waren die ersten Ausstellungen, die ungeahnte öffentliche Emotionen hervorriefen: die ganze Skala von überbordendem Jubel bis zur hysterischen Empörung. Die erste Ausstellung fand im Gebäude der Gartenausstellung statt, da sich das Haus der Secession noch im Bau befand. Klimt entwarf das Ausstellungsplakat: Der nackte Theseus, die Verkörperung des

Neuen, tötet unter den Augen von Pallas Athene den Minotaurus, das Symbol für die alte Kunst. Die staatliche Zensur verlangte, dass Klimt die Nacktheit des Theseus verhüllte, und Klimt sah sich gezwungen, das Geschlecht des antiken Helden mit ein paar gestrichelten Baumstämmen zu bedecken. Einen Sturm der Entrüstung rief bei der zweiten Ausstellung die von Klimt entworfene neue „Schutzpatronin" der Secession hervor: Pallas Athene (die auch die Münchner Secession bewachte) trägt ein Medusenhaupt, das dem Betrachter frech die Zunge herausstreckt. „Wie wurde sie verhöhnt, als abscheuliche Ausgeburt einer am Fratzenhaft-Wüsten sich ergözenden Sensationsgier", kritisierte Arthur Roessler die Reaktion der meisten Wiener auf die Pallas Athene. Die wirkliche Sensation aber, die ganz Wien in Aufruhr versetzte, war die Ausstellung im Jahre 1902. Da war ein Gesamtkunstwerk geplant unter dem Motto „Freude schöner Götterfunken", ein monumentales Projekt zu Ehren Beethovens. Max Klingers Beethoven-Skulptur lieferte das Leitmotiv, die Secessions-Räume wurden mit Wandmalereien und Schmuckplatten zum Erlösungsthema der neunten Sinfonie von verschiedenen Künstlern gestaltet. Klimt erhielt einen Sonderstatus: er durfte nicht nur über eine Wand, sondern über drei Wände verfügen. Klimt schuf ein musikalisches Programm, das von der Sehnsucht nach Glück über feindliche Gewalten zum Chor der Paradiesengel und zur Apotheose der Erlösung führt: Diesen Kuss der ganzen Welt!

Die Reaktionen auf den Beethoven-Fries verliefen in biblischer Dimension: „Hosianna" und „Kreuzigt ihn!" Die Begeisterung verhallte angesichts der Schmähorgien: „Klimt produzierte diesmal wieder eine Kunst, der nur drei Leute, ein Arzt und zwei Wärter gerecht werden können [...]. Die Darstellung der Unkeuschheit an der Stirnwand des Saales gehört zum äußersten, was je auf dem Gebiet obszöner Kunst geleistet wurde", schrieb der Frankfurter Kritiker Robert Hirschfeld. „Abstoßend", „pornographisch", „verletzend", schrieben andere. Jungen Damen unter 18 Jahren wurde dringend empfohlen, die Ausstellung nicht zu besuchen. Aber es fanden sich auch Bewunderer, unter ihnen kein geringerer als Auguste Rodin, den Berta Zuckerkandl im Jahr 1902 überreden konnte, von Prag aus, wo er eine große Retrospektive seiner Werke durch seine Gegenwart beehrt hatte, auf der Heimreise einen Umweg mit Halt in Wien zu machen und dort die Secessionisten kennenzulernen. Nach der Besichtigung der Ausstellung mit dem Beethoven-Fries ergriff Rodin Klimts Hände und sagte: „Was sind Sie für ein Künstler! Sie verstehen Ihr Handwerk."

Berta Zuckerkandl und Klimt luden Rodin anschließend zu einer Jause in den Prater ein. Später schrieb Berta in ihren Erinnerungen („Ich erlebte fünfzig Jahre Weltgeschichte"):

„Es war ein herrlicher Julitag. Die ganze Secession hatte sich versammelt. Klimt in strahlender Laune. Neben ihm Rodin, der die feschen Wiener Fiaker nicht genug bewundern konnte. Ich hatte im Freien decken lassen. Neben Klimt saßen zwei wunderschöne Frauen, die auch Rodin entzückten. Klimt hatte aus der Wienerin einen idealen Frauentypus geschaffen: die moderne Frau in knabenhafter Schlankheit. Er malte Frauen von rätselhaftem Reiz. Man kannte damals den Ausdruck Vamp noch nicht. Aber Klimt schuf den Typus einer Greta Garbo, einer Marlene Dietrich, lange ehe er Wirklichkeit wurde. Solche Frauen umschwärmten nun Rodin und Klimt. Alfred Grünfeld hatte sich in dem großen Saal, dessen Flügeltüren weit offen standen, ans Klavier gesetzt. Klimt schlich sich zu ihm. ,Ich bitte, spielen's uns Schubert!' Und Grünfeld, die Zigarre im Mund, träumte Schubert vor sich hin.

Da beugt sich Rodin zu Klimt hinüber: ,So etwas wie bei Euch hier habe ich noch nie gefühlt! Ihre Beethoven-Freske, die so tragisch und so selig ist: Eure tempelartige, unvergessliche Ausstellung und nun dieser Garten, diese Frauen, diese Musik! Und um Euch, in Euch diese frohe kindliche Freude. Was ist das nur!?'

Ich übersetzte Rodins Worte. Klimt neigte seinen schönen Petrus-Kopf und sagte nur ein Wort: ,Österreich'!"

„Heute nacht hat mir geträumt von Dir, Du warst etwas bös' auf mich."

Die Krise kam im Frühling 1899. Klimt war in Italien. Er war der siebzehnjährigen Alma Schindler nachgereist. Almas Mutter war in zweiter Ehe mit dem Maler Carl Moll verheiratet, Klimt hatte Alma im Hause seines Freundes Moll kurz vor der Gründung der Secession kennengelernt, sie hatten sich heimlich ineinander verliebt.

Dass Klimt mit der Moll-Familie und anderen Künstlerfreunden nach Italien reiste, schien natürlich, man war ja unter sich, war befreundet, hatte die gleichen künstlerischen Ziele und Pläne. Allenfalls hätte erstaunen können, dass Klimt überhaupt reiste – das tat er nämlich äußerst ungern. Er gehörte nicht zu den Künstlern, die sich Inspirationen durch die Bilder der italienischen Renaissance erhofften. Und in Museen ging er bei dieser Reise nur, wenn Moll ihn mitnahm. Stattdessen tauchte er in Genua in Almas Zimmer auf: „Sind Sie allein?" – und Alma beschreibt den süßen Überfall in ihrem Tagebuch: „Und ohne, dass ich's wußte, hatte er mich in den Arm genommen und küßte mich. [...] zum 1. Mal in meinem Leben geküßt, und den Mann, den ich einzig und allein liebe auf Erden." In Verona stand Klimt hinter ihr und raunte: „Es ist nicht anders möglich als ganz ineinander zu gehen [...] Wenn 2 eins werden, kommt das Glück, und Gott ist's nicht zuwider."

Alma vertraut Klimts Worte ihrem Tagebuch an. Aber noch verweigert sie sich dem, was nicht Gott, aber vielleicht ihren Eltern zuwider ist. Als gebildetes Mädchen kennt sie ihren Goethe, und da Klimt den „Faust" immer bei sich trägt, schlägt sie ihn mit seinen eigenen Waffen, zitiert Mephisto: „Thu keinem Dieb etwas zu lieb, als mit dem Ring am Finger", und fügt hinzu: „Ich habe keinen Menschen so gerne als Sie, aber – das – doch nicht." Damit kann sich Klimt offensichtlich nicht abfinden, zwei Tage später in Venedig schreibt Alma in ihr Tagebuch: „Doch kränkte er mich durch eine Brutalität." Man muss sich wohl eine wenig vornehme sexuelle Attacke vorstellen. Die Kränkung hält nicht lange vor, Alma schenkt

Gustav ein anzügliches Bild von sich auf dem Eisbärenfell, aber dann ist Schluss. Almas Mutter findet das Tagebuch, wie Mütter es immer tun, Carl Moll stellt in stiefväterlicher Autorität klar: Bis hierher und nicht weiter! Klimt mochte wildern, wo er wollte, Moll war kein Tugendwächter, aber wenn es um Alma ging, konnte er fuchsteufelswild werden. Ein Mann wie Klimt, ein Frauenverführer par excellence, 35 Jahre alt, solle das schöne unberührte Mädchen, das vor Musikalität vibrierte, nicht nur glänzend Klavier spielte, sondern sogar schon komponierte, ein so begabtes, so lebendiges, so zauberhaftes Wesen in Ruhe lassen und nicht in den Reigen seiner vielen Geliebten aufnehmen. Auf Alma warte ein anderes Schicksal. Anzunehmen ist – bei der Vertrautheit der beiden Männer – dass Moll sehr wohl wusste, wie es um Klimts Lebens- und Liebesumstände stand, dass Klimt ein Verhältnis mit Emilie (oder war es mit Helene? oder mit beiden Schwestern?) Flöge hatte, dass er eine besondere Beziehung zu seinem Modell Maria Zimmermann unterhielt, dass von unehelichen Schwangerschaften die Rede war – was zu viel war, war zu viel.

Klimt entschuldigte sich bei Carl Moll und reiste ab. In seinem Brief an ihn schreibt er: „...ich kenne meine Verhältnisse selbst nicht genau und will mir gar nicht klar sein – ich weiß nur eines sicher – daß ich ein armer Narr bin." Moll redet seiner Stieftochter ins Gewissen, doch diese schreibt in ihr Tagebuch, dass sie Klimt ewig lieben werde, auch wenn er ja ein bisschen brutal und wahnsinnig eifersüchtig sei, und als höchsten Ausdruck seiner Liebe nichts anderes gewusst habe, als sie „recht fest in den Arm zu zwicken."

„Carl hat letzthin gesagt: Nach alle dem, was Du von Klimt erfahren hast, kannst Du ihn unmöglich mehr gerne haben, denn kenne ich Dich: Du hast Stolz [...] Carl, Carl, weißt Du denn nicht, was es heißt – zu lieben? Glaubst Du denn, dass ich im Stande bin, eine Neigung [...] so auf einmal aus meinem Herzen zu reißen? [...] Ich ertrinke und versinke unaufhörlich tiefer und unsagbar leidend."

Am 15. Mai, wieder zurück in Wien, malt Alma ein schwarzes Sterbekreuz neben das Datum des Tagebucheintrags. Carl Moll hatte mit Klimt gesprochen, und dieser hatte versprochen, mit Alma endgültig zu brechen. Das bringt Alma endgültig aus der Fassung: „Nun weiß ich, was Leben heißt. Nun weiß ich, was es heißt, betrogen zu werden. [...] Er hat sich feige zurückgezogen, hat mich verrathen, hat zugegeben, dass er übereilt gehandelt hat, und hat sich als Schwächling erwiesen. [...] Ich habe keine Gedanken als den einen: er hat mich kampflos hingegeben."

Halb verrückt ist sie vor Leid, beteuert immer wieder ihre Liebe und ihr Unglück, interessiert sich aber schon sehr bald für den feschen Joseph Maria Olbrich, den Architekten des Secessionsgebäudes, dann für den kleingewachsenen Komponisten Alexander Zemlinsky, und ein Jahr später ist in ihrem Tagebuch zu lesen: „An Klimt denke ich nicht mehr, ich habe Amen über die Sache gesagt." Und spätestens als Gustav Mahler 1901 um ihre Hand anhält, beginnt eine neue „Sache".

Wenige Tage vor dem Eklat in Venedig, am 27. April, schreibt Gustav einen Brief an Emilie aus Florenz, redet vom Wetter (schlecht), vom Hotel (schlecht), von der Stadt (sehr interessant), der Reisegesellschaft (trifft sich vollzählig nur beim Mittag- und Abendessen), seiner Stimmung (trübe, „schwermüthig"), vom Essen (sehr gut), vom Trinken (er trinkt viel Wein – ohne „Folgeübel"). Mehr möchte er nicht schreiben, sonst werde der Brief zu lang und Emilie müsse Strafporto zahlen, und sie brauche ihm auch nicht zu schreiben, „wenn's nicht sehr leicht geht". Und zum Schluss: „Nun leb' recht wol, besten Gruss und Kuss, Gustav".

Emilie muss sich da schon einiges zusammengereimt haben: so deutlich ist der Unterschied zu den emphatischen Liebesbriefen, die ihr Gustav zuvor geschrieben hatte. Von Venedig aus erhält sie ein Telegramm, er komme umgehend nach Wien zurück. Dort breitet Gustav, der nie einen Hehl aus seinen Liebesgeschichten gemacht hat, die Parallelität all seiner Verhältnisse vor Emilie aus, die Affären und Beinahe-Affären, die gerade überstandene (Alma), die ernsten (Maria Zimmermann) und weniger ernsten Lieben (Maria Ucicka), das binnen kurzer Zeit zu erwartende Kind von Maria Ucicka. Dass auch Maria Zimmermann ein Kind von ihm erwartet, erfährt Klimt vier Wochen später.

Die Eröffnung war ein Schock für Emilie. Natürlich wusste sie, dass Gustav „un homme à femmes" war, dass sie nicht die erste Frau in seinem Leben war, dass es immer wieder Affären mit seinen Modellen geben würde – aber hatte er sie nicht glauben gemacht, dass sie „unvergleichlich" sei, dass die Beziehung zu ihr einzigartig und ausschließlich sei? War das ihr Gustav, oder stand da ein Monstrum vor ihr?

„Das ist zu viel!", sagte sie und floh aus seinem Atelier. Als Gustav am Abend zu Flöges nach Hause kam und dort fröhlich als der Italien-Heimkehrer begrüßt wurde, entschuldigte sie sich mit Kopfschmerzen und entwich ins Bett. Sie hörte, dass sich um den Wohnzimmer-Tisch herum die Kartenspielrunde formierte. Gustav spielte leidenschaftlich gern Tarock, manchmal aber auch „Watten", ein altes österreichisches Spiel, bei dem das Reden, Deuten und Mucken nicht nur erlaubt, sondern wesentlicher Teil des Vergnügens ist. An Begeisterung wetteiferte Barbara Flöge mit ihm, die sich im ersten Jahr ihrer Witwenschaft die Lustbarkeit des Kartentippelns verboten hatte, jetzt aber nicht genug davon kriegen konnte.

Emilie hörte die vertrauten Ausrufe, die Spielkommandos, das Gelächter bis in ihr Zimmer schallen. Sie steckte sich Watte in die Ohren, zog die Bettdecke über ihren Kopf, damit sie kein Lachen hörte, damit ihr haltloses Weinen nicht gehört würde.

„Bitte mich nicht ungnädig aufnehmen!"

„Liebes kleines dummes…" hatte er sie manchmal in seinen Briefen angeredet. Wie dumm war sie denn gewesen, was hatte sie denn wirklich erwartet?

Sie ging Gustav aus dem Weg. Er suchte das Gespräch, kündigte Besuche im Flöge'schen Haus an und bat Emilie: „Bitte mich nicht ungnädig aufnehmen!" Sie ging im Geiste mit ihm ins Gericht, sie ging auch mit sich ins Gericht. Es war meine Hoffart zu glauben, dass ich ihm etwas anderes bedeute als all den anderen, sagte sie sich. Sie schwankte zwischen Verletztheit, Gekränktsein und der Furcht, jetzt ganz allein und ungeliebt ein Leben leben zu müssen, das doch erst 24 Jahre alt war. Die Frage war, ob sie Gustav verzeihen könnte, ob ihr Herz groß genug war, um der Freundschaft Raum zu geben, wenn Liebe nicht mehr möglich war.

Emilie verkroch sich, tagsüber an die Nähmaschine, abends ins Bett. Auf Theaterbillets, die er schickte, reagierte sie nicht. Auf Briefe antwortete sie nicht. Sie musste ungnädig sein. Wenn es überhaupt so etwas wie eine Reinigung der Gefühle geben würde, dann musste sie den Zorn zulassen.

Am meisten hasste sie es, wenn er Briefe schickte, die mit „Ich verspreche Dir, Emilie…" anfingen. Wie konnte er es noch wagen, Versprechungen zu machen, er, dessen Schwüre nicht einen Pfifferling wert waren?

Pauline und Emilie saßen zusammen in ihrer Schneiderwerkstatt. Pauline säumte einen Rock. Emilie war schon dreimal die Nadel an der Nähmaschine abgebrochen, und der Versuch, den Faden neu einzufädeln, ging immer wieder schief. Sie war nahe daran, in Tränen auszubrechen.

Da sagte Pauline in das verbissene Schweigen hinein: „Sieh ihn doch einfach als Freund an oder als Bruder oder Onkel! Ihn wegzuschicken wär doch kerzengrad' das Allerfalscheste, was du jetzt tun könntest."

Als Onkel! Damit hatte Pauline den Bann gebrochen. Natürlich war das als Witz gemeint, aber bot der „Onkel" nicht eine Projektion, die helfen konnte, Distanz aufzubauen oder eine neutrale Nähe zuzulassen, wie man sie gegenüber einem entfernten Verwandten empfindet? Konnte Emilie nicht versuchen, diese Distanz einzuüben, bis eine neue Nähe möglich war, ein Wohlwollen, das die Untreue des anderen nicht mehr als Verrat, sondern als Schwäche ansah? Lag Gustavs Hunger nach Leben und Frauen vielleicht in seiner Kindheit beschlossen, in der er gedarbt hatte, in der es wenig Brot und kaum Zärtlichkeit von einer immer überforderten Mutter gegeben hatte?

Aber war es denn recht, sinnierte Emilie, Gründe zu suchen, die ihn entschuldigten, statt einfach zu sagen: „Er ist ein gefräßiges Monster"? Ich kann seine Ausschweifungen nicht ertragen, ich will ihn nicht mehr sehen!

Aber das stimmte eben nicht: Sie wollte ihn sehen. Sie wollte ihm nah bleiben, auch wenn es schwer fiel zu sagen, warum. Er war großherzig, er war geduldig, er war ein grober Klotz und ein feinsinniger Mensch, verschroben manchmal, eigenwillig, schwierig, und dann wieder sehr geradlinig, einfach. Und er war ein großer Künstler, da war sich Emilie sicher, einer, der nicht danach schielte, was gerade Erfolg versprach, was sich verkaufte, sondern der aus seinem Inneren – sie traute sich nicht „Seele" zu sagen – Bilder hervorbrachte, hervorwühlte, die so fremd und kühn waren, dass Emilie oft erschrak und im Erschrecken Bewunderung lag.

Ach, man konnte doch nicht die Qualitäten eines Menschen aufzählen und sagen, man liebe ihn dieser Eigenschaften wegen – und anderer wegen nicht. Auch wenn Emilie Flöge wenig Erfahrung in der Liebe hatte, wusste sie mit Bestimmtheit, dass man einen Menschen in seiner Ganzheit akzeptieren musste – oder eben gar nicht. Und Ganzheit war mehr als die Summe von erfreulichen und weniger erfreulichen Wesenszügen. Im Grunde blieb doch alles ein Geheimnis.

Als Gustav am Abend zum Kartenspiel kam, blieb Emilie am Tisch sitzen und trickste ihn nach Strich und Faden aus. Sie reizte riskant alle Möglichkeiten aus und gewann ein Spiel nach dem anderen. Manchmal sah sie Gustav von der Seite an und dachte: Nein, ein Onkel ist er nicht, aber vielleicht ein seltsamer Cousin aus der Fremde, der Anschluss sucht. Und vielleicht ist es meine Bestimmung, ihn zu lieben. Aber ab jetzt bestimme ich die Regeln unseres gemeinsamen Lebens. Der Gedanke war aufregend.

Den Sommer 1899 verbrachten die Flöges in Golling bei Hallein. Gustav war mit von der Partie, so wie schon im Jahr zuvor, als man gemeinsam in St. Agatha bei Steg am Hallstätter See zur Sommerfrische gewesen war. Er gehörte eben zur Familie.

Post amorem

So wurden Gustav und Emilie nach der kurzen Liebes-Zeit Freunde, Partner, Vertraute, Gefährten, verbunden durch den Wunsch, ein Leben zu führen, das von Kunst durchdrungen war. Es gab zwischen ihnen in der Öffentlichkeit nie die geringste erotische Geste, nie eine körperliche Nähe, die anderen hätte verraten können, wie es um sie stand, nie Liebesworte oder Zärtlichkeiten. Und auch, wenn Gustav schrieb – und er annehmen konnte, dass niemand außer Emilie die Karten las –, vermied er es peinlich, auch nur das geringste Wort der Sehnsucht zu formulieren. Wenn er etwas vermisste, dann waren es Wien oder der Attersee oder die heimische Küche, aber niemals stand auf seinen Karten: „Ich vermisse Dich."

Diese klare Trennung von Liebe und Leben hatte Emilie „verordnet". Trotzdem fiel sie ihr schwer, und manchmal erschien ihr der Schmerz unerträglich. Sie fiel Gustav schwer, einem Mann, der seine künstlerischen wie „animalischen" Begierden auszuleben wusste. Das Paar hatte seine Beziehung „geordnet", aber die Unordnung der Gefühle ließ sich nicht so einfach entwirren. Emilie hatte darauf bestanden, einander jedwede Freiheit zu lassen, jeden Gedanken an eine erotische Bindung aufzugeben. Das waren schöne Sätze und Vorsätze, die Sinne aber sprachen eine andere Sprache.

Natürlich wollte Gustav frei bleiben, das in jedem Fall – und in der ganzen egoistischen Breite, die er zu leben gewohnt war. Dazu gehörte vor allem, dass er sich mit Frauen umgab, wie er es wollte. Die Mutter und die Schwestern nährten und pflegten den Kind-Mann in ihm, die vielen Geliebten befriedigten die sexuellen Bedürfnisse und fütterten seine Sensualität als Künstler. Und dann war da eben noch Emilie, die für etwas Anderes stand: Sie war es, die seinem Leben jene emotionale Sicherheit gab, die ein Mensch nur entwickeln kann, wenn er sich vollkommen angenommen fühlt.

Er vermisste sie, wenn sie nicht da war. Wie ein Über-Vater, der alle Schritte seines Zöglings kontrollieren muss, war er darauf angewiesen, immer zu wissen, wo sie war, was sie machte, wann sie nach Hause kam. Wenn eine erwartete Nachricht von ihr ausblieb, reagierte er grantig, fühlte sich deprimiert und unfähig zu arbeiten. Er musste sich ihrer sicher sein, sonst fiel er ins Bodenlose.

Als sie 1909, fast zehn Jahre nach der großen Krise, auf einer ihrer Mode-Reisen nach London fuhr, nahmen Fragen und Vorwürfe wegen ausbleibender Post gar kein Ende: Am 24. Februar schrieb er: „Bei mir ziemlich ‚verdebschte‘ Stimmung, ganz in mich eingezogen, Montag, Dienstag ½10 daheim! Gestern vormittag die erste Karte erhalten – aus Frankfurt. herzlichste Grüße Gustav.“

Einen Tag später: „TIVOLI. Trüb, kalt, seit der ersten Frankfurter Karte keine Nachricht. – nichts aus Brüssel, nichts vom Schiff Schlechter Nachrichtendienst! Und wenn Kinder auf ‚Reisen‘ sind will man doch wissen – wie. Hoffentlich kommt's jetzt schockweise Herzlichsten Gruß Gustav“.

Aber dann, acht Tage später, triumphiert er wie ein Buchhalter, der das erwartete Schock an Korrespondenz erhalten hat: „Bis jetzt 8 Karten und 4 Briefe empfangen – ich muß es sehr viel heißen!“ Und zur Belohnung für die schreibfreudige Emilie kommt der Satz: „Der Frühling wartet! Er wartet bestimmt auf Dich!“ Vielleicht hätte sich Emilie gefreut, wenn Gustav geschrieben hätte, dass er auf sie warte. Aber der Frühling musste Lichtblick genug sein.

Wenn Klimt auf Reisen war und gegenüber Emilie seine Jeremiaden über das schlechte Wetter, die miserable Küche, seine diversen Zipperlein und sein Heimweh nach Wien abgesondert hatte (gerne zitierte er aus „Tristan und Isolde“: „Frisch weht der Wind der Heimat zu“), musste sie noch lesen, was das Wildern in fremden Gehegen ergeben habe. Er war einfach naiv genug zu glauben, dass sie das von Herzen interessiere. So schrieb er auf einer Postkarte aus Paris gleich nach seiner Ankunft in der Stadt am 17. Oktober 1909: „Bis 10 Uhr Vormitt[a]g ist sowol die schöne als elegante Pariserin noch ausständig –Paris noch nicht lebendig trotz oder wegen des Sonntags? …“ Drei Tage später sah die Situation schon besser aus: „Mittwoch 20.X.1909 Bin meist allein! Nachdem ich die erste Enttäuschung überwunden finde ich doch nach und nach die interessante bessere Französin – allerdings darf man nicht zu genau schau'n es ist vieles gemacht – aber schließlich gut gemacht". Und da Klimt immer jedes Fitzelchen Fläche auf seinen Karten ausnutzte, war auch die Vorderansicht der Karte mit dem Bild der „L'Avenue du Bois de Boulogne à la Porte Dauphine" bekritzelt: „Café mit oder ohne lait ist jedenfalls ein ‚Gschlader' sonst geht's mir gut herzlichst Gustav" Und nach einer Woche scheint er in Paris wirklich angekommen zu sein. Allerdings nicht im Paris des Louvre und der vielen Galerien, über die er kaum ein Wort verliert, und wenn, dann mit dem Ausdruck des Überdrusses: „Halb blöd' bin ich schon von dem ‚Abstrotten' der diversen Sammlungen…"

Stattdessen füllt er seine Karten mit weniger kunsthistorischen Erlebnissen:

„Geflohen in's Parisiana – wenigstens einige hübsche Weiber dort zu sehen – am Montmartre die ersten jungen Weiber erblickt. (Cokotten natürlich) aber wenigstens keine ‚Wrak's' Eine Woche um – eine halbe Ewigkeit –! Allerherzlichste Grüße Gustav".

Nein, Emilie war nicht eifersüchtig. Schon lange nicht mehr. Und schon gar nicht auf die Weiber und Kokotten. Obwohl sie den Ton nicht mochte, mit dem Gustav wie ein alter Onkel seinem Neffen von nächtlichen Beutezügen berichtete. Sie fand ihn geschmacklos. Gustav wäre vermutlich erstaunt über ihre negativen Gefühle gewesen, er hätte seine Schilderungen als einen Beweis der gegenseitigen Offenheit, des Vertrauens interpretiert. Wobei klar war, dass er ähnliche Berichte von ihren Reisen nach Paris schockierend gefunden hätte. Es war leicht, einem anderen Freiheit zuzubilligen, solange sie theoretisch blieb. Das Zeitalter der sexuellen Freizügigkeit war im Wien der Jahrhundertwende vielleicht für Männer angebrochen, für Frauen aber bestimmt nicht.

Irgendwann erfinde ich einmal einen schönen, schlanken Kunststudenten in Paris, der sich ausgerechnet in Emilie Flöge aus Wien verliebt, dachte sie. Aber dann vergaß sie diese Idee wieder.

Ich mußt' auch heute wandern

Immer wieder bedrängte Klimt Emilie, ihm zu sitzen. Immer wieder wehrte sie ab: „Du hast doch so viele Aufträge für Porträts, Aufträge, die dir viel Geld und Ruhm einbringen. Du kennst doch die Devise der neuen Wiener Elite: sich ein Haus von Josef Hoffmann bauen zu lassen, die Inneneinrichtung gestaltet Koloman Moser, und im Salon muss ein Bild der Gattin, gemalt von Klimt, hängen. Ich kann kein Porträt von dir kaufen, du malst über meine Verhältnisse."

Klimt hörte gerne, dass er ein teurer Maler sei, den sich nur wenige leisten konnten. Er brauchte viel Geld. Seine Mutter und seine Schwestern Klara und Hermine waren finanziell völlig von ihm abhängig. Er hatte drei uneheliche Kinder anerkannt. Zwei von Maria Zimmermann, Gustav und Otto, eines von Maria Ucicka, auch ein Gustav. Otto Zimmermann war als Baby gestorben, aber die zwei Gustavs und ihre Mütter wurden von Klimt ausreichend unterstützt, sodass Maria Zimmermann und Maria Ucicka nicht mehr als Modelle arbeiten mussten. Maria Zimmermann richtete er eine eigene Wohnung ein.

„Du bist ein Geizhals", sagte Emilie manchmal, wenn sie sah, wie spartanisch sein Atelier in der Josefstädter Straße eingerichtet war, wenn sie ihn zu Reisen ermunterte, er aber abwinkte: „Ich habe genug gesehen, war in Spanien, Italien, Frankreich, England. Sehr weniges hat mir gefallen. Venedig, San Marco: ja, Ravenna, ja. Die Mosaiken: außerordentlich. In Spanien eigentlich nur Toledo. Nein, ich muss nicht mehr reisen."

„Du bist ein Verschwender", sagte Emilie, wenn sie sah, wie großzügig er sich um andere Künstler kümmerte, ihnen aushalf, sich einsetzte, für Schiele zum Beispiel, für Kokoschka, wie er Lentschi, sein Mündel, verwöhnte, wie er einen Großteil der Mietkosten der Villa Oleander in Kammer am Attersee übernahm, wo er mit der Flöge-Familie die Sommerferien verbrachte.

Er sagte von sich, er sei beides: ein dionysischer Mensch (er erklärte gerne Nietzsche) und ein apollinischer Mensch, der streng zu sich selbst ist, ganz seiner Kunst anheimgegeben, nach Maß und Ordnung strebend.

Nach Maß und Ordnung? Seine Schwestern Hermine und Klara interpretierten das auf ihre Weise. Sie wollten in Gustav einen weltabgewandten Asketen sehen, der nur in den Sphären des Geistigen zu Hause war. Den ganzen Tag dachten sie an nichts anderes, als den berühmten Bruder zu verwöhnen. Wenn er aus dem Atelier nach Hause kam, erwartete ihn eine uneinnehmbare Festung aus Geborgenheit und Fürsorge: Das Essen war für ihn gekocht, seine Kittel gewaschen und gebügelt, sein Zimmer geputzt und aufgeräumt. Die drei Frauen, Mutter und Schwestern, räumten ihm, wie Hermine das nannte, die „Lästigkeit des Alltags aus dem Wege". Wobei Klaras Anteil eher gering war: Sie war zu sehr mit der Last des Lebens beschäftigt, litt immer wieder unter depressiven Schüben, sie war „verrückt", sagte Gustav, „ein mütterliches Erbteil". Hermine aber überbot sich darin, ihren Bruder in der Öffentlichkeit zu einem Heiligen zu erklären, der wie ein Mönch lebte, weil die Kunst das Sakrale sei, für das er sich aufopferte. „Er ist kein Gesellschaftsmensch, eher ein Einsamer. Jeden Abend kommt er zu uns, nimmt wortkarg seine Mahlzeit ein und geht früh ins Bett."

Ach, Hermine! Emilie wusste, dass sich Klimt an manchen Abenden verzechte und mit seinen Künstlerfreunden so viel trank, dass er am nächsten Tag bei ihr seinen „Katzenjammer" ausweinen musste, weil ihn das Kopfweh beim Arbeiten lähmte. Sie wusste, dass er sich mit Mädels in der Vorstadt herumtrieb, dass er sich auf Kegelbahnen verlustierte, dass er seine berserkerhaften Kräfte ausagieren musste und zum Fechten oder Ringen ging. Und an manchen Abenden war er auch mit ihr im Theater oder in der Oper. Vielleicht hatte Hermine ja recht, dass ihr Bruder im Innersten ein sehr einsamer Mensch war, aber ein Mönch war er nicht. Diese Heiligsprechung zu Lebzeiten sollte sie lieber lassen, dachte Emilie. Was wusste Hermine wirklich über ihren Bruder? Sie wollte, dass ihn die Wiener liebten. Aber Klimt wollte nicht geliebt werden, er wollte auch nicht verstanden werden. Hermine, mach ihn doch um Gottes willen nicht zu einem Pantoffelhelden.

Er ist ein anderer.

Emilie willigte ein, sich von Gustav malen zu lassen. Sie hätte nicht gedacht, dass für ein Porträt so viele Sitzungen notwendig waren. Zunächst machte er Fotos wie für alle seine großen Porträts. Die Struktur der Haut, Gesicht und Hände führte er nach den Aufnahmen aus, Kleid und Hintergrund nach seiner Fantasie.

Emilie saß ihm nicht, sie stand in seinem Atelier. Er gab immer nur sehr sparsame Anweisungen: Kopf mehr rechts, rechtes Bein etwas nach vorne gestreckt, Kopf etwas mehr zur Decke gereckt, rechter Arm locker herabfallend, linker Arm abgewinkelt, Hand in die Taille gestützt, Finger gespreizt. Sie hatte Gustav nie so konzentriert gesehen, so weit weg, so nah. Manchmal legte er Pinsel und Palette auf einen Tisch neben der Staffelei, schlug die Arme übereinander, sodass die Hände in den weiten Ärmeln des Kaftans verschwanden und sah sie einfach nur reglos an. Es war so still im Atelier, dass man die Katzen im Garten hörte, die manchmal in ein spitzes, hohes Kampfgetöse ausbrachen.

Emilie hielt seine Blicke aus, sie hielt auch das Warten aus.

Manchmal summte Gustav Schuberts „Lindenbaum". In Gedanken summte sie einige Strophen mit:

Ich mußt' auch heute wandern
Vorbei in tiefer Nacht,
Da hab ich noch im Dunkel
Die Augen zugemacht.

Emilie sollte ein sehr einfaches Kleid tragen, keines der schönen Abendkleider, die sie in der Oper trug. „Das Kleid spielt überhaupt keine Rolle, das Kleid kommt später. Es wird ohnehin kein richtiges Kleid, nur ein von mir gedachtes", sagte Gustav.

Er wollte partout nicht, dass sie am Ende einer Sitzung einen Blick auf die Leinwand warf. „Das kommt nicht in Frage", sagte er und warf sie regelrecht aus seinem Atelier hinaus. Emilie wäre gerne nach der langen Sitzung auf ein Glas Wein ausgegangen, aber das wollte er nicht. Er müsse ausruhen, sagte er, nahm eine seiner

Gustav Klimt im Malerkittel und mit Katze im Garten vor seinem Atelier in Wien, Josefstädter Straße 21, um 1910. Foto: Moritz Nähr

vielen Katzen in den Arm und ging mit Emilie durch den verwilderten Garten bis zur Straße. Er würde nicht ausruhen, sondern ausgehen, aber eben nicht mit ihr. Sie redete sich ein, dass er die Aura aus Nähe und Ferne, die sie während der Sitzung umgab und in eine andere Welt versetzt hatte, nicht durchbrechen wollte. Vielleicht hatte sie recht, vielleicht nicht.

An einem frühen Abend, mitten in einer Sitzung, begann es unvermittelt und heftig an der Türklinke zu rütteln. Gustav schaute verärgert hoch, rührte sich nicht. Sein Atelier betrachtete er als eine mittelalterliche Trutzburg, in die nur seine Katzen Einlass fanden, die manchmal mit ihren scharfen Krallen seine Zeichnungen zerfetzten, und seine Modelle natürlich. An der Tür hing ein Schild: Klopfen zwecklos. Wird nicht geöffnet!

Jemand hörte aber nicht auf, an Tür und Fensterscheiben zu klopfen, gedämpft konnte man eine weibliche Stimme „Gustav, Gustav" rufen hören.

Der knurrte nur: „Die werden auch immer frecher", wobei er im Unklaren ließ, wer „die" waren. Schließlich ging er zur Tür und schloss sie hinter sich. Emilie ließ sich auf einen Stuhl fallen und massierte ihre verkrampften Hände und Finger. Nach wenigen Minuten kam er zurück: „Es ist Hermine. Irgendetwas stimmt nicht mit der Muadda. Ich muss nach dem Rechten sehen. Die Anfälle dauern meistens nicht lang. Bleib hier, Emilie, geh' nicht fort. Ich bin bald wieder zurück. Geh' nicht fort!"

Sie streckte sich auf dem Sofa im Vorzimmer aus und versuchte zu dösen. Aber es war einfach zu ruhig in diesem verwunschenen Garten, seinem „hortus conclusus", wie er ihn nannte, wo er sich vor den Menschen und der lärmenden Welt versteckte. Erst blätterte sie in den Büchern, die auf dem Bord standen, vorwiegend Asiatika: traditionelle chinesische Malerei mit vielen farbenfrohen Kampfszenen, Abbildungen von japanischen Tonschalen, koreanischen Elfenbeinschnitzereien.

Gustav kam nicht zurück. Nie wäre es Emilie eingefallen, das Leinentuch über ihrem halbfertigen Porträt zu lüften, aber was sie sich traute, war, die Schubladen in den Schränken herauszuziehen, wo Gustav seine Zeichnungen aufbewahrte. Die erste Lade klemmte, und aus Angst, eine Zeichnung zu beschädigen, schloss sie sie wieder. Die zweite Schublade quoll über von Zeichnungen, die Lade darunter ebenfalls, es gab Hunderte von Blättern. Gustav war ein manischer Zeichner.

Emilie nahm eine Zeichnung heraus, eine zweite, eine dritte, dann wollte sie die Lade wieder schließen, und konnte es doch nicht. Was sie sah, waren Variationen des immer gleichen Motivs: nackte Frauen. Frauen in allen Positionen der Lust und der Ekstase, Frauen, die sich selbst befriedigten, Frauen, die einander liebend umfingen, sodass man nicht mehr unterscheiden konnte, wo der Körper der einen aufhörte und der der anderen anfing, schwangere Frauen mit schweren, nackten Leibern.

Sie konnte nicht aufhören, die Bilder zu betrachten. Was war da in Gustav, dass er auf eine so zwanghafte Weise Frauen in ihrer Geschlechtlichkeit darstellen musste? Und so... Sie suchte nach einem Wort, es fiel ihr nur eines aus dem Religionsunterricht ein: so unkeusch. Es war fraglos meisterhaft, wie Klimt mit wenigen Strichen eine Frau aufs Papier „warf", sie ihrer Lust auslieferte oder ihrem Traum. Sehr viele Figuren hatten geschlossene Augen, die Gesichter waren kaum modelliert, alles war Pose.

Dann hörte sie wieder die Katzen im Garten. Dieses Mal klang es nicht nach Balz- oder Eifersuchtsszenen, sondern nach Willkommenslauten. Gustav war im Anmarsch. Sie schob die Zeichnungen wieder in die Schubladen. Hoffentlich war sie nicht rot im Gesicht.

„Hast du dich gelangweilt?" Gustav hatte eine Katze auf dem Arm und setzte sie auf den Boden.

„Wie geht es deiner Mutter?"

„Die Muadda schrie und heulte, weil ich gestorben war. Sie hat manchmal solche Wahnvorstellungen. Nachdem sie meine Stimme gehört und mich angefasst hatte, hat sie sich beruhigt. Sollen wir jetzt weitermachen oder bist du zu müde?"

Emilie sehnte überhaupt nicht den Tag herbei, an dem er ihr das fertige Porträt zeigen würde. Am liebsten hätte sie gehabt, dass er nie fertig geworden wäre, dass diese Sitzungen, diese stillen Stunden in seinem Atelier bis zum Ende ihrer Tage angehalten hätten, es herrschte so eine merkwürdige Atmosphäre zwischen ihnen, Anspannung und Gelassenheit zugleich, Nähe und Fremdheit, die Innigkeit eines Paares, das die körperliche Intimität hinter sich gelassen hatte, aber in der Erinnerung immer noch eine Verzauberung heraufrufen konnte.

Die fischige Frau

Gustav wollte das Bild bereits in der Secession ausstellen, bevor es vollendet war. So lud er Barbara und Emilie Flöge ins Atelier ein.

Er machte keine theatralische Enthüllung, nichts mit Pauken und Trompeten. Er sagte nur: „Es ist noch nicht fertig, aber so wird es morgen in der Secession aufgehängt", zog einfach die Leinwand von der Staffelei, und das war's. Keiner sagte etwas. Es war ein sehr großes Bild, Emilie sah sich ungefähr in Lebensgröße wie in einem Spiegel. Aber war das tatsächlich sie, die sie da anblickte? War sie diese blaue Frau, die aus sehr viel Kleid und einem sehr kleinen Kopf unter vielen buschigen Haaren bestand?

Ihre Mutter machte zuerst den Mund auf: „Was hast du denn da aus Emilie gemacht, Gustav? Diese Fischhaut, in der sie steckt. So quallig. Oder ist das eine Gardine? Vielleicht ein Teppich? Konntest du sie nicht in einem der schönen Kleider vom Attersee malen, mit den Volants und Rüschen und den bestickten Oberteilen? Hier sieht sie doch überhaupt nicht wie eine Frau aus, in so einem kalten Schlauch. Und was sollen denn die komischen Muster am Oberteil? Sind das Kaffeebohnen? Am schlimmsten aber ist das Ungetüm hinter ihrem Kopf. Was soll denn das sein? Ein Sonnenschirm? Ein Hut?"

Gustav schaute Emilie an. Die wollte ihre Enttäuschung verbergen, aber sie wusste, er spürte sie. So grobschlächtig er manchmal wirkte, so empfindsam war sein Sensorium, wenn es um die Gefühle einer Frau ging.

„Ich sehe mich wohl anders", sagte sie zögernd, weil sie erst herausfinden wollte, worauf sich ihre Enttäuschung bezog. „Sehe mich nicht so künstlich, so reine Dekoration, so viel Modell, so wenig Mensch. Obwohl die Wangen rot sind, bin ich irgendwie blutleer."

Gustav sagte nichts. Er erklärte seine Bilder nie. Barbara mischte sich wieder ein: „Durch diesen hohen Stehkragen hast du ihr den Kopf vom Körper abgetrennt, als gehörten die gar nicht zusammen."

Das Kleid irritierte Emilie. Es war ein Reformkleid – und war doch keines. Es fiel lose, wenngleich als enge Hülle herab, es fehlte das Luftige, Freie, Großzügige von Emilies Kleidern. Mehr aber störte sie, dass er sie in eine so abweisende Umgebung gestellt hatte, so lieblos zwischen zwei grau-umbrafarbene Felsblöcke eingepfercht.

Der Blick gefiel ihr. Er hatte sie nicht als ein kokettes Weib gemalt, sondern als eine Frau, die fragend in die Welt sieht, die mehr wissen will, als das, was alle sehen. Aber das Bild bestand ja nur zu einem geringen Teil aus den Augen. Mehr eben doch aus dem ihren Körper umfließenden blauen und grünen Wasser, auf dem Ornamente in Lila und Gold schimmerten.

Gustav nahm ihre Enttäuschung ebenso gleichmütig hin wie Barbaras unverblümte Abneigung.

Das Bild wurde in der Secessions-Ausstellung wenige Tage später gezeigt. Ludwig Hevesi schwärmte (er schwärmte eigentlich immer, wenn es um die Secession ging): Die „aufrechte, in Blau, Grün und Gold japanisierende oder fayensierende [Frau] ist wie aus einer blaubunten Welt aus Majolika und Mosaik herübergekommen."

Und Berta Zuckerkandl schrieb in der „Wiener Allgemeinen Zeitung": „Das reizvolle Antlitz, subtil und fein modellirt, wird durch die seltene Umrahmung noch gehoben. Das Haupt umgibt ein aureolartiger grün-blauer Blüthenkranz, der die Farbenmystik byzantinischer Hintergründe hat."

Das alles klang nach Wohlwollen. Eine Provokation war Emilie eben nie, auch nicht als gemalte Frau.

Barbara wollte, dass Gustav ein neues Bild von ihr malte, aber daran war er nicht interessiert, Emilie auch nicht. Nur gesessen hätte sie ihm gerne ein zweites Mal.

Schon Anfang 1904 bot Klimt dem Staat das Bild zum Kauf an. Er hatte seiner Freundin das Bild geschenkt, aber sie war mit einem Verkauf einverstanden, solange es an ein öffentliches Museum und nicht an einen privaten Käufer ging.

Auch Anna Klimt hatte das Bild in der Ausstellung der Secession gesehen und war ähnlich schockiert gewesen wie Emilies

Mutter. Sie reklamierte, dass sich Gustav doch wohl ein schöneres Kleid für Emilie hätte ausdenken können. Gustav schrieb Emilie: „Ich habe mir gestern von meiner Mutter die Leviten lesen lassen." Emilie musste lachen bei der Vorstellung, wie die kleine Anna Klimt vor ihrem erwachsenen Sohn stand und gehörig mit ihm schimpfte.

Am 6. Juli 1908 erhielt Emilie von Gustav eine Postkarte: „Heute wirst Du ‚verschachert', respective ‚einkassiert'". Er hatte das Porträt an das Niederösterreichische Landesmuseum verkauft. „Verschachert" hatte er Emilie nicht. Er hatte 12.000 Kronen verlangt und erhalten. Für ein kleines Haus am Attersee zahlte man damals 17.000 Kronen. Trotzdem hatte er von „Muttern" – so nannte Klimt Emilies Mutter, Barbara Flöge – wegen des Verkaufs „ein Putzer gekriegt".

1912 wurde das Bild bei einer Klimt-Ausstellung in Dresden gezeigt. Franz Servaes, Kunstkritiker und Nachfolger Theodor Herzls als Redaktionsleiter der „Neuen Freien Presse", schrieb zu dem Bild: „Da ist jene schöne junge Wienerin in pfauenblauem, mit Silberplättchen belegten Kleide…" Die Dargestellte sei „ganz Weibesseele in all der ornamentalen Pracht".

„Weibesseele"! Was Männer sich so darunter vorstellen, dachte Emilie. Ich und ganz Weib und ganz Seele! Oder doch eher eine kalte, fischige Frau?

Bilder sind eben immer ein Geheimnis, jeder sieht hinein, was er will.

Anna Klimt

Anna Klimt war eine erstaunliche Frau. Sie kam aus sehr kleinen Verhältnissen, hatte nur sechs Jahre die Schule besucht und sehr früh in noch einfachere Verhältnisse geheiratet. Zeitweilig lebte sie mit ihrem Mann und sieben Kindern in einem einzigen Raum in der Linzer Straße in Baumgarten, einem Arbeiterbezirk, der damals noch nicht zum Stadtgebiet Wiens gehörte. Dort war auch Gustav geboren worden. Anna Klimt war ob dieser Not ein bisschen verrückt geworden, ein bisschen, sagten alle, aber das war angesichts der Verhältnisse nur normal. Es gab Tage, da ließ sie ihre Kinder alleine „wurschteln" und verzog sich ins Bett. Es gab Tage, da verbot sie ihren Kindern, aus dem Haus zu gehen. Diese schlichen durchs Fenster ins Freie, sie bemerkte es nicht.

Mit Gustavs und Ernsts ersten Erfolgen war Anna Klimt der Armut entronnen. 1890 mietete Gustav eine Wohnung in der Westbahnstraße 36 im 7. Bezirk – es war keine Beletage, sondern eine im 3. Stock, aber sie war geräumig und so komfortabel, wie sich das Anna Klimt nur wünschen konnte. 1892 starben Annas Mann Ernst und ihr Sohn Ernst. Gustav unterhielt jetzt als Alleinverdiener die Familie. Johanna, die eine Schwester, heiratete Julius Zimpel, Georg, der jüngste Sohn, war wie seine älteren Brüder Stipendiat an der Kunstgewerbeschule, aber Anna, die Mutter, und die Schwestern Klara und Hermine waren unversorgt.

Anna war aber nicht der Typ, der vor Dankbarkeit gegenüber ihrem Sohn überfloss und ihn als Halbgott verehrte, wie Hermine und Klara das taten. Sie ließ sich ihren Mund nicht verbieten und schmetterte fröhlich jede Kritik heraus, die ihr in den Sinn kam. Ein Sohn blieb ein Sohn, mochte er noch so berühmt sein, da würde man doch wohl „Verbesserungen" vorschlagen dürfen. Eine wesentliche Verbesserung von Gustavs Leben wäre natürlich nach Annas Meinung, wenn er endlich Emilie heiraten würde. Emilie war doch eine wunderbare Frau, schön, sehr schön, zudem noch gescheit, mit besten Manieren, erfolgreich, und auf ihre Art auch eine „Künstlerin". Was konnte Gustav denn Besseres passieren! Wenn sie auf den idyllischen Fotos vom Attersee sah, wie Gustav und Emilie auf dem See ruderten, am Ufer wanderten, auf der Terrasse des Paulick'schen Hauses saßen, am Bootssteg standen, Emilie immer lächelnd, Gustav mit entspanntem Gesichtsausdruck, ja, mein Gott, worauf wartete Gustav denn noch! Und dann käme doch endlich sein Leben in Ordnung. Stattdessen hatte er Emilie gemalt wie einen toten Fisch. Nur gut, dass das Bild verkauft war. Sie hatte tüchtig mit ihm gezetert.

Doch half das nicht viel. Wenn Annas Vorhaltungen ihm zu viel wurden, verließ Gustav einfach das Zimmer.

Manche Leute sagten, Gustav sei ein Muttersöhnchen, das nie erwachsen werden, sich nie von ihrem Schürzenzipfel lösen würde. Da konnte sie nur sagen: „Papperlapapp". Natürlich war es bequem für ihn, abends nach Haus zu kommen, das Nachtmahl fertig auf dem Tisch, die sauberen Hemden gebügelt auf der Anrichte in seinem Zimmer, die Beinkleider gerichtet, die Schuhe gewienert. Aber nach dem Essen ging er fort, zechte mit seinen Kumpanen oder ging zur Familie Flöge, um dort Karten zu spielen. Der Gustav von ihr und seinen Schwestern abhängig? Lächerlich. Der brauchte doch keine eigene Wohnung, weil er in seinem Atelier lebte. Die Westbahnstraße, ja, das war wie eine Pension für ihn. Er war großzügig, er zahlte alles, der Bub, aber interessierte er sich auch nur im Geringsten für seine Schwestern? Die lebten nur für ihn, lasen ihm jeden Wunsch von den Lippen ab, aber das schien ihm manchmal eher lästig.

Da hatte die Frau Wohlrabe aus dem vierten Stock doch wahrhaftig einmal zur Frau Giselbrecht gesagt – und diese hatte es ihr flugs wiedererzählt –, ein Sohn, der mit vierzig noch bei Muttern wohne, sei „verkorkst". Da war sie aber wütend geworden. Ihr Sohn war nicht verkorkst, ihr Sohn war ein berühmter Maler und hatte für seine Verdienste eine kaiserliche Medaille bekommen. Und diese Frauen, die glaubten, sie wüssten Bescheid, wie es in der Welt zuginge, weil sie einen kleinen Beamten geheiratet hatten, sollten doch bitte ihr dummes Geschwätz einstellen.

Sie, Anna Klimt, war durch alle Höhen und Tiefen des Lebens gegangen, durch Armut und Leid, und wenn es ihr jetzt auf ihre alten Tage gut ging, weil sie einen dankbaren Sohn hatte, dann sollten sich diese Weiber gefälligst nicht das Maul zerreißen.

Die waren doch nur neidisch.

„Der Künstler soll mit der Maschine denken"

Mit Gustav wurde Emilie häufig in das von Josef Hoffmann erbaute Wohnatelier auf der Hohen Warte in der Steinfeldgasse 8 eingeladen, wo Koloman Moser mit seiner Mutter und Schwester und der Maler Carl Moll in einem großen Doppelhaus wohnten.

Als sie zum ersten Mal das Haus in ländlicher Umgebung sah, war sie verblüfft: Hier war etwas so radikal Anderes entstanden als alles, was sie kannte. Hoffmann hatte die Inspirationen zu seinen Bauten in London und Glasgow gewonnen, wo er auf den Spuren der Arts and Crafts-Bewegung herumgereist war. Die englischen Vorbilder hatte er nicht kopiert, sondern auf Wiener Verhältnisse und die natürliche Umgebung der Hohen Warte transponiert.

Elemente der Fassadengestaltung, Walmdach mit Gauben, Erker, weißer Rauputz, blau gestrichene Fachwerkrahmen, die langgezogenen schmalen Fenster, die mit ihrer blauen Umrahmung wie Skulpturen wirkten, beriefen einen neuen Geist des Wohnens, ebenso die Innenarchitektur: verputztes Ziegelmauerwerk mit Tramdecken, große Wohnhallen mit Treppenaufgang, Ateliers und die großen Nutzräume im Untergeschoss. Die Mischung aus strengen, geometrisch klaren Formen und verspielten Erkern und geschwungener Terrasse entsprach genau den Persönlichkeiten der Bewohner: Kolo Moser, der in seinen Möbeln, Objekten und Malereien einen Jugendstil verwirklichte, der im streng Funktionalen auch Elemente des Floralen zuließ, und Carl Moll, der in seiner Malerei Geist und Natur als Einheit feierte.

Gustav sagte zu Emilie: „Du würdest auch in dieses Gemäuer passen mit deiner Mode."

Emilie gehörte bald zu diesem Klimt-Hoffmann-Moser-Moll-Kreis, ganz selbstverständlich wurde sie als einzige Frau mit einbezogen in die Pläne, eine Werkstätte zu gründen, die die gesamten Lebensbezüge des Menschen im Sinne eines Gesamtkunstwerks gestalten sollte. Auch wenn die „Wiener Werkstätte" zunächst die Mode nicht explizit einschloss, galt Emilie doch als eine Expertin des neuen Stils, die in ihrem Bereich die gleichen Ziele verfolgte, das gleiche Ideal verkörperte wie die anderen Künstler der Werkstätte. Emilie konnte wiederum für ihre Vorstellungen werben, die Kleidung so zu reformieren, dass sie der Frau Freiheit gab und dabei nicht die Schönheit nahm. In ihre Kleider würden ebendiese Grundsätze der Werkstätte wie ein Markenzeichen eingenäht: Individualität, künstlerische Form und exquisite handwerkliche Verarbeitung.

Klimt zeigte einen Anflug von Stolz. Die Emilie konnte nicht nur schneidern, sie konnte auch reden. Kolo Moser zeigte ihr Schmuckentwürfe und fragte sie um Rat. Hoffmann, den sie bald wie alle anderen Freunde „Peppo" nannte, gab viel auf ihr Urteil. Nur manchmal hob er die Hände: „Emilie, auf einem Stuhl muss man sitzen können, aber er muss nicht im Sinne der Altvorderen bequem sein, ein Stuhl ist ein Kunstobjekt."

„Und warum geht nicht beides? Was habe ich von der Kunst, wenn ich mir die Bandscheibe ausrenke? Ich will auch Kunst machen, meine Kleider sollen Objekte sein, die selbst am Kleiderhaken bewunderungswürdig sind, aber bei ihrer Trägerin sollen sie körperliches Wohlbefinden auslösen, nicht das Gegenteil."

Von der Partie war auch Fritz Wärndorfer. Er sagte nicht viel. Aber er war bei den Planungen der wichtigste Mann. Er war ein reicher jüdischer Industrieller, und, wie so viele aus dieser Gesellschaftsschicht, ausgesprochen kunstsinnig. Er hatte den schottischen Architekten Mackintosh nach Wien gebracht, sich von ihm einen Musikpavillon in seiner Villa einrichten und von dessen Frau, Margaret MacDonald, einen Fries für den Salon gestalten lassen. Wärndorfer schätzte Klimt und die Secession. Er sollte der kommerzielle Direktor der Werkstätte (im Vertrag stand schlicht: „Cassirer") werden, und das bedeutete zuvörderst, dass er sie finanzieren sollte.

War Wärndorfer geschäftlich tonangebend, so war Josef Hoffmann der ideologische Vordenker. Hoffmann war schon mit 28 Jahren zum Professor an der Kunstgewerbeschule ernannt worden. Wie kein anderer verstand er, das Evangelium der Bewegung zu predigen: Wien müsse zum Kulminationspunkt einer modernen europäischen Bewegung werden, zum Gipfel der Geschmacks- und Materialkunst. Kunst und Technik würden sich gegenseitig befruchten. „Bestes Material, die besten Arbeitskräfte und der beste Entwurf sollen in den Werken vereinigt sein. Wertvolle Handwerkstechniken, wie die Gold- und Silberschmiedekunst, die Buchbinderkunst, die Handvergoldung, sie werden aus der Verwahrlosung und Vergessenheit wieder zu neuen Werten erhoben durch den künstlerischen Gedanken, der sich eng an das Wesen der Technik anschließt. [...] Der Künstler soll mit der Maschine denken.“

1905 gab die Wiener Werkstätte eine Broschüre heraus für Besucher, die im Rahmen der sehr beliebten „Wiener Kunstwanderungen“, bei denen auch die privaten Sammlungen und Einrichtungen ihre Pforten öffneten, die Ausstellungen in der Neustiftgasse besuchten. Darin wurde der hohe Anspruch der Gründer wieder und wieder formuliert. Vor allem die Massenproduktion, die „gedankenlose Nachahmung alter Stile“ habe grenzenloses Unheil verursacht. „An Stelle der Hand ist meist die Maschine, an Stelle des Handwerkers der Geschäftsmann getreten.“ Die Werkstätte sei gegründet worden, diesem Strom entgegen zu schwimmen.

Alles richtig, dachte Emilie, aber das alles muss auch Profit abwerfen. Auf den Geschäftsmann sollte man nicht von oben herabblicken. Kunst ist gut, erstklassiges Handwerk ist gut, aber eine vernünftige Kalkulation ist nicht nur gut, sie ist vonnöten. Da investiert der Fritz sein halbes Vermögen in die Werkstätte, ohne zu wissen, ob er jemals etwas davon wiedersieht. Vielleicht ist es ja kleinlich, so zu denken, wenn es um die Größe der Ideen geht. Aber Frauen leben mehr auf der Erde.

Emilie konnte nicht wissen, dass Fritz Wärndorfer nicht sein halbes, sondern sein ganzes großes Vermögen durch die Wiener Werkstätte verlieren sollte.

Aber als die Wiener Werkstätte 1903 ihre Arbeit aufnahm, stand sie unter dem Stern des Erfolgs, auch wenn die meisten Käufer und Auftraggeber aus den eigenen Kreisen stammten. Nur eine kleine Schicht konnte sich diese Inneneinrichtungen, Möbel und

Objekte leisten. Schon zwei Jahre später beschäftigte die Wiener Werkstätte 100 Mitarbeiter, darunter 37 Handwerksmeister. Unter den freien Mitarbeitern waren Klimt, Schiele, Kokoschka. Exquisite Kunstgewerbeobjekte in Silber, Holz, Metall, Porzellan, Glas, Leder und Textilien verließen die Werkstatt in der Neustiftgasse, 1000 verschiedene Kunstpostkarten, von Künstlern eigens entworfen, trugen den Ruhm in die ganze Welt. Die Wiener Werkstätte triumphierte auf der Kunstschau 1908. 1911 wurde eine eigene Modeabteilung gegründet, weil die Frauen in ihren traditionellen Kleidern nicht mehr zu den streng geometrischen Möbeln im Werkstätte-Stil passten und auf den geradlehnigen Stühlen und Bänken gar nicht mehr sitzen konnten. Aber Ergonomie war kein wesentlicher Aspekt der Möbelproduktion. Der Mensch musste sich dem Interieur anpassen, nicht umgekehrt. Die Idee vom Gesamtkunstwerk streifte den Saum des Despotischen, Kunst und Leben sollten sich nicht einfach verbinden, die Kunst sollte sich das Leben untertan machen.

Die Werkstätte ging bei der geforderten Generalerneuerung vom Makrokosmos zum Mikrokosmos vor: die Städte, die Häuser, die Räume, die Schränke, die Kleider und der Schmuck sollten in „schlichter, einfacher und schöner Art den Geist unserer eigenen Zeit versinnbildlichen", auch die Sprache, die Gefühle des Menschen sollten diese Werte spiegeln. Immer wieder wurde dabei auf die Vorfahren verwiesen, die all dies verwirklicht hätten, sodass man sich fragen konnte, ob sich nicht ein ausgesprochen konservativer Geist hinter der schwarz-weißen Geometrie verbarg.

Von Anfang an litt die Werkstätte unter einer finanziellen Schieflage. Schon 1907 verließ Koloman Moser die Werkstätte. Er war es leid, dass seine wohlhabende Frau Ditha ständig um finanzielle Unterstützung gebeten, ja angebettelt wurde. Ditha war die Tochter von Karl Ferdinand Mautner von Markhof, der ein Brauerei-Imperium besaß. Ihre Mutter, Editha, hatte sich der Frauenbildung verschrieben und war an der Eröffnung des ersten Mädchengymnasiums in Wien beteiligt.

Fritz Wärndorfer öffnete immer wieder seine Schatulle, bis diese leer und er ruiniert war. Er wanderte 1914 nach Amerika aus, um dort Farmer zu werden, später entwarf er Stoffe für eine Textilfirma und malte Aquarelle. Seine Kunstsammlung wurde in alle Winde verstreut.

Noch einmal fand sich ein großzügiger Mäzen: Otto Primavesi, ein Bankier und Industrieller aus Mähren, und seine Frau Eugenia waren begeisterte Anhänger der Werkstätte und Förderer von Gustav Klimt und Josef Hoffmann. Von Hoffmann ließen sie sich 1914 am Rande des Altvatergebirges ein hochherrschaftliches Landhaus bauen, das wenige Jahre später den Flammen zum Opfer fiel. 1915 wurden Otto und Eugenia Primavesi Hauptgesellschafter der Genossenschaft Wiener Werkstätte. Sie setzten auf Expansion, eröffneten Filialen in Zürich, Berlin, Marienbad und New York. Aber schon drei Jahre später, am Ende des 1. Weltkriegs, geriet die Werkstätte wieder in Bedrängnis. Die Käufer blieben aus, die steigende Inflation vermehrte die Absatzschwierigkeiten. Otto Primavesi ruinierte seine Gesundheit und sein Vermögen. 1925 trat er als Geschäftsführer zurück, ließ sich von seiner Frau Eugenia scheiden, übertrug ihr aber seine Anteile. Eugenia blieb der Werkstätte in bedingungsloser Treue ergeben. Otto Primavesi starb 1926, zwei Monate später musste sein Bankhaus in Olmütz Konkurs anmelden.

Die Werkstätte versäumte in den Jahren nach dem Krieg, sich den neuen Erfordernissen des Marktes anzupassen. Man blieb der elitären, betriebswirtschaftlich aber wenig erfolgreichen Linie treu. 1932 war der Konkurs nicht mehr aufzuhalten. Zwischen dem 5. und 10. September wurden die Restbestände, etwa 7.000 Objekte im „Auktionshaus für Alterthümer Glückselig" versteigert, das meiste ging zu Schleuderpreisen über den Tisch.

Geometrie und Funktion

Kolo Moser hatte Emilie gewarnt, als sie ihm die Idee von einem Modesalon entwickelte – und ihr gleichzeitig Mut gemacht. „Was du willst, ist radikal. Wien ist traditionsbewusst. Du kannst Erfolg mit deinem Konzept haben, aber auch schreienden Misserfolg!"

„Meine Schwestern werden genauso Inhaberinnen des Salons Schwestern Flöge sein. Sie tragen die Entscheidung mit. Und Pauline ist die Geschäftsführerin."

„Aber du bist der Kopf des Ganzen. Helene und Pauline werden Kundinnen betreuen, den Terminkalender führen, Rechnungen schreiben, die Näherinnen kontrollieren, aber du entwickelst die Mode, entwirfst die Kleider, gibst den künstlerischen Ton an. Du machst die Couture, vielleicht sogar Haute Couture."

Die drei Flöge-Schwestern hatten schon lange Pläne geschmiedet, einen Damensalon zu eröffnen, Pläne wirklich ausgeheckt, und das hieß, verborgen und versteckt hinter allen Hecken und Zäunen. Pauline war 37 und unverheiratet, Helene war 32 und seit elf Jahren Witwe mit einer zwölfjährigen Tochter, Emilie war 29 Jahre alt, unverheiratet. Sie lebten zusammen mit ihrer Mutter Barbara in der Mariahilfer Straße 13. Nach dem frühen Tod des Vaters vor sieben Jahren hatte erst Hermann die Firma übernommen, musste aber bald einsehen, dass sie keinen Gewinn mehr abwarf. Die Zeit war über edle Meerschaumpfeifen hinweggegangen, und auch das Drechslerhandwerk verlor den Boden, der nie golden gewesen war, aber grundsolide. Industrielle Produkte kamen auf den Markt, die billiger waren. Hermann verkaufte die Fabrik und zahlte seine Schwestern aus. Er wurde Geschäftsführer in einem Textilbetrieb. Pauline, Helene und Emilie arbeiteten in der „Lehranstalt für Kleidermacherinnen" in der Westbahnstraße 18, die Pauline 1895 gegründet hatte. Da das Nähen immer noch zu den unverzichtbaren Fertigkeiten einer „ordentlichen" Frau gehörte, hatten sie immer genügend Anmeldungen und Aufträge, die Anstalt warf einen bescheidenen Gewinn ab. Helene und Lentschi wurden zudem von Gustav unterstützt, es ging ihnen also nicht schlecht, dennoch waren die Schwestern mit ihrer Situation nicht zufrieden. Sie wollten ihr Erbe nicht einfach aufbrauchen, sondern etwas Produktives damit anfangen. Vielleicht hatten sie auch vom Vater einen gewissen unternehmerischen Elan geerbt. Jedenfalls drängte sich bei den abendlichen Gesprächen mehr und mehr die Vision auf, einen eigenen Modesalon zu gründen, in der Hoffnung, durch gemeinsame harte Arbeit eine feste Adresse in der Wiener Geschäftswelt zu werden und sich damit finanzielle Sicherheit und vor allem eine interessantere Beschäftigung zu verschaffen.

Pauline schwankte nicht wie ein Rohr, sondern wie ein Grashalm im Wind. Sie fürchtete Risiken, war mit dem Spatz in der Hand zufriedener als mit der Taube auf dem Dach „Wie sollen wir neben den großen Kaufhäusern existieren. Ich sage nur ‚Gerngross‘. Dort kann man ein Kostüm für 60 Kronen kaufen. Damit könnten wir nicht konkurrieren.“

Helene, die sich von einem romantischen jungen Mädchen zu einer pragmatisch-nüchternen Frau gewandelt hatte, sagte: „Ist doch ganz klar, dass wir keine Massenware anbieten werden. Schließlich gibt es auch reiche Frauen in Wien, die sich etwas Besseres leisten können. Die sich die Schwestern Flöge leisten können.“

Hermann, der Bruder, warnte: „Ihr braucht einen Gewerbeschein, wenn Ihr ein Geschäft eröffnen wollt. Den erhält man aber nur, wenn einer der Geschäftsführer die Meisterprüfung hat. Ihr müsst also noch jemanden mit ins Boot nehmen, am besten einen Mann. Sonst lauft ihr Gefahr, dass euch das Geschäft von einem Tag auf den anderen geschlossen wird. Sagt nicht, ich hätte euch nicht gewarnt!“

Die Schwestern schoben diese Bedenken beiseite. Für alles gab es in Wien Ausnahmen. Man musste nur die richtigen Freunde haben. Aber ob das Startkapital zum Aufbau eines Geschäfts, das auf eine reiche Kundschaft abzielte, ausreichte? Wie so oft half der Zufall nach. Pauline, Helene und Emilie hörten von einer großen Kochausstellung, für die die Mitwirkenden (natürlich nur Frauen) einheitlich ausgestattet werden sollten. Sie entwarfen „Kostüme“, die nicht so altbacken aussahen wie die Kittelschürzen, die Frauen gewöhnlich beim Kochen trugen. Die Flöge-Kleider waren pfiffig. Die Jury erkannte, dass die jungen Frauen, die moderne Produkte verkaufen sollten, nicht wie beschürzte Mehlknödel herumlaufen konnten. Kurzum: die Flöge-Entwürfe aus luftigem weißem Batist gewannen, und die Schwestern erhielten den sehr lukrativen Auftrag. Das gab den Ausschlag: Jetzt konnten sie mit einem guten finanziellen Polster das Wagnis unternehmen.

Emilie hatte ihre eigenen Vorstellungen, dachte nicht an eine normale Schneiderwerkstatt, war angesteckt von den Ideen der Wiener Werkstätte, bewegte sich ja auch in deren Kreisen und verfolgte die Diskussionen über eine ganzheitliche Reform des Lebens. Und wenn etwas nach einer gründlichen Reform geradezu schrie, dann war es doch die Wiener Mode der Jahrhundertwende. Ihr schwebte vor, Mode für die moderne Frau zu kreieren, die in ihrer Kleidung einer neuen Freiheit huldigte. Emilie wollte nicht weniger, als die Frauen von den Zwängen von Korsett und Mieder, Reifröcken und bombastischen textilen Aufbauten und damit vom herkömmlichen Bild der soliden, bürgerlichen Wiener Dame um die Jahrhundertwende befreien. Dafür musste es einfach ein interessiertes Publikum geben. Und eine zahlende Kundschaft. Denn überall regten sich doch Frauen, die mehr wollten als gebildete, aber berufslose und von ihren Männern abhängige Wesen zu sein. Seit vier Jahren gab es tatsächlich die Möglichkeit, sich als Frau an der Universität einzuschreiben, zu studieren und einen Abschluss zu machen. Es gab Frauen, die als Journalistinnen arbeiteten, die sich als Künstlerinnen durchsetzten, als Schulleiterinnen an neugegründeten Mädchengymnasien – all das war vor zehn Jahren noch undenkbar gewesen. Diese Frauen kämpften für das Wahlrecht, für Gleichberechtigung, sie würden sich für eine Mode interessieren, die dem neuen Selbstbewusstsein der Frauen Rechnung trug.

Helene widersprach heftig: „Mit Reformkleidern, wie du sie entwerfen willst, werden wir scheitern! Unterschätz' nicht den traditionellen Geschmack der Wienerinnen. Befreiter Kopf, aber geschnürte Taille, das ist die neue alte Zeit."

Emilie lenkte ein: „Man wird Kompromisse machen müssen, neue Pariser und Londoner Mode, bodenständig abgewandelt auf österreichisches Maß. Die Kasse muss stimmen. Aber trotzdem sollten wir die Reformkleidung propagieren. Das Wichtigste ist, dass wir etwas machen, was sonst niemand anbietet. Das Zauberwort heißt: exklusiv! Und exklusiv betrifft vor allem das Denken. Jede Frau, die ein Kleidungsstück von uns trägt, trägt nicht ein neues Kleid, einen neuen Rock, eine Bluse, sie trägt eine Idee von Freiheit."

Pauline konnte so etwas nicht hören. „Ich trage ein Kleid, ein ziemlich einfaches, das einen neuen Kragen braucht und keine Idee, basta."

Die Schwestern fingen an, im eleganten Modeviertel um die Mariahilfer Straße nach geeigneten Räumlichkeiten zu suchen. Obwohl Pauline von Natur aus schüchtern war, ging sie von Haus zu Haus und fragte unerschrocken, ob es freies Logis zur Vermietung gebe. Sie fragten Freunde der Familie.

Emilie sprach mit Gustav. Der war begeistert, sagte sofort seine Unterstützung zu. Sie hatte befürchtet, dass er ihr Vorhaben als ein finanzielles Abenteuer betrachten würde, das er mit einer Geldspritze weniger abenteuerlich machen sollte. Aber die jungen Unternehmerinnen wollten partout nicht von Gustav Klimts Generosität abhängig sein. Emilie wollte seinen Rat. Denn Mode war wichtig für ihn, war Teil des Gesamtkunstwerks, wie es die Wiener Werkstätte zum Programm erhoben hatte.

Als sich den drei Kleidermacherinnen dann die Gelegenheit bot, großzügige Räume im Eckhaus der Mariahilfer Straße 1b zu mieten, wusste Emilie, dass sie ganz im Stil der Wiener Werkstätte eingerichtet werden sollten. Das würde eine Sensation für Wien bedeuten. Helene war skeptisch, Pauline sowieso. Pauline wollte auch keine Mitinhaberin werden, nur Geschäftsführerin, obwohl sie erhebliches Kapital beisteuerte, das sie in ihrer Lehranstalt erworben hatte. Aber auch Josef Hoffmann, dem Emilie die Ausstattung antrug, warnte vor seinem eigenen radikalen Konzept. „Emilie, du musst dir klarmachen, dass es keine Kompromisse geben kann. Nirgendwo ein Biedermeiersesselchen oder ein französisches Schwanenhals-Tischchen oder ein Ölbild von Ferdinand Georg Waldmüller. Keine Postamente, keine Gobelins, keine Schabracken, nichts als schwarz-weiße Funktionalität. Geometrie statt Tüllwolken. Ob du die Wiener Frauen dazu bringen kannst, das zu lieben?" Hoffmanns Bedenken ehrten ihn. Er wollte die Schwestern, ähnlich wie Kolo Moser, vor einem finanziellen Desaster bewahren.

Gustavs Enthusiasmus aber kannte keine Grenzen.

„Du bist die neue Zeit, Emilie", sagte er. „Und das als Frau."

„Und das als Frau" hörte Emilie überhaupt nicht gerne. Von Gustav schon gar nicht.

Casa piccola

Die „Casa piccola" war 1895 vom Architekten Theodor Karl Bach als repräsentatives Wohn- und Geschäftshaus am Tor zur Mariahilfer Straße nahe beim Glacis erbaut worden. Der Fassadenschmuck zeigt hohen ästhetischen Willen, die Lage ist hervorragend: unmittelbar an der Ringstraße, nächst den 1891 eröffneten, von Gottfried Semper und Carl von Hasenauer erbauten Hofmuseen. An der linken Front gleicht eine Balustrade mit zweischweifigen Treppen das Gefälle von der Mariahilfer Straße zur Rahlgasse aus und setzt gleichzeitig einen höchst dekorativen Akzent. Gekrönt ist das Haus von einer vielfach durchbrochenen und reich verzierten Turmhaube. Der Name „Casa piccola" stammte vom Café im Erdgeschoss, das keinesfalls „piccola" war, sondern den Namen des Gründers des Kaffeehauses Dominik Casapiccola in die Mariahilfer Straße mitgebracht hatte. Das Café gehörte dem Vater von Lina Loos, geborene Obertimpfler, die hier einen Künstlerinnen-Zirkel unterhielt. Lina Loos war Schauspielerin, Diseuse, Kabarettistin, Feuilletonistin, Schriftstellerin, galt als schönste Frau Wiens, war mit vielen Literaten und Künstlern befreundet: eine der „neuen" Frauen, selbstständig im Denken und Reden, unkonventionell im Leben. Peter Altenberg betete sie an, Egon Friedell verehrte sie. 1902 heiratete sie den 12 Jahre älteren, berühmten Architekten Adolf Loos, doch die Ehe endete nach nur drei Jahren mit einem Eklat: Linas Liebhaber Heinz Lang beging Selbstmord, sie wurde geschieden und floh in die USA, wo sie als Schauspielerin reüssierte. Arthur Schnitzler verarbeitete die Geschichte des Skandals in seinem Drama „Das Wort". Später kehrte Lina Loos nach Wien zurück, trat im Raimundtheater in zumeist kleineren Rollen auf.

Das Café „Casa piccola" entpuppte sich auch für den Salon Flöge als zusätzliche Attraktion. Hier konnten die Kundinnen des Ateliers vor oder nach einem Besuch sitzen und den neuen Auftrag oder die geglückte Erwerbung eines Kleides feiern, hier konnten Frauen wie Adele Bloch-Bauer, die wie die Schlote rauchten, in

Das Wohn- und Geschäfts-
haus „Casa piccola"
um 1930

den Pausen einer Modevorführung ihre Zigaretten genießen und
sich als die fortschrittlichsten Frauen Wiens fühlen, die auch in
der Öffentlichkeit zu rauchen wagten und mit den bislang gültigen
Restriktionen für wohlanständige Frauen brachen. Hier konnten
die Schwestern Flöge auch einmal spontan zwei Bleche Marillen-
strudel bestellen und an einem harten Arbeitstag ihren Näherinnen
in der Kaffeepause spendieren. Das stärkte die Arbeitsmoral.

Der Salon der Schwestern Flöge residierte in der Beletage, dem ersten Stock. Hinzu kamen die Wohnräume der fünf
Flöge-Frauen dreier Generationen: der Mutter Barbara Flöge,
der Schwestern Pauline, Helene und Emilie und Helenes Tochter
Lentschi, beim Einzug 12 Jahre alt. Der Mietzins war hoch, die

Ausstattung sündteuer. Neben Köchin und Stubenmädchen beschäftigte die „Firma" später auch noch einen Chauffeur.

Über der Eingangstür des Salons hing ein von Klimt entworfenes Jugendstilmosaik in Blau und Grün, in welches der Name „Schwestern Flöge" in Schwarz eingelassen war. Klimt gestaltete auch das Briefpapier.

Die Wände des Empfangsraums bestanden aus weißem Schleiflack. An den Seiten eines weißen quadratischen Tisches standen zwei schwarze Stühle, geometrisch gebaut mit aufgefächertem Beinwerk und überstreckten geraden Lehnen, ganz im Stil der englischen Mackintosh-Stühle, auf denen Menschen schrumpfen, weil die Lehnen ihre Köpfe überragen. Die Stühle luden nicht zum langen Sitzen ein, die Sitzflächen waren flach und tief, die Lehnen verlangten einen geraden Rücken; die Stühle waren Kunstwerke, Skulpturen, Inkarnationen eines ästhetischen Konzepts. Auch der große Salon war ganz im „konstruktiven" Jugendstil eingerichtet, alles war in Schwarz und Weiß gehalten, an den Wänden hingen auf weißem Untergrund in schwarzer Umrandung sehr schmale langgestreckte Bilder von Kolo Moser, die Frauen in edlen Kleidern zeigten. In der Mitte des Salons gab es weiße Tische und einige Hocker und Vitrinen, in denen besondere schöne Stücke aus Emilies Sammlung von ungarischen, mährischen und slowakischen Spitzen und Stickereien ausgestellt waren, zudem einige Objekte der Wiener Werkstätte. An den großen Salon schloss sich die Mannequin-Loge an. Es gab große begehbare Schränke, in denen die Vorführkleider aufbewahrt wurden. Hier zogen sich die Mannequins an und um, bevor sie im Salon den Kundinnen die Modelle präsentierten. Im gleichen Raum gab es auch Probierlogen, mit wandhohen Spiegeln, die an Schönheit und Eleganz alles hinter sich ließen, was an Umkleidekabinen in den großen Kaufhäusern angeboten wurde. Die Spiegel waren verstellbar, sodass sich die Kundinnen von allen Seiten betrachten konnten, das war eine Novität in Wien. Türstürze, Paneele, Schränke waren schwarz-weiß abgesetzt, die Vertikalen kräftig betont. Im Büro neben dem Salon wurden hinter einem langen Pult die Stoffe und Accessoires gestapelt, in einer Ecke saß die Buchhalterin.

Empfangsraum des Modesalons Schwestern Flöge, eingerichtet von Josef Hoffmann und Kolo Moser, 1904

An den Tischen der großen Werkstatträume arbeiteten Zuschneiderinnen und Näherinnen, in einem Raum wurde die französische Couture hergestellt: vorwiegend Kleider und Abendkleider, in einem anderen Raum produzierte man „à l'Anglaise", also Mäntel, Jacken und Kostüme. In den besten Zeiten beschäftigte der Salon bis zu achtzig Näherinnen, zwanzig fanden in den Arbeitsräumen Platz, andere arbeiteten im Auftrag in ihren eigenen Wohnungen.

Barbara Flöge, die Mutter, begutachtete den Salon erst, als die Inneneinrichtung fertig war. Emilie führte sie herum, erklärte, ergoss sich in Lobesworten über alles, was Hoffmann und Moser geleistet hatten. Die Mutter sparte mit Kommentaren: „Man muss sich wohl daran gewöhnen", sagte sie. Oder: „Nun, wenn Ihr meint..." Nur etwas empfand sie als veritables Ärgernis: Das schöne Eichenparkett, als Schiffboden verlegt, war mit grauem Filz verdeckt. „Also, so etwas kommt mir nicht in die Wohnung", sagte sie entschieden. „Was soll denn das! So schönes Holz verstecken!"

Die Schwestern beruhigten sie, sparten sich aber Erklärungen. Dabei war zumindest Emilie stolz auf diese ästhetische Sensation, die so fabelhaft mit den schwarz-weißen Möbeln und den weißen Schleiflackwänden korrespondierte. Aber bei alten Frauen war Gewohnheit wohl stärker als Neugier.

Wider die welsche Mode

„Du glaubst nicht, was dieser dumme Maler Paul Sieger gestern Abend in seinem Vortrag von sich gegeben hat." Zorn und Spott ließen Emilies Stimme schrill klingen. Helene, die gerade ins Atelier gekommen war, noch etwas morgenträge, wollte erst in Ruhe das Auftragsbuch mit den Aufgaben des Tages studieren, aber Emilie redete sich schon in Rage. „Erst tönte er, als wolle er sich ganz fortschrittlich für die Reformkleidung einsetzen, wetterte gegen die engen Korsagen, die die Gebärfähigkeit der Frauen beeinträchtigen würden…"

„Immer, wenn Männer neuerdings über Kleidung reden, werden sie plötzlich zu Gynäkologen", sagte Helene trocken.

„…dann musste er natürlich doch gegen die Suffragetten zu Felde ziehen, die mit Hilfe von Mehlsäcken statt Kleidern den Männern den Garaus zu machen suchten, was ihnen natürlich bei Paul Sieger nie gelingen würde. Und schließlich, und jetzt kommt es, wandte er sich gegen das ,Diktat der Pariser Mode' – aus patriotischen Gründen. Die spindeldürren Pariser Damen seien ihm zutiefst suspekt, die ,welsche Mode'…"

„Sagte er tatsächlich ,welsche'?"

„Er sagte ,welsche', besser: Er spuckte den Satz ,Die welsche Mode passt nicht nach Wien' regelrecht aus. Dann kam sein Appell, der flammend klingen sollte, er rollte dabei pathetisch mit den Augen. Warte, ich habe mitgeschrieben." Emilie holte ihr Notizheft heraus: „Arbeiten Sie daher mit uns zur Ehre des Vaterlandes, der Kunst und des Gewerbes, damit die Wienerin wieder als das erscheint, was sie ist und war, die Perle der Schöpfung, ein mudelsauberes, molliges, humorvolles Weib."

Helene brach in Gelächter aus: „Mudelsauber, mollig und humorvoll – und das im Dienste des Vaterlandes. Arme Wienerin!"

„Er hat noch etwas hinzugefügt: ,…und ohne Poiret!' Verstehst du, was er will: um Gottes willen keine befreite Frau, für die Paul Poiret in Paris die allerschönsten Kleider schneidert. Solch eine

Frau ist gefährlich. Man darf das Korsett lockern, aber darin muss immer noch die propere Wienerin stecken mit ausladender Büste und gepolsterten Hüften, die den Wiener Mann durch ihre Fülle benebeln, durch das Versprechen, er könne in ihren Fleischmassen versinken. Und das Ganze hat natürlich auch etwas Hetzerisches: die Wienerin ist gut und edel, weil sie dick ist, und die Pariserin ist verworfen, weil sie ‚quecksilbrig und hüftlos' ist. Quecksilbrig und hüftlos! Das sagt doch alles!"

„Emilie, hör auf!", mahnte Helene. Ihre Schwester regte sich ja nicht oft auf, sie war ein Muster an Verbindlichkeit und Zurückhaltung, was ihre Kundinnen sehr schätzten. Aber wenn sie der Teufel ritt, dann ritt er Galopp.

Sie alle waren ja von den Reformideen angesteckt, die im Zuge der Wiener Werkstätte seit einigen Jahren aus England und Belgien nach Wien herübergeschwappt waren, aber niemand war so begeistert auf die neue Welle aufgesprungen wie Emilie. Zumindest, was die Mode anging. Emilie war wirklich radikal – zumindest für sich selbst machte sie keine Kompromisse. Nicht nur die Hand, ihr ganzer Körper vibrierte, wenn sie zum Bleistift griff und ein Modell entwarf, das am Hals hochgeschlossen war, mit einem Kragen wie ein textiles Kropfband, und vom Hals aus in weitem Fluss wie eine Tunika über den Körper fiel. Auch die Ärmel waren weit, öffneten sich sichelförmig. Nichts engte mehr den Körper ein, nichts stellte Körperteile als Signalmasten aus, nichts korrigierte mehr die Natur. Und wenn Emilie die Schere an den Stoff anlegte, sagte sie: „Jetzt schneiden wir mal auf Freiheit zu!" Das klang nicht wie ein Schlachtruf, das hätte zur Zartheit der Emilie Flöge schlecht gepasst, wohl aber wie ein entschlossenes Programm.

„Das Vegetative ist das Schöne", sagte Emilie, „nicht das Zurechtgestutzte."

Oder das Dressierte, das Deformierte, das Despotische – wie all die negativen Lieblingswörter hießen, in die Emilie ihre ganze Verachtung steckte.

Erotik in der Steppnaht

Als deformiert empfanden die Lebensreformer die konservative Mode der bürgerlichen Gesellschaft. Die Wienerinnen trugen enge Korsetts, die den Bauch einschnürten und den Busen hervorhoben. Das Vorbild war die Pariser „à ventre"-Mode, die den weiblichen Körper zu einer S-Linie verkrümmte, oder, wie es einer der Pariser Modeschöpfer formuliert hatte: „der weibliche Körper wird zu einem ondulierenden Ornament". Manchmal konnten sich die Frauen nicht allein anziehen, brauchten ihr Personal dazu. Der Taillenumfang sollte nur 40 Zentimeter betragen, das bedeutete bei den meisten Frauen, dass das Korsett weit über die Schmerzgrenze hinaus geschnürt wurde, und die Frauen darin zu bewegungslosen Puppen erstarrten, die kaum Luft holen, geschweige denn lachen, niesen oder schluchzen konnten. Über die Corsettage kamen Unterröcke, Polsterungen und bienenkorbartige Gestelle für Busen und Gesäß. Darüber wölbte sich das eigentliche Kleid mit Rüschen, Volants und Draperien.

Die Kleidung sollte verführerisch sein, erotisierende Funken versprühen, das Ewig-Weibliche ikonisieren, gleichzeitig wurde die individuelle Körperform unsichtbar gemacht. Die Frau sollte sich verhüllen, also züchtig erscheinen, ein asexuelles Wesen verkörpern, ohne eigene Begierden. Aber da ja nichts so sehr männliches Begehren stimuliert wie eine verhüllte Verheißung, war die Kleidung zutiefst kokett.

Emilie durschaute dieses Spiel von Abstoßung und Anziehung, durchschaute die noch in die letzte Steppnaht eingenähte Verlogenheit – und war mit fliegenden Fahnen zum neuen Modeideal übergelaufen. Das Bild der Frau, das sich darin verbarg, war Emilie nicht unbedingt an der Wiege gesungen worden. Sie war ja damit aufgewachsen, dass sich ein ordentliches Mädchen richtig benahm, standesgemäß kleidete und auf ihren guten Ruf achtete. Aber was „richtig" war, konnte sich wandeln, ja sogar umstürzen.

Dass allenthalben Hohn und Spott über die Reformkleidung ausgegossen wurde, machte sie nicht schlechter. Pauline schnitt alles aus, was sie in Zeitungen und Zeitschriften darüber fand und pinnte die Notizen mit Stecknadeln an die Wand des kleinen Büros, in dem sie die Abrechnungen machte. Ihr neuester Ausriss waren Bemerkungen von Adolf Loos, der behauptete, dass die im Kampf der Geschlechter um ihre Gleichberechtigung ringende Frau nach wie vor gezwungen sei, durch ihre Kleidung, durch die „wirkung von samt und seide, blumen und bändern, federn und farben" an die Sinnlichkeit des Mannes zu appellieren, um seine Liebe und damit Gleichstellung zu erringen.

Die Schwestern Flöge hatten darüber diskutiert, ob eine Gleichberechtigung der Frau nur über den Weg der Verführung des Mannes zu erreichen sei. Emilie hatte das leidenschaftlich abgelehnt. Dann sei alles, wofür Frauen kämpften, Berufstätigkeit, Zulassung zum Universitätsstudium, eigenes Bankkonto, Verbesserungen im Erbrecht, nur ein Gnadengeschenk, den Männern abgeluchst, abgeschmeichelt, vielleicht abgerungen. Aber es gehe um Rechte, nicht um Geschenke.

Insgeheim dachte Emilie manchmal, wenn sie eine Dame der höheren Gesellschaft – oft aus dem Adel oder Bagatelladel – noch in der alten „Rüstung" sah, dass diese Damen alles taten, um einen Mann zu verführen, dass es aber auf dem Liebeslager oder im Ehebett zu allerlei peinlichen Szenen kommen musste. Emilie lächelte bei der Vorstellung, dass die Frau nach und nach „demontiert" wurde, sich des komplizierten Unterbaus entledigen musste, oder der Mann versuchen musste, durch die textilen Schichten zu dem vorzudringen, wohin es ihn drängte, ohne sich dabei zu verheddern oder von Fischbein erdrückt zu werden. Eigentlich konnte der Akt nur gelingen, wenn sich die Ehefrau im Nebenzimmer mit Hilfe einer Kammerzofe auszog und dann im züchtigen Nachthemd und mit Nachtmütze ins Schlafzimmer kam. Man liebte sich ja nicht im Hellen.

Spontaner Geschlechtsverkehr, bei dem ein Mann im wörtlichen Sinne der Frau an die Wäsche ging, war eine Gunst, die nur Frauen der unteren Schichten gewähren konnten, die unkomplizierten, leichtsinnigen und leicht bekleideten „süßen Mädel" aus der Vorstadt, so wie Klimt sie liebte.

Natürlich sprach sie nicht mit Klimt darüber. Auch nicht mit Helene, obwohl diese ja in ihrer kurzen Ehe – und auch schon davor – Erfahrungen in der körperlichen Liebe gesammelt hatte. Was hinter Schlafzimmertüren geschah, war tabu. Es ging Emilie nur manchmal durch den Kopf, dass die neue Einfachheit viele Aspekte hatte.

Neue Medien

Wie kommen wir an Kundinnen, fragten sich die drei Flöge-Schwestern. „Ich kann nähen, aber ich kann keine Werbetrommel rühren", sagte Pauline. Wie kommen wir an die Kundinnen, die wir wollen, die wir brauchen, um einen Salon nach unseren Vorstellungen zu betreiben? fragte sich Emilie. Durch die Beziehungen zu Josef Hoffmann, Kolo Moser und Gustav Klimt stand die Tür zu einigen der ersten Häuser Wiens einen Spalt breit offen. Aber auch die handverlesenen Damen dieser gesellschaftlichen Elite brauchten nicht mehr als sechs Abendkleider in der Saison. Vielleicht auch nur zwei.

Der Widerstreit zwischen Exklusivität und ökonomischem Erfolg des Salons tat sich auf. Wenn der Salon genügend Kundinnen akquirieren wollte, bedurfte es neuer Strategien.

Emilie, wie immer die kreativste der der drei Schwestern, brütete und ließ eine Idee ausschlüpfen: „Wir müssen Werbung machen."

„Aber wir wollen uns doch nicht auf das Niveau dieser neuen Kaufhäuser begeben, die in den Zeitungen Anzeigen veröffentlichen: Warmer Winterrock für siebenundzwanzig Kronen, Elegante Bluse aus Baumwolle nur siebzehn Kronen", protestierte Helene.

Emilie hatte nichts gegen Anzeigen. Man müsse die neuen Möglichkeiten der Vervielfältigung nutzen. Wie sonst wolle man ein interessiertes Publikum darüber aufklären, dass Reformkleider nicht formlose Kittel für „Suffragetten und Malweiber" seien, sondern künstlerische Kreationen ersten Ranges.

„Schreiben kann man viel, die Käuferinnen wollen attraktive Beispiele sehen, und die werden sie bei unseren Modenschauen zu Gesicht bekommen."

„Richtig, Helene, richtig, aber erst müssen wir die fortschrittlichen Damen der Gesellschaft in unsere Modenschau locken."

„Emilie", sagte Pauline, „das Wort ‚locken' bereitet mir Unbehagen. Das klingt so nach ‚verführen'. Ich bin dafür, Menschen zu überzeugen."

„Ich bin absolut fürs Verführen, Pauline. Eine Frau kauft ein Kleid doch nicht, weil es praktisch, unverwüstlich und preiswert ist, sondern weil sie sich in diesem besonderen Kleid schöner, freier, strahlender, selbstbewusster vorkommt. Nur: Sie sollte sich verführen zu mehr Wohlbefinden, statt ewig alles daran zu setzen, einen Mann ins Bett zu kriegen."

Barbara Flöge mahnte: „Aber Emilie, diese Sprache!"

„Ich weiß überhaupt nicht, warum ihr euch so störrisch gegen jede Art von Werbung wehrt. Es ist doch naiv zu glauben, die Frauen kämen in Scharen, ohne zu wissen, worauf sie sich einlassen. Bedenken könntet ihr nur haben, wenn man verspricht, was man nicht hält. Aber wir werden die Erwartungen erfüllen, und mehr als das."

Barbara Flöge mischte sich ein. Sie kannte ihre Töchter, die sich in vielem so ähnlich und dann auch wieder so unähnlich waren. Sie saßen zu viert im behaglich mit Biedermeier-Möbeln ausgestatteten Wohnzimmer, auf dem Grammophon, das die Töchter als den „letzten Schrei" zu Weihnachten gekauft hatten, drehte sich eine Schallplatte mit Musik aus „La Bohème". Barbara Flöge war gegen die Anschaffung gewesen: „Wir können schließlich alle fünf Klavier spielen", hatte sie protestiert – und jetzt konnte sie nicht genug bekommen von Opernaufnahmen. Alle waren beschäftigt mit Handarbeiten: Stickereien, Hardanger-Arbeit, Filethäkelei. Pauline war mit dem Smoken eines Blusenlatzes beschäftigt. Aber auch in ihren Köpfen war Bewegung, stachen Nadeln in den Stoff der festen Meinungen. „Ich finde, ihr ereifert euch zu sehr über Grundsätze. Es ist viel leichter, eine Einigung zu erzielen, wenn ihr einen konkreten Vorschlag habt", versuchte Barbara Flöge auszugleichen.

„Und die Fotografie ist doch eine ganz neue Möglichkeit, Menschen zu erreichen", fuhr Emilie unbeeindruckt vom Einwand ihrer Mutter fort. „Gustav ist leidenschaftlich an Fotografie interessiert, er sieht sie als neue Kunstform an. Die Fotografie würde doch genau dem entsprechen, was wir vermitteln wollen: ein neues Bild der Frau."

„Ja, willst du Plakate an Litfaßsäulen kleben?" Pauline verlor langsam die Geduld, während sich Emilie in Fantastereien erging.

„Ich stelle mir vor: ein Riesenplakat, links die Karikatur einer üppigen Wienerin mit hochgeschnürtem Busen, festgezurrter Taille und ausladend gepolsterten Hüften, darunter die Inschrift: ‚Hilfe, ich ersticke, Luft! Freiheit!' Daneben die Zeichnung einer eleganten Dame im Reformkleid, natürlich und mondän zugleich, mit der Unterschrift: ‚Freiheit, die ich meine…'"

Die drei anderen Flöge-Frauen schrien synchron: „Emmi! Hör schon auf!"

„Natürlich müsste das Reformerische am Kleid zurückhaltend sein, künstlerisch so aufgeputzt, dass es für die Wienerinnen, die sich erst langsam dem Gedanken von Befreiung öffnen, akzeptabel ist. Aber solche Plakate würden doch für Gesprächsstoff sorgen."

„Und den Ruf unseres Etablissements von vornherein ruinieren", sagte Helene.

„Ich werde schon den Kopf nicht verlieren", lenkte Emilie ein, „aber bevor man Kompromisse macht, muss man auch erst einmal ohne Grenzen im Kopf denken. Ihr stellt immer sofort Barrieren auf. Jedenfalls müssen wir die neuen Möglichkeiten nutzen, für unsere sensationelle Produktion zu werben. Über das ‚wie' können wir ja dann streiten."

Die Anzeigen, die nach der Eröffnung des Salons Schwestern Flöge in den Wiener Tageszeitungen erschienen, waren dann eher ein moderater Versuch, den Wiener Kundinnen die Revolution in der Mode als sanfte Neuerung zu verkaufen:

„Das Reformkleid ist künstlerisch durch die richtige Konstruktion und die erfinderische edle Handarbeit. Obige Kleider sind aus Tuch, das Jäckchen links Handweberei aus Schafwolle und Perlen von Frau Guttmann. Die Oberteile der unten stehenden Seidenkleider sind Handweberei von Fräulein Jutta Sicka aus Gold und Lilaseide; Ausführung sämtlicher Kleider durch den Salon Schwestern Flöge, Wien."

Mutter Flöges Forderung nach Konkretion war Genüge getan.

Samt und Seide

Der Tag war lang gewesen. Maurice Lesure, der Stoffhändler aus der Rue de Rivoli, hatte ihr die Einkäufe schwer gemacht, auf seine hartnäckige Art mit ihr um jeden Franc gerungen. „Aber Madame Flöge!", hatte er immer wieder ausgerufen, dabei „Flöge" wie mit einem Accent Aigu am Ende ausgesprochen, „Madame Flögé, wir sind hier in Paris! Nirgends auf der Welt werden sie einen solchen handgewebten Brokat finden, solche indischen Seiden, und die Spitzen beziehen wir eben nicht nur aus Brüssel wie alle Welt, wir haben Exklusivverträge mit Manufakturen auf Burano, wo es die besten Klöpplerinnen gibt. Madame, ich denke, dass die schönen Wiener Frauen den Wert dieser Stoffe zu schätzen wissen, vor allem, wenn dem Material Leben eingehaucht wird."

Den vielgerühmten Pariser Charme fand Emilie eher hölzern. Sie wusste, was die „schönen Wiener Frauen" schätzten, wie sie die Stoffe zwischen Daumen und Zeigefinger prüften, keine Miene verzogen und ihr Entzücken zu verbergen wussten, solange noch kein Preis ausgemacht war. Die Frauen in Wien, die zu ihrer Klientel gehörten, waren eitel und kokett wie alle Frauen auf der Welt, aber sie waren nicht verschwenderisch. Darum rief jeder Preis, den Emilie für die Anfertigung eines Kleides nannte, ein missbilligendes Zucken der Augenbrauen hervor. Natürlich konnte man sich das Kleid leisten, aber wollte man es auch? Und legten die Schwestern Flöge in ihrer Preisgestaltung nicht Pariser oder Londoner Maßstäbe an und verloren damit den festen österreichischen Boden unter den Füßen? Eine gute Hausschneiderin konnte ein Kleid für 40 Kronen nähen, gar nicht zu reden von den Kaufhäusern Gerngross oder Herzmansky, wo ein Kostüm ein Fünftel des Preises im Salon Flöge kostete. Aber natürlich sah man dem Stück den Qualitätsunterschied an. Stoff und Schnitt und Pfiff – da gab es eben himmelweite Unterschiede. „Vive la différence!", führte auch Maurice Lesure gerne im Munde, und Emilie fand, so redeten eigentlich Nicht-Franzosen, die nur drei französische Redensarten beherrschten.

Emilie war lange genug im Geschäft, um zu wissen, dass alles darauf ankam, die Balance zwischen den Wünschen und Sehnsüchten ihrer Kundinnen und dem ökonomischen Erfolg zu finden. Und Monsieur Lesure stellte mit seinen exorbitanten Forderungen jedes Mal Emilie als Geschäftsfrau in Frage. Nur unerbittliche Standfestigkeit konnte ihn dazu bewegen, seine Preisvorstellungen geringfügig zu revidieren. Dabei galten die gleichen Spielregeln wie in einem Teppichbasar in der Türkei. Erst trank man café noir, sprach über die Weltläufte, über das Wetter, über Modetrends, bevor der erste Stoffballen von einer petite Mademoiselle über den Louis-Quinze-Stuhl drapiert wurde. Monsieur Lesure ließ sich bitten, einen Meterpreis zu nennen, lenkte ab, erzählte vom letzten Sonntag im Bois de Boulogne, über die Robe, die Madame Necker getragen und damit ihre Konkurrentin Madame Cotillon ausgestochen habe. Emilie Flöge übte sich in Geduld, auch wenn sie die Langatmigkeit erschöpfte. Noch mehr erschöpfte sie Maurice Lesures Selbstverliebtheit, er war kein Couturier, aber was wären alle französischen Modeschöpfer ohne ihn, der ihnen die ausgefallensten Stoffe liefern konnte, einfach alles, was sie für ihre Kreationen brauchten.

Der rote Samt? Nicht unter 60 Francs der Ballen – und das sei ein Freundschaftspreis. Emilie wusste, dass sie ihn für 40 Francs erlösen würde – aber, mon Dieu, welche Kraftanstrengung vonnöten war, um Lesure schließlich zum Einlenken zu bringen. Wie viele Komplimente, wie viele süße Wiener Schleckereien, die sie wie zufällig aus der Tasche zauberte – der Herr war einfach ein Geck. Und wie er seinen „Stall" vorführte! So nannte er die jungen Mädchen in engen schwarzen Kleidern mit weißem Spitzenbesatz, die wie Kellnerinnen in der Konditorei Demel um ihn herumschwänzelten, Stoffe holten und wegbrachten – mit einem eingemeißelten Lächeln auf dem Gesicht, als hätte ein Künstler ein einziges Lächeln mit der Schablone auf alle seine Madonnen kopiert.

Und dann schickte Monsieur Lesure die Stoffe beharrlich und unverbesserlich an M. et Mme. Floegé, Mariahilfer Str. 1b, Wien. „Es gibt keinen Monsieur Flöge", sagte Emilie jedes Mal. „Ich weiß, Madame", sagte Lesure dann. Er wusste es nicht. In seinen

Emilie Flöge um 1910. Foto: Madame d'Ora

Kopf ging einfach nicht hinein, dass Emilie eine Modeschöpferin war, sie konnte in seiner Weltordnung nur eine Einkäuferin sein, der Couturier war der Ehemann. Wo käme man denn da hin, wenn Frauen Frauen anzögen. Das gab es nicht einmal in Paris, das doch in allem, was Mode betraf, tonangebend in der Welt war.

Als Emilie ins Grand Hôtel am Boulevard des Capucines zurückkam, wo sie immer logierte, war es schon dunkel. Sie hatte sich keine Equipage genommen, sondern war zu Fuß gegangen, was in Wien undenkbar gewesen wäre. Eine Frau an einem eiskalten Februartag bei Anbruch der Dunkelheit allein auf der Straße!

Aber Emilie war furchtlos. Immer gut angezogen und gewappnet mit einem entschlossenen Blick, da war man vor männlichen Angriffen sicher.

Aber sie war müde, war sterbensmüde, sie hatte eine lange Reise hinter sich, war über Frankfurt und Brüssel nach London gereist, hatte dort einige Tage auf der Modemesse verbracht, war mit dem Schiff über den Kanal, der dieses Mal besonders stürmisch gewesen war, und schließlich mit dem Zug nach Paris gefahren. Die engen Knöpfelschuhe drückten, der Handel mit Monsieur Lesure war weniger vorteilhaft gelaufen, als sie sich gewünscht hatte.

Der Rezeptionist im Grand Hôtel hatte ihr schon am ersten Abend den Schlüssel gereicht, ohne dass sie ihre Zimmernummer hatte nennen müssen. Jetzt legte er noch ein Lächeln zum Schlüssel. „Ich hoffe, Sie hatten einen guten Tag, Madame. Und hier ist ein Brief für Sie." Er griff ins Fach hinter sich. Emilie hätte sich gewundert, wenn ein Brief für sie angekommen wäre. Gustav schrieb keine Briefe, er schrieb Postkarten. Es war eine Postkarte. Auf ihrem Zimmer streifte sie die Schuhe ab, legte sich aufs Bett und beschloss, nicht mehr zum Essen ins Restaurant zu gehen. Sie war einfach zu müde. Und morgen Abend war die große Modenschau bei Paul Poiret. Wenn Lesure anstrengend gewesen war, so versprach der Abend bei Poiret atemberaubend strapaziös zu werden. Tout Paris, ja tout le monde würde zusammenströmen, heftige Diskussionen würden die Luft sättigen, Ahs und Ohs und abfälliges Murmeln sich die Waage halten. Poiret hatte – sensationell genug in Paris – die Frauen vom Mieder befreit, hatte den engen Corsagen, die den Frauen den Atem nahmen (Zyniker sagten, die Luftnot verleihe den Damen einen rosigen Teint!), den Laufpass gegeben und Kleider ohne Taille kreiert, lang-fließende Gewänder aus bunten orientalischen Stoffen, elegant und sinnlich, Kleider, die aussahen, wie Moschus-Parfum duftete, schwer und verheißungsvoll, erdig und fremd. Die orientalischen Stoffe waren nicht Emilies Stil, sie liebte leichtere Materialien, klarere Farben, weniger aufwendige Dessins. Wenn Verspieltheiten, dann ein kleiner Besatz aus Seidentüll, ein Hauch von Spitze unterm weit ausschweifenden Ärmel, ein textiles Kropfband statt tiefer Dekolletés. Dennoch: Poiret, das war in seine Kleider eingeschrieben, wollte die freie Frau, mochte sie auch ihre orientalische Leidenschaft nur verhalten lodern lassen, sie würde sich nicht mehr einzwängen lassen. Und deshalb sah Emilie in ihm ein Vorbild.

Gustavs Postkarte zeigte eine Ansicht von Schloss Schönbrunn von der Gartenseite her. Seine Botschaft war rund um das Schloss gekritzelt, in Klimts raumgreifender, jede Regelmäßigkeit souverän verachtender Schrift, die Rückseite der Karte war leer.

Emilie war geübt, Klimts Mischung aus Latein- und Kurrentschrift zu entziffern, der Telegrammstil war ihr anfangs auf die Nerven gegangen, so unpersönlich, so geschäftsmäßig, jetzt war sie ihn so gewöhnt, dass jeder ausformulierte Satz sie irritiert hätte. Seine eigenwillige Orthografie brachte sie zum Lächeln. Er schrieb eben, wie er mit ihr sprach, und das Vertraute hatte etwas Behagliches.

„SONNTAG TIVOLI 2° Kälte hartgefroren trüb – Wind – nichts versäumt – ‚grauslicher' Tag Gestern körperlich ziemlich ‚mis' – weiß nicht was auf Kosten des ‚Katzenjammers' ging – jedenfalls war ich gar nicht wol – Abends mit rauhen Hals und steifen Genick bei Mautner Leichter ‚Hautschauer' herzlichst Gustav".

Emilie verzog belustigt das Gesicht: ihr Lebensmensch, der von der Wiener Gesellschaft bewunderte Malerfürst, bei ihr war er doch ein rechter Jammerlappen. Immer das gleiche Muster seiner vielen Botschaften: Berichte von katastrophalem Wetter und hypochondrisches Wehklagen. Aber wäre Klimt so ein genialer Maler ohne seine depressiven Anwandlungen? Gab es überhaupt glückliche, heitere, lebensleichte Künstler? Sein Bild trat vor ihr geistiges Auge: Da hatte er also am frühen Sonntag, wahrscheinlich mit seinem Spezi, dem Fotografen Moritz Nähr, und anderen Freunden im Tivoli, der alten Meierei des Schlosses Schönbrunn, gesessen, hatte heftig und ausschweifend gefrühstückt, die Resi hatte, ohne zu fragen, den Braunen und Brot und Würste und Käse und zum Schluss Strudel mit Schlagobers gebracht. Und bevor Klimt das Tivoli verließ und durch den Schönbrunner Park in sein Atelier in der Josefstädter Straße marschierte, schrieb er eine Postkarte an

Emilie, musste ihr seinen Katzenjammer klagen, weil er am Abend zuvor zu stark gezecht hatte und jetzt an Kopfweh und Arbeitsunlust litt. Bestimmt kamen am nächsten Morgen neue Karten. Und am Abend weitere Mitteilungen aus dem trüben Wien. Dann würde sich das Lächeln des Portiers im Grand Hôtel vertiefen: „Beaucoup de lettres pour Madame!"

Pailletten für Alma

Alma Mahler kam an einem Donnerstagabend, als der Salon eigentlich schon geschlossen hatte. Es war Helenes Part, Kundinnen zu beraten. Aber Alma bestand darauf, von Emilie bedient zu werden. Alma setzte sich auf einen der schmalen Stühle, ihr opulentes Kleid wölbte sich über die Lehnen. Sie trug einen ausladenden Hut aus rotem Samt mit schwarzer Spitze, die tief in ihr Gesicht fiel und die Augen beschattete. Kaiserlicher Hochadel, dachte Helene, so trat Alma auf. An einem normalen Werktag mit Samthut durch Wien zu laufen, das war einfach überkandidelt.

Emilie erinnerte sich nur zu gut, dass Gustavs Italienreise auf Almas Spuren vor zehn Jahren die Lawine ausgelöst hatte, die ihre Liebesbeziehung zu Gustav begraben hatte. Sie hatte auch nicht vergessen, was Alma 1904 einer Freundin gesteckt hatte, die es Emilie brühwarm weitererzählte: „Wie ich höre, will Klimt eine kleine Schneiderin heiraten. Die Dame soll Charme und Schönheit besitzen – und all das. Aber ansonsten ist sie ein Nichts!"

Jetzt war Alma die Gemahlin des Generalmusikdirektors der Hofoper, Gustav Mahler. Bei ihrer Heirat, so munkelte man, hatte sie schriftlich auf ihre eigenen musikalischen Ambitionen verzichten müssen, um sich ausschließlich der Karriere des Ehemanns zu widmen. Mahlers glanzvoller Aufstieg entschädigte Alma für eigene Verzichte. Sie gehörte jetzt zu den ersten Damen der Wiener Gesellschaft, unterhielt einen Salon, in dem Musiker, Literaten, Künstler aller Provenienz ein- und ausgingen.

Man verkehrte in den ersten Häusern, bei Zuckerkandls, bei Bloch-Bauers, bei der neuen Elite Wiens, die nicht mehr der alte Adel repräsentierte, sondern die moderne großbürgerliche Schicht, die Fabrikanten und Bankdirektoren, die Generalbevollmächtigten und Universitätsprofessoren. Alma war immer im Gespräch, wollte es wohl auch gerne sein, Diskretion und Zurückhaltung gehörten nicht zu ihren Talenten.

Alma traf Klimt gelegentlich im Hause Bloch-Bauer, sie lud

ihn auch zu sich nach Hause ein. Einmal hatte sie ihn sogar aufgefordert, einige Tage nach Tirol zu kommen, wo die Familie Mahler ihre Sommerfrische verbrachte. Klimt war nicht gefahren. Almas mädchenhafter Zorn auf den italienischen Flüchtling war verraucht, er hatte einer gewissen Frustration darüber Platz gemacht, dass Klimt sich gar nicht in die Zahl ihrer Verehrer einreihte, die sie mit Schmeicheleien umgaben; dass er so kühl war, als habe es niemals einen Kuss in Genua gegeben, niemals eine Hand in einer dunklen Seitengasse in Venedig, die sich nach ihrer Brust vorgetastet hatte. Und vor allem: dass er keinerlei Begehren äußerte, sie zu malen.

Vielleicht macht sie mich für Gustavs Distanz verantwortlich, dachte Emilie, auch wenn das reichlich absurd war. Kleinlich war Alma nicht. Wie oft schenkte sie Klimt Logenplätze in der Oper. Gustav Mahler hatte ja als Generalmusikdirektor jeden Abend Anspruch auf die Direktionsloge. Da diese meistens leer zu bleiben drohte, verteilte Alma die Plätze unter den Freunden. Und sie fragte nicht, wen Klimt in die Loge einladen würde, obgleich sie genau wusste, weil es jedermann in Wien wusste, dass das immer und ausschließlich „das Fräulein Flöge" sein würde. Emilie bekam nachmittags oft überraschend mit der Rohrpost eine der kurz angebundenen Nachrichten Klimts: „Heute Rigoletto, Mahler-Loge."

Dann hieß es, sich im Geschäft hurtig mit den Schwestern abzusprechen, den Näherinnen Weisungen zu erteilen, sich für die Oper fein zu machen. Klimt konnte Unpünktlichkeit nicht leiden, und so wartete sie immer herausgeputzt eine dreiviertel Stunde vor Beginn der Oper auf sein Klingelzeichen. Auch wenn er sonst ein chaotisches Verhältnis zu Terminen hatte, nie seine Auftragszeiten einhielt, immer gewaltig hinterherhinkte mit der Fertigstellung seiner Bilder, immer „Gwirx" drohte, wie er Engpässe nannte, auch wenn er oft genug den Zorn und die Enttäuschung seiner Auftraggeber zu spüren bekam – in die Oper ging er pünktlich.

Er liebte die Oper, seinen Geschmack musste man universell nennen. Emilie konnte verstehen, dass er Wagner verehrte. War er nicht ein Mensch, der in Wagner seinen Bruder sehen musste mit seinem Drang nach neuen Ausdrucksmöglichkeiten, nach einem allumfassenden Mythos, einem Gesamtkunstwerk? Aber Klimt war auch voll ungestümer Offenheit gegenüber den neuen Komponisten, die ganz Wien vor den Kopf stießen, er freundete sich mit Schönberg an, mit Alban Berg, wollte deren Musik verstehen, während die Zuhörer entrüstet davonliefen, weil sie Musik genießen wollten. Er schätzte Mahler, der angefeindet wurde, weil er als Operndirektor das konservative Wiener Publikum nicht so bediente, wie es das gewohnt war.

Emilie tat sich schwer mit der neuen Musik, gestand kleinlaut, dass sie Verdi liebe, dass ihr bei „La Traviata" die Augen feucht würden, es sei denn, die Sängerin der Violetta war so übergewichtig, dass das Sterben der schwindsüchtigen Kokotte ins Lächerliche geriet. Leider waren die Violettas und Mimis und Gildas fast immer zu dick, und die jugendlichen Liebhaber auch meist wohlbeleibte ältere Herren, aber so war das eben in Wien: Es ging nicht um die Stimmigkeit einer Geschichte, sondern einzig und allein um den Belcanto. Singen mussten die Hofsänger und Hofsängerinnen können, an der Rampe stehen und ihre Arie virtuos und mit viel Vibrato und Armgefuchtel abliefern, manchmal auch abschmettern, mussten sie wiederholen, wenn das Publikum tobte. Mit dem Blick der Kennerin sah Emilie oft, wie schlecht die Kostümbildner arbeiteten, den ohnehin umfangreichen Cherubino in Pluderhosen und riesig wattierte Jacken steckten, sodass niemand glauben konnte, dass ihm die Gräfin Almaviva nachschmachtete. Und diese war zumeist eine alte Matrone, jenseits allen Begehrens. Besser war es, manchmal in der Loge die Augen zu schließen. Aber dann stieß Klimt sie an: „Musik nicht schlürfen, bitte", sagte er. Er sprach ständig davon, dass Kunst Oberfläche sei, aber nicht oberflächlich, dass Musik aus Reizen bestehe, aber nicht reizvoll sein dürfe.

Seit Mahler Direktor der Hofoper war, hatte sich vieles geändert. Als Komponist mochte er vielen Feindseligkeiten von Neidern und Ewiggestrigen ausgesetzt sein, sein Rang als Dirigent und Orchesterleiter aber war unangefochten. Er hatte den Sängern verboten „Schnörkel" zu singen, die nicht in der Partitur standen, oder an ihre Arien eine paar Spitzentöne anzuhängen, um den Applaus des Publikums herauszukitzeln. Die bezahlten Claqueure, die jede Aufführung mit enthemmtem Bravo-Gebrüll störten, waren verbannt worden. Und der Angewohnheit vieler Wiener, erst nach der Ouvertüre zu erscheinen oder sich den ersten Akt zu schenken, oder zwischendurch auf einen Punsch hinauszugehen, hatte Mahler einen Riegel vorgeschoben: Wer zu spät kam, wurde erst in der Pause eingelassen, wer zwischendurch den Saal verließ, kam nicht wieder hinein. Klar, dass diese „Reformen" bei einigen Opernbesuchern für böses Blut gesorgt hatten, Emilie und Gustav hingegen hatten sie begrüßt.

Es war schön, wenn die Mahler-Loge frei war. Und wenn am Nachmittag in ihrem Salon der pneumatische Druck eine neue Rohrpost in den Behälter spie, jubelte sie auf. Das konnte nur eine Postkarte von Gustav sein, eine Einladung in die Oper oder ins Theater. Auch als das Telefon schon längst seinen Siegeszug angetreten hatte, verweigerte sich Klimt dem neuen Kommunikationsmittel und blieb den schriftlichen Mitteilungen treu. Als man ihm schließlich doch einen Apparat installierte, stand er umgehend auf Kriegsfuß damit und schrieb Emilie: „…heut krieg ich doch mein Telefon – wer weiß wie ich mich giften werde damit." Und kurz darauf: „Mit dem blöden Telefon geht's einfach nicht – rufe schon 3 mal auf – ‚besetzt' ist stets die stupide Antwort."

Immer trafen sie Bekannte in der Oper, Wien war ja ein Dorf, und Oper und Theater repräsentierten die Kirchen im Dorf, wo man Musik und Schauspiel und sich selbst als Teil des gebildeten Standes zelebrierte und große Mengen Weihrauch entzündete. Und wenn dann die Herren Geheimräte, die Medizinalprofessoren und Hofbibliothekare ihr Wissen ausbreiteten und sich ereiferten (vor allem bei Wagners Musik exponierten sich die Herren gewaltig), die Gattinnen alle in Schönheit und Stummheit erstarrt, dann packte Gustav Emilie unter dem Arm, entschuldigte sich knapp und eilte mit ihr in die Loge zurück, die er abschloss, um den Rest der Pause in Ruhe zu verbringen. „Nicht plappern zu müssen, welche Wohltat", sagte er. Emilie wäre lieber auf den Gängen gewandelt. Hunderte von Kerzen auf vielarmigen Lüstern erhellten die goldenen und weißen Stuckaturen an der Decke und an den Wänden, verfingen sich im roten Samt der Sitzbänke; die neobarocke Pracht des Wiener Opernhauses war in ihren Augen schon eine eigene Inszenierung. Außerdem konnte sie beim Wandeln die Garderoben der Damen in Augenschein nehmen, ihrem kritischen Blick entging nichts: Was teuer und geschmacklos war, was billig und geschmacklos war, welche Robe eine unglückliche Figur machte, welche die Vorzüge der Trägerin unterstrich, wie zaghaft nur sich eine freiere Mode gegen den konservativen Trend durchsetzte. Manchmal entdeckte sie auch Kleider, die sie selbst entworfen hatte, die in ihrem Atelier geschneidert worden waren. Dann lächelte sie den Trägerinnen der Roben ermunternd zu: Habe ich Ihnen nicht gesagt, dass Ihnen das Kleid vorzüglich steht? Meistens kam das Lächeln zurück.

Emilie strich sich eine Strähne aus dem Gesicht, straffte sich und ging auf Alma zu, die steif auf dem Mackintosh-Stuhl im Empfangsraum wartete.

„Gnädige Frau, was kann ich für Sie tun?" Alma wollte sich eine neue Abendrobe schneidern lassen. Sie hatte ganz klare Vorstellungen: ein Kleid mit fließender Silhouette, keine enggezurrte Korsage, aber auch keinen „Mehlsack", wie Alma sagte. „Sie bringen es doch fertig, dass noch ein Zelt elegant aussieht." Emilie dankte für das Kompliment, erkannte aber auch gleich die Falle. Natürlich wollte sich Alma fortschrittlich und reformerisch geben, den neuen Gedanken von der Befreiung der Frau huldvoll zugetan, aber sie liebte Eleganz, teure Stoffe, aufwendige Applikationen, alles, was ihrer Sinnlichkeit und ihrem Bedürfnis zu verführen entgegenkam. Immer diese halben Sachen, dachte Emilie, aber eine Kundin wie Alma durfte sie nicht vergrätzen. Natürlich entwarf sie ständig „Kompromisskleider" für die „halbfreien Frauen" der neuen Wiener Gesellschaft. Ohne diese hätte der Salon nicht existieren können.

Emilie ließ ihr Mannequin kommen und verschiedene Musterkleider vorführen, die sie unmittelbar nach ihrem Paris-Besuch entworfen hatte.

„Könnte das Kleid statt in grünem Samt auch in Seide geschneidert werden. Vielleicht in dunkelroter?"

„Seide fällt natürlich anders, gnädige Frau, man müsste vielleicht ein stärkeres Futter wählen."

„Und das Dekolleté an diesem Modell, trägt man das jetzt so in Paris? Ich dachte, Empire sei démodé."

„Empire ist immer sehr weiblich und wird nie ganz aus der Mode kommen. Solange eben ein schöner Busen nicht aus der Mode kommt."

„Und Sie meinen nicht, dass dieses Modell zu..." Alma suchte ein passendes Wort, Emilie erriet es sofort: „...zu ‚schlicht' ist?"

„Nun ja..."

„Man könnte noch einen langen Abendmantel dazu tragen – aus grünem Samt – vielleicht mit einigen Straußenfedern."

„Straußenfedern wären tatsächlich eine Idee."

Frau Mahler fühlt sich verpflichtet, kapriziös zu sein. Das ist sie sich schuldig, dachte Emilie. Ihr Mannequin wusste, in welcher Reihenfolge sie die Kleider vorführen sollte. Das letzte Kleid würde Alma den Atem rauben. Ein Abendkleid aus schwarzem Taft mit reichen Volants am Rock, schmalem, aber nicht korsettiertem Oberteil aus schwarzem Samt, am Ausschnitt eingefasst mit einer Fülle glitzernder Silberpailletten, die wie Diamanten funkelten. Eine königliche Robe.

Alma erhob sich augenblicklich. „Das da will ich anprobieren!"

„Gnädige Frau, es ist ein Modell. Lassen Sie mich Ihre Maße nehmen, damit ich es auf Ihre Figur schneidere."

„Ich will es jetzt sofort anprobieren."

Emilie seufzte. Das Kleid würde Alma nicht passen. Sie war nicht so schlank wie das Vorführmädchen. Alma würde sofort den Gedanken aufgeben, es zu bestellen, wenn sie sich wie in einer Wursthaut fühlte.

„Ich werde noch heute Abend zuschneiden und so lange daran arbeiten, dass Sie es morgen anprobieren könnten. Und bis zur Premiere vom ‚Tristan' wird es fertig, das sage ich Ihnen zu."

Alma war gewonnen. Emilie hatte ihr Vorhaben erraten, in

dem Kleid bei der Wagner-Premiere in der nächsten Woche groß aufzutreten. Frau Operndirektorsgattin, hochwohlgeboren, gekleidet nach dem letzten Pariser Schrei. Charmant.

Nach dem Preis der Robe fragte Alma Mahler nicht.

Emilie fand die Silberpailletten ein bisschen vulgär, aber sie wusste, was Damen wie Alma Mahler wünschten.

Sie verabschiedete die hoheitsvolle Kundin und ging in die Werkstatt. Jetzt hieß es, eine Puppe mit Frau Mahlers Maßen zu modellieren, an der sie das Kleid nach Belieben anprobieren konnte. Denn ihre Kundinnen liebten es nicht, drei- oder viermal zu einer Anprobe kommen zu müssen. Alles sollte mühelos aus dem Atelier Flöge in die Salons ihrer Palais segeln. Und sie in Göttinnen verwandeln, die über der Erde schwebten.

Gustav kannte Emilies Dilemma mit ihren Kundinnen. Am liebsten hätte sie alle Frauen nach ihren eigenen Vorstellungen gekleidet, hätte ihnen jene Kleider auf den Leib geschneidert, die sie selbst trug oder gerne getragen hätte. Aber die Wienerinnen waren noch nicht so weit. Sie wollten sich dem öffnen, was man plötzlich „modern" nannte, aber sie hatten ein tief verwurzeltes Misstrauen gegenüber allen Moden, die sie vermeintlich als Frauen in Frage stellten. „Befreiung der Frau" hörte sich in ihren Ohren schlüpfrig oder suffragettenhaft an. Eine richtige Dame wollte sich eben nicht „exponieren".

Vor einigen Tagen hatte Klimt seiner Freundin eine Karte aus Paris geschrieben: „…hier kann man alles wagen an Tracht und fällt nicht auf. Hier gieng's Dir gut…"

Die unstillbare Sehnsucht

Der Salon Flöge florierte – aber es florierte nicht unbedingt das Reformkleid.

„Kolo, du entwirfst doch auch Kleider, du hast Freude daran, Mode zu erfinden, erklär mir, warum manche Entwürfe einen sensationellen Zuspruch finden – und andere gar nicht."

Sie saßen im Hietzinger Heurigen um einen großen Tisch, Klimt war da, Hoffmann natürlich, Ditha, Mosers Frau, Alfred Roller und andere aus dem Kreis der Wiener Werkstätte. Es ging hoch her, Gelächter schwoll an einer Ecke des Tisches an, verebbte, erhob sich an einem anderen Ende.

Kolo schien nicht dazu aufgelegt, mit Emilie über Mode zu philosophieren, er war der Praktiker, der mit leichter Hand und quirligem Kopf Möbel, Kunstgegenstände, Kleider und Schmuck entwarf, sich aber nicht so gern theoretisch verbreitete. Da gab es schließlich andere in der Gruppe, die das leidenschaftlich taten.

Aber Emilie gab man keinen Korb. Auch wenn es komisch war, gegen die Geräuschkulisse anzuschreien. An den Nachbartischen wurde geschunkelt und gesungen. „Es wird a Wein sein, und mir wer'n nimmer sein, d'rum g'niaß ma 's Leb'n so lang's uns g'freut. / 'S wird schöne Maderln geb'n, und wir werd'n nimmer leb'n, d'rum greif ma zua, g'rad is' no Zeit."

Emilie wandte sich leicht genervt ab, als sie sah, wie die weinseligen Herren ihre Mädchen um die Taille griffen. Und Gustav hatte diesen glasigen Blick, der verriet, dass er schon zu viele Viertel getrunken hatte und am liebsten an die Nachbartische gegangen wäre, um auch zuzugreifen bei den reschen Maderln.

„Ich glaube, Mode ist vor allem Spiel, ist Inszenierung, Theater. Deshalb lieben Frauen Mode. Sie wollen experimentieren mit Formen, Farben, Stoffen, Schnitten. Natürlich betrachten sie auch immer ihre Kleidung als Ausweis ihres sozialen Standes, hier in Wien ganz besonders; sie beugen sich den Spielregeln ihrer Schicht. Aber ich glaube, in jeder Frau steckt die unstillbare Sehnsucht,

Neues auszuprobieren, ein Bild von sich zu entwerfen, das nicht den allgemeinen Erwartungen entspricht, sondern…"

„Aber genau das tun doch unsere Kleider", unterbrach ihn Emilie, „Sie kreieren nicht nur einen neuen Stil, sondern bieten Frauen ein neues Selbst, eine neue Freiheit. Und dann kommen die Damen in unseren Salon und hätten doch gern wieder die große Büste und die eng geschnürte Taille und ‚nur kleine Abwandlungen'."

„Die Abwandlungen, die Anwandlungen, die Verwandlungen: Der Wandel macht doch die Mode aus", extemporierte Moser und lachte. Seine schwarzen krausen Locken standen feucht vom Kopf, er sah aus, als wolle er im nächsten Augenblick wie ein Zigeunerprimas zur Geige greifen und sich aufmanderln.

„Frag doch Ditha, wie sie es mit meinen Kleiderentwürfen hält. Mal verzieht sie unwillig ihr krauses Näschen, mal leuchten ihre Augen auf, weiß der Teufel, was in ihrem hübschen Kopf vorgeht. Wahrscheinlich geht auch im Kopf gar nichts vor, sondern in irgendeinem merkwürdigen Organ, wo bei einer Frau die Affekte sitzen."

„Aber…", setzte Emilie neu an. „Ich weiß, ich weiß", fuhr Kolo dazwischen, der sich ins Thema hineingeredet hatte, was zeigte, dass er trotz gegenteiliger Behauptung durchaus über Mode nachgedacht hatte. „Deine Kundinnen wollen ja im Verbund der Wiener Damen bleiben, geborgen in der Herde der Gleichen, und gleichzeitig will jede eine Andere sein, eine Besondere, eine unverwechselbar Einzige – und diese Illusion werfen sie mit einem Seidenrock oder einer Spitzenbluse über. Die Mode liefert die Illusion – aber es bleibt schöner Schein: In einem neuen Kleid bleibt Frau Schreckhuber immer noch Frau Schreckhuber. Aber sie fühlt sich besser, vielleicht als Frau Hofrätin Schreckhuber.

Reg dich nicht auf, Emilie, sieh es doch so: Was du machst, ist Mode als Kunst. Du bist eine Bildhauerin, eine Skulpteurin, eine Göttin, die die Frauen nach ihrem Bilde formt. Jedes Stück, das euren Salon verlässt, ist ein objet d'art, ein Unikat, ein Artefaktum."

„Danke für das Kompliment, aber…"

„Ich weiß, ich weiß, was du sagen willst. Jedes Stück Kleidung muss auch ein objet à porter sein – und da gehört bei deinen Kleidern offensichtlich mehr Mut dazu, als sich einen Klimt an die Wand zu hängen – oder eine Moser-Brosche ans Dekolleté."

Alfred Roller drehte den Kopf herüber: „Ihr beiden scheint ja eine interessante Diskussion zu führen. Um wessen Dekolleté geht es denn?"

Kolo und Emilie beachteten Roller nicht.

„Frauen haben Mut – viel mehr als Männer, aber das ist nichts Neues. Sie haben Mut, aber sie sind nicht radikal. Vielleicht bist du eine Ausnahme, Emilie, du bist eine Radikale. Deine Reformkleider sind eine Kampfansage an die Männer, weil sie deren Bilder von Weiblichkeit unterminieren. Und deshalb scheuen die Frauen zurück. Was soll denn so ein armes Weibsbild machen, wenn es dem Gatten nicht mehr gefällt?"

„Aber Kolo!"

„Aber Emilie! Du schaffst doch beides: Du erfüllst die unstillbare Sehnsucht der Frauen, in einem Kleid von dir eine Einzigartige, Unvergleichliche zu sein und beschwichtigst ihre Furcht, zu weit zu gehen, in die Kälte der Vereinzelung zu fallen. Dieser Luxus steckt in allen deinen Roben. Und nun lass es gut sein, Klimt schaut schon ganz bös' zu mir herüber, der Roller ist eifersüchtig, Ditha ist sauer, weil der Wärndorfer sie schon wieder um Geld für die Werkstätte anbettelt, und der Moll versucht seit einer Stunde zu zahlen, weil er weiß, dass sein Weib einen Knatsch anfängt, wenn er so spät nach Hause kommt."

„Du bist mir ein g'scheiter Freund", lachte Emilie. „Redest immer so, dass man dir glauben möcht'."

„Was heißt denn das schon wieder, Fräulein Flöge! Ich red' immer so, wie's wahr ist."

Am Attersee

Mittagsmüdigkeit breitete sich aus, auch wenn es schon 3 Uhr am Nachmittag war, die schöne Trägheit eines heißen Sommertags im August, an dem man zu viel gegessen und zu viel Wein getrunken hatte.

Die Familien Flöge und Klimt saßen auf der Terrasse der Villa Paulick in Seewalchen am Attersee. „Bastion der Seligen", seufzte Hermann Flöge, der Ehemann Therese Paulicks, und spielte darauf an, dass die mit Spitzturm und Erker verzierte Villa eigentlich eine verunglückte Ritterburg war, mit einer Terrasse als Bastion. „Arkadien" murmelte Helene Klimt, geborene Flöge. „Wie steht es mit einer Ruderfahrt hinüber nach Litzlberg?", fragte Gustav in die Runde. Die Worte vertröpfelten. Helene und Pauline blickten auf den See, abgespannt, als wären sie den ganzen Morgen darin geschwommen. Sie waren keine Schwimmerinnen, aber es war anstrengend, Ferien zu machen und sich auf Kommando zu entspannen. Therese, die Hausherrin, gab dem Dienstmädchen ein Zeichen, den Kaffee zu servieren. Es gab den ersten Zwetschkenkuchen der Saison, große Schalen mit Schlagobers wurden aufgetragen, Wespen stürzten wie Schwärme von Harpyien vom Himmel herab. „Der Schweinekrieg mit Serbien gefällt mir gar nicht", sagte Hermann Flöge. „Am Ende wird der Boykott von Schweinfleisch und Geflügel nur uns selbst schaden. Die Serben finden schon andere Absatzmärkte." Innerlich stöhnten alle: Wen interessierten schon Hermanns Analysen der Weltlage? Pauline zupfte an der Taille ihres weißen Sommerkleides. Gustav hatte auf seinen Malkittel verzichtet und tatsächlich einen weißen Leinenanzug angelegt. Der Panamahut lag auf einem freien Sessel mit Rohrgeflecht. Er hielt die Augen geschlossen. Entweder es entsteht ein neues Bild hinter seinen Lidern, oder er träumt von einer knusprig gebratenen Stelze, dachte Emilie. Die Schnitzel waren heute Mittag etwas trocken gewesen, die Panade zu dick. „Sollen wir vielleicht einen Ausflug machen? Auf dem Gahberg ein ordentliches Bier trinken?", fragte Paul. Emilie erhob erstaunt die Brauen. Paul und Bier trinken, wie ging denn das zusammen? Paul Bacher war mit Thereses Schwester Emma Paulick verheiratet. Er war ein Schöngeist – und ein erfolgreicher Geschäftsmann. Er besaß in Wien ein Antiquariat (als gäbe es davon nicht genug in Wien!), arbeitete als Juwelier, hatte vor zwei Jahren die Wiener Kunstgalerie Miethke gekauft und Carl Moll als Geschäftsführer eingesetzt, in der berechtigten Hoffnung, dass dieser in erster Linie Jugendstilkünstler aus dem Kreis um Gustav Klimt vertreten würde. Er schätzte Gustav als Maler – und als Fechtbruder.

„Also, was machen wir jetzt? Wandern wir nach Litzlberg oder doch auf den Gahberg oder dämmern wir vor uns hin?", fragte Emilie und beugte sich vor. Sie hatte ein mittelgroßes Stück Kuchen auf ihren Teller geladen, aber kein Schlagobers. Sie wusste immer genau, was sie essen konnte und was nicht, um ihre schlanke Figur zu erhalten. Schließlich war sie ja ihr eigenes Modell, nicht einmal die kleinste Fettablagerung hätte sie sich verziehen.

„Aber du könntest dir eine Taille von 80 Zentimetern anfuttern – unter deinen Reformkleidern würde das niemand wahrnehmen", hatte Helene einmal gesagt, als sie sich ärgerte, dass Emilie auf Schokoladencreme verzichtete. Helene mochte Schokolade, Helene mochte Schlagobers.

„Emilie ist immer so rastlos", stöhnte Therese. Sie sehnte sich nach einem Mittagsschlaf, traute sich aber nicht, einfach vom Tisch aufzustehen und im Haus zu verschwinden. Gustav hingegen war wie elektrisiert. „Was heißt hier wandern? Paul, wie steht es mit dem Motorboot?" Als Paul nickte, rief Klimt: „Auf zum Yachten", und griff schon nach seinem Strohhut. „Komplette Bagage, a Fetzengaude wird des!"

Paul Bacher besaß ein Motorboot, und Klimt war narrisch auf das Boot, wollte unbedingt lernen, es zu navigieren, lernte es sehr rasch, und Paul ließ ihn großzügig ans Steuer. Da drehte Klimt dann auf, preschte mit einer wahnsinnigen Geschwindigkeit (zumindest erschien es Emilie so) über den See, dass die Gischt über den Bootsrand spritzte und sie manchmal nass bis auf die Haut am Ufer ankamen.

„Das Kind im Manne", sagte Paul. „Gilt auch umgekehrt, das Wort", sagte Emilie.

Alle amüsierten sich, dass Pauls Yacht keinen Namen hatte. Das einfachste wäre doch gewesen, sie nach seine Frau „Emma" zu nennen. Da gab es doch wahrlich gespreiztere Namen, die man auf dem Bug von Booten fand. Und Paul verehrte seine Frau. Er konnte aber ausführlich begründen, warum es einfallslos sei, weibliche Vornamen für Schiffe zu nehmen. Es sei denn, man wählte „Aphrodite" oder „Pallas Athene".

Alle wussten natürlich, dass er damit Klimt ansprach, der Pallas Athene zur Schutzgöttin der Secession erkoren und so provozierend gemalt hatte.

Im Yachthafen nannte man Pauls Motorboot bald das Schiff „Namenlos". Das sei auch ein schöner Name, fand Klimt, irgendwie philosophisch.

Barbara Flöge zog sich ins Haus zurück. Die übrige Gesellschaft bewegte sich gemächlich zum Bootshaus am Ufer, wo die „Namenlos" angelegt hatte.

Bald donnerte das Boot über den Attersee. Gustav stand am Steuer, Paul hinter ihm. Im Heck auf den Bänken saßen die Paulick-Schwestern Therese und Emma und die Flöge-Geschwister Hermann, Pauline, Helene und Emilie. Sie hielten sich und ihre Sommerhüte fest. Hermann versuchte, Konversation zu machen, stellte aber bald seine Bemühungen ein, der Lärm des Motors übertönte seine Stimme. Die Worte „Serbien" und „Importsperre" verwehten. Bald waren die kleine Insel im See und Litzlberg zu sehen. Der Berg lag im Schönwetterdunst, nah und magisch entrückt. Klimt stieß mit dem Signalhorn eine Begrüßung aus, jagte an Attersee und Nußdorf vorbei bis Unterach am Südzipfel des Sees, drehte dann eine spitze Kurve, sodass die Wellen mächtig hochschwappten, fuhr wieder nach Norden und steuerte dann die Anlegestelle in Weyregg an. Paul, Hermann und Gustav halfen den Damen in ihren langen Kleidern aus dem Boot. In zwei Stunden wanderte die Gruppe gemütlich über den Brandsteig zum Gahberg, wo im Gasthof das kühle Bier wartete. Die Damen tranken Limonade. Alle genossen die Aussicht. Als Hermann noch einmal das Wort „Schweinekrieg" in den Mund nahm, drückte ihm Gustav einen Bierkrug in die Hand und grantelte: „Halt di Pappn!"

Emilie liebte die zwei Monate im Jahr, Juli und August, die sie am Attersee verbrachten. Der Attersee galt in den ersten Jahren des neuen Jahrhunderts als ein wahres Paradies der Ruhe und Schönheit, nach dem sich geplagte Wiener sehnten. Emilie war eine geplagte Wienerin, erschöpft von der harten Arbeit in ihrem Salon. An manchen Tagen arbeitete sie 12 Stunden lang, neben Helene oblag vor allem ihr die Beratung der Kundinnen, die immer anspruchsvoll und oft kapriziös waren. Für das viele Geld, das man bei Flöges ausgab, wollte man mehr als ein Kostüm oder ein Abendkleid, man wünschte sich eine ausführliche Stilberatung. Welche Farben, welche Schuhe, welcher Schmuck waren auffallend genug, ohne indezent zu sein? Manchmal war auch eine Art Lebensberatung gefragt, und eine gehörige Portion Klatsch gehörte auch zu einem Kauf. Emilies vegetatives Nervensystem reagierte auf die Belastungen, Schlaflosigkeit und Kopfschmerzen nahmen zu. Der Attersee aber war ein locus amoenus, ein Ort, dessen Lieblichkeit jedes Jahr Körper und Seele aufheiterte. Sie war die einzige der Frauen, die schwimmen konnte und das auch ausgiebig tat. Da es noch keine Konfektion für Badeanzüge gab, hatte sie sich selbst ein Schwimmkleid genäht. Sie war die einzige, die sich von Gustav ein Fahrrad ausborgte und morgens, wenn alle anderen schliefen, am See entlang radelte, sie war die einzige, die mit Gustav wandern ging und auf höhere Berge stieg, während die Schwestern Flöge in ihren langen, schönen Sommergarderoben lieber auf den Uferwegen gemächlich promenierten. Ihr Drang nach Bewegung war ein Drang nach Freiheit in einer Zeit, in der Sport als undamenhaft angesehen wurde. Einmal hatte sie sich vor dem Urlaub zwei dunkle Hosen genäht, sehr weit ausgestellte, die fast wie Röcke aussahen, aber eben doch Hosen waren. Klimt hatte sie erstaunt angesehen und geschwiegen. Ihre Mutter Barbara aber hatte beim Frühstück gesagt: „Kinderl, diese Dinger da lässt du aber jetzt zu Hause. Schließlich sind wir keine Suffragetten." Dabei fand Emilie ihre Reformkleider viel revolutionärer als die Hosenröcke.

Gustav Klimt mit Freunden bei einem Ausflug auf den Gahberg bei Weyregg am Attersee, 1908

Ihr Traum war es, eines Tages Ski zu fahren. Auch dazu war die Zeit noch nicht reif. Und wenn sie reif ist, werde ich zu alt sein, dachte Emilie.

Auch Gustav war ein geplagter Wiener. Er brauchte Stille zum Arbeiten, die er in Wien oft nicht fand. Entweder gab es Skandale um seine Bilder oder um Ausstellungen der Secession; es gab Auseinandersetzungen mit Künstlerkollegen, Mahnungen von Auftraggebern, es gab einfach „Rummel" – und wenn es das alles nicht gab, war das Wetter in Wien eine Katastrophe. Im Juli oder Anfang August, wenn er oft noch in Wien weilte, schrieb er vor Sehnsucht überquellende Karten an den Attersee:

„Es ist entsetzlich, scheußlich hier in Wien, alles verdorrt, heiß, greulich […], ich sehne mich hinaus wie noch nie…"

Für Klimt hatte Wasser mythische Qualitäten. Wasser bedeutete für ihn das Urelement des Weiblichen. Hatte er nicht Emilie in seinem Porträt als einer aus Wasser Geborenen gehuldigt? Ihr grünblauer Nixenleib, dekoriert mit schlingpflanzenähnlichen Ornamenten, war in seiner Fantasie der einer Aphrodite, die es nicht an die Küste von Kythera, sondern an den Attersee gespült hatte.

Am See entdeckte Klimt die Pleinair-Malerei der Impressionisten, saß mit der Staffelei stundenlang am Ufer, beobachtete die Sonnenreflexe auf dem Wasserspiegel und malte. Sommerfrische bedeutete für Klimt nicht Müßiggang, nicht „lenzen", sondern Fortsetzung der Arbeit in ähnlichem Rhythmus mit anderen Mitteln. Ein Viertel seiner Werke entstand am Attersee, vor allem die Naturbilder. Der See, die blühenden Wiesen, die Apfelbäume, Schloss und Schlosspark in Kammer, Gewitterlandschaft mit dunkler Pappel, Ortsbilder von Unterach: Alles war eine Hommage an die geliebte Region des Salzkammerguts.

„Die Wasserrose wächst am See"

Emilie sah ihn vor sich, sitzend auf einem wackeligen Dreibeiner, die Staffelei im hohen Gras, die Palette in der Hand. Bevor er anfing zu zeichnen und zu malen, hatte er aus Karton ein kleines Viereck ausgeschnitten und hindurchgeschaut wie durch ein Teleskop. Manchmal nahm er auch ein richtiges Fernglas mit, wenn er „auf die Pirsch" ging, wie er die Suche nach einem Motiv nannte.

Den gefundenen Bildausschnitt setzte er konsequent um. Das führte zu erstaunlichen Ergebnissen: oft eine starke Draufsicht auf das Motiv, eine „Enträumlichung" und Flächigkeit der Bilder. Manchmal entfernte Klimt auch Häuser oder Gegenstände, die sein Motiv störten. „Vegetabilisierung durch Retusche" sollte man das später nennen.

Alle Atterseebilder sind quadratisch, oft ist das Motiv „abgeschnitten", so beim Bild „Eine Insel im Attersee", wo die Leinwand ausgefüllt ist mit grünen und goldenen Sonnenreflexen auf dem Wasser und die Insel vor Litzlberg nur als Stumpf aus dem Wasser ragt, sodass sie unbebaut aussieht, was sie nicht war. Ludwig Hevesi hatte über dieses Bild gesagt, es sei „ein Rahmen voll Seewasser vom Attersee, nichts als kurze graue und grüne Wellen, die durcheinander gleiten."

Überdeutlich ist der Aus-Schnitt der Motive bei Klimts Birken-, Buchen- und Tannenwäldern, wo die Bäume nur mit den unteren Schäften auf belaubtem Waldgrund stehen, ohne Baumkrone, ohne Himmel, ohne Wolken. Dafür reflektieren die Sonnenstrahlen das Laub und erzeugen einen anmutig-bunten Fleckenteppich. „Das sind Ballettbilder", hatte Emilie gesagt, „die Bäume sind wie Tänzer, die sich in einem bestimmten Rhythmus formiert haben. Gleich werden sie einen Paso Doble hinlegen." Klimt hatte erfreut genickt, er liebte es, wenn Emilie etwas zu seinen Bildern sagte. Immer war es etwas anderes als diese wohlfeilen stereotypen Attribute: „schööön, großartig, wunderbar!", die er nicht leiden konnte. Und wenn sie seine Malerei kommentierte, brauchte er nichts mehr zu den Bildern sagen.

Und welche Farben ihm der Attersee geschenkt hatte! Die Häuser von Unterach, das Forsthaus bei Weißenbach, der Litzlbergkeller, das Schloss Kammer, vor allem die Gärten mit Sonnenblumen, die Obstbäume voller Früchte, der blühende Mohn, die Gartenwege und Alleen – ein einziger, berauschender Lobgesang auf Gaia, die Mutter Erde, die all diese Pracht hervorgebracht hatte.

Klimt muss am Attersee ein glücklicher Mensch gewesen sein.

Aber auch das Gegenteil ist richtig. Klimt muss ein Mensch gewesen sein, der auch am Attersee nicht frei von Depressionen war. Neben den übervollen Apfelbäumen und strotzenden Bauerngärten entstanden ja auch der „Stille Weiher im Schlosspark von Kammer" eine in Sepia getauchte Natur- und Seelenlandschaft. Es entstanden die zwei „Pappel"-Bilder. Aber so wie Klimt dieses idyllische Motiv 1903 gemalt hatte, wie er die Pappel in eine bedrohliche Flamme vor einem grüngelben, gewittrigen Himmel transformiert – ist das so magisch düster, dass man sich an Bilder Johann Heinrich Füsslis erinnert fühlen konnte.

Emilie war erstaunt gewesen: „Wie du dieses liebliche Fleckchen an der Kapelle in ein Bild von Angst und Schrecken verwandelst! Es ist so, als setzte sich ein Alp auf die Brust. Wie die Ankündigung eines Infernos." Klimt hatte schief gelächelt: „Emilie, das ist meine Seele. Du weißt doch, dass ich einer der unglücklichsten Menschen auf der Welt bin."

Im Juli 1917 widmete er ihr ein Gedicht, das ein heiteres „Atter-Seestück" sein sollte und doch alles andeutete, was sie fühlte, wenn sie Gustav so als „Zerrissenen" erlebte.

„Die Wasserrose wächst am See. Sie steht in Blüthe.

Um einen schönen Mann ist weh! Ihr im Gemüte."

Modenschau im Wiesengrund

„Mein Gott, was schleppst du denn alles mit nach Kammerl?", fragte Pauline ihre Schwester Emilie, als diese einen Koffer nach dem anderen aus der Wohnung holte und für den Abtransport an den Attersee bereitstellte. „Wir ziehen doch nicht um, sondern gehen nur in die Sommerfrische!" Pauline liebte es, ihre Schwester zu tadeln. Sie war die Älteste, sie war weniger mit den Gaben der Schönheit oder des Charmes gesegnet als Helene und Emilie. Außerdem litt sie an allerlei Beschwerden, die sie gerne Gebrechen nannte, was sich angesichts ihres Alters – sie war gerade 40 Jahre alt geworden – merkwürdig anhörte. Sie laborierte vor allem an Migräne, die ihr Bruder Hermann hinter vorgehaltener Hand einmal die typische Krankheit sitzengebliebener Mädchen genannt hatte, was ihm einen strengen Verweis Emilies eingetragen hatte.

Pauline aber wusste „trotz aller Reduktionen" am besten von allen drei Schwestern, was sich gehörte. Emilie reizte da manchmal Grenzen aus, sie konnte froh sein, Pauline zu haben, die ihr den rechten Weg wies. Den beschritt Emilie durchaus nicht immer, sie war eigenwillig, aber Pauline hatte dann ihre Pflicht getan.

Und was sollte jetzt diese Batterie von Koffern? Natürlich war es immer ein kleiner Umzug, wenn sie zu fünft an den Attersee reisten: Mutter Barbara, Helene und deren Tochter Lentschi, Emilie und sie selbst, Pauline. Und ein Dienstmädchen gehörte auch noch zur Reisetruppe. Für acht Wochen brauchte man Kleider und Hüte und Röcke und Jacken für die kälteren Tage, viel Schuhwerk und Hüte als Sonnenschutz. Aber Emilie schoss jetzt den Vogel ab.

„Wart's nur ab", rief Emilie von der Treppe herab. Ihr Dutt am Hinterkopf hatte sich gelöst bei der Anstrengung, die schweren Koffer aus dem ersten Stockwerk herunterzutragen. Die dunklen Haare fielen in unordentlichen Strähnen in den Nacken. Pauline missfielen alle Formen von Auflösung. Sie war Geschäftsführerin des Salons Schwestern Flöge – und als solche hielt man auf Contenance. Immer. Auch im Urlaub ließ man sich nicht gehen. Und noch war man in Wien und stand unter Beobachtung vieler Kundinnen.

„Es scheint mir, du hast eine Theaterausrüstung mitgenommen und willst in Litzlberg ein Stück aufführen: ‚Drei narrische Schwestern‘."

„Eine narrische Schwester. Aber sonst stimmt alles. Pauline, du hast immer den richtigen Riecher."

„Das hier ist doch nicht dein Ernst. Und wie sollen wir das alles nach Litzlberg schaffen?"

„Ganz einfach. Gustav hilft uns, das Gepäck am Westbahnhof im Waggon zu verstauen, in Vöcklabruck holt der Josef vom Brauhaus die Koffer ab, wir fahren mit dem Kammerl Hans-Bummelzug bis nach Kammer, und dann laufen wir zu Fuß – und der Josef holt die Mama am Bahnhof ab. Ganz einfach."

Pauline stöhnte innerlich. Das tat sie oft. Dann zuckte sie mit den Schultern und ließ ihre verrückte Schwester gewähren. Es blieb ihr ja nichts anderes übrig. Aber der Urlaub heuer begann schon recht gleng.

Natürlich war es verrückt, Koffer mit zwanzig voluminösen Kleidern an den Attersee zu verfrachten. Aber Gustav hatte Emilie gesagt, dass er in den Wochen am See Modefotos machen wollte.

Gustav war ja kein Fotograf, man hätte seinen Freund Moritz Nähr fragen oder sich an das fabelhafte Studio der Madame d'Ora wenden können. Dora Kallmus hatte bereits sehr schöne Bilder von Emilies Kreationen gemacht.

Aber Klimt hatte einen „Blick", er hatte ein großes Interesse an dem neuen Medium, er wusste mit Licht umzugehen, er war bereit, viel Zeit darauf zu verwenden, sein Modell so zu arrangieren, dass nicht etwas Flächiges, sondern eine andere Dimension entstand, das Aussehen einer Person zur Geltung kam, aber auch ihre Geschichte, ihre Persönlichkeit, ihre Einzigartigkeit. Und beim Fotografieren war es nicht anders als beim Malen. Er machte keine Zugeständnisse. „Emilie", sagte er in Wien, „deine Kleider können wir nur am Attersee fotografieren, nicht in Wien. Zum einen braucht's Natur, sonst sind deine Kleider fehl am Platze, aber die

Emilie Flöge in einem
„Konzert-Kleid"
(Hängekleid IX), fotografiert
von Gustav Klimt am
Attersee, 1906

Emilie Flöge in einem
„Sommer-Kleid"
(Hängekleid III), fotogra-
fiert von Gustav Klimt am
Attersee, 1906

Emilie Flöge in einem
„Sommer-Kleid"
(Hängekleid I), fotografiert
von Gustav Klimt am
Attersee, 1906. Emilie
Flöge trägt das ihr 1903 von
Gustav Klimt geschenkte
Kollier von Kolo Moser.

Emilie Flöge in einem
„Haus-Kleid" (Hängekleid
VII), fotografiert von Gustav
Klimt am Attersee, 1906

Emilie Flöge in einem
Reformkleid im Garten der
Villa Oleander in Kammer
(Gemeinde Schörfling) am
Attersee, 1910

Emilie Flöge in einem
„künstlerischen" Reform-
kleid mit Ball-Entrée,
einen reich geschmückten
Tüllhut tragend, 1909. Foto:
Madame d'Ora

Gärten von Schönbrunn gehen nicht, die sind in ihrer französischen Geometrie etwas für die förmlichen Roben des Adels, aber nicht für deine Kleider. Die brauchen eine Wiese am See."

Emilie sagte: „Aber Gustav, die Wienerinnen sollen ja meine Kleider kaufen, um sie beim Besuch des Josefstädter Theaters zu tragen, in einem feinen Hotel am Neusiedler See oder in Grinzing zum Heurigen. Es sind keine Wiesenkleider."

Doch Gustav ließ sich nicht beirren. „Und lass' um Gottes willen dein Vorführfräulein zu Hause. Du kannst am besten deine eigenen Kreationen tragen."

Es sollte eine erste große Dokumentation der „künstlerischen Reformkleider" werden, die ja recht eigentlich Emilie Flöges Erfindung waren.

Reformkleider! Schon dem Namen haftete der Geruch des Säuerlichen und Asketischen an wie Mottenpulver. Dabei hatten diese Gewänder nichts Herbes und Karges an sich. Emilie konnte ein theoretisches Konzept in zauberhafte Kreationen umsetzen, ungemein sinnlich, überaus weiblich, mit großzügigen Rüschen, Volants, Halskrausen, Schleppen, voluminösen Tellerärmeln, eleganten Stoffen, mit Ketten und Anhängern. Was Emilie wollte – und was ihr auf eine singuläre Weise gelang –, war, das Schlichte, Natürliche zum Ideal zu erheben und gleichzeitig mit Schönheit zu bespielen. Sie kreierte duftige, lose die Figur umschmeichelnde Kleider, die eine Frau gerne in sich wohnen ließen und ihr das Gefühl gaben, nicht eingegrenzt zu sein: durch kein Fischbein, durch keine Kleingeisterei, aber auch nicht durch die reine Lehre der Lebensreformer.

Manche Kundinnen bemängelten, dass die Reformkleider mit engem Kragen hochgeschlossen waren und vollständig auf ein Dekolleté verzichteten. Dem Anschein nach war der ausgestellte Busen als sekundäres Geschlechtsmerkmal in Misskredit geraten. Waren die Reformerinnen vielleicht prüde?

„Ach, Unsinn", pflegte Emilie auf solche Unterstellungen zu antworten. „Die Brust musste ja heftig gestützt und geschnürt werden, um die überragende Rolle in der traditionellen Wiener Mode einnehmen zu können. Wir huldigen mehr dem Gedanken:

Ein freies Herz in einer freien Brust." Das textile Kropfband, das Emilies Kleider am Hals abschließt – Kleidermacher nennen es Manschettenkragen oder „collier de chien", also „Hundehals-band" –, hat eine ästhetische Funktion. Es verlängert den Hals, streckt ihn. Der Kopf wächst dann aus dem Leib wie eine Lilie auf dem Blütenstängel.

Klimts Foto-Serie wurde eine Augenweide (und ist es heute noch): die schöne Emilie in hinreißenden Kleidern und eleganten Posen vor dem Hintergrund des üppigen Bauerngartens des Mayr-Hofs in Litzlberg mit der Seehofkapelle. Die meisten Bilder zeigen Emilie in Seitenansichten und nicht en face. Im Seitenprofil kommt der Fall der Kleider ganz anders zur Geltung, das „Aus-klingen" des nach hinten verlängerten Rocksaums, die Andeutung einer Schleppe. Außerdem behauptete Klimt, die Heroinnen der Antike würden immer im Profil dargestellt.

Die Flöge-Kundinnen blätterten gerne im Darmstädter Ma-gazin „Deutsche Kunst und Dekoration", das Klimts Fotografien veröffentlichte und das im Salon der Schwestern auslag. Aber dann bestellten sie doch etwas ganz anderes, etwas Teures, Luxuriöses, aber weniger Auffallendes.

Es hieß immer, Klimt habe die Attersee-Kleider für Emilie entworfen, weil die Fotos sein Namenskürzel tragen. Das bedeu-tet aber wohl nur, dass er als Fotograf die Bilder signierte. Wahr-scheinlich sind die modischen Ideen im regen Austausch zwischen Gustav und Emilie entstanden. Nur von einem einzigen Kleid hält sich die Fama, es gehe auf eine Schöpfung Klimts zurück. Madame d'Ora hat im Jahr 1909 Emilie in dieser Gewandung abgelichtet. Spontan auffallend ist der Hut, den Emilie trägt. Er sitzt nicht auf ihrem Kopf, er thront auf der Frisur, ein ballonartiges Gebilde mit schwarzgeränderten weißen Tüllwellen. Der Rock ist hoch unter der Brust angesetzt und fällt über Taille und Hüften in zwei Glocken herab, er ist weiß mit schwarzen Streifen. Die Strenge wird durch das weiße bestickte Oberteil gemildert, über die rechte Schulter fällt eine Tüllstola wie eine Federboa. Die wirkliche Sensation aber sind die Ärmel: Die Oberarme sind glatt in Schwarz gehalten, dann aber fallen in üppigen Kaskaden weiße Tüllärmel bis fast zum Saum und begraben die Hände in ihren Fluten.

Freiheit und Schönheit, wie Klimt sie erträumte. Und Emilie sie verkörperte.

Schaffensdrang

„Der Mann hat ja einen unglaublichen Schaffensdrang", sagten manchmal Menschen, die Klimt nicht kannten und die Fülle seiner Bilder bewunderten. Sein „Schaffensdrang"! Emilie hätte eine ganze Schublade voller Postkarten ausleeren können, auf denen Klimt jammerte, dass er nicht arbeiten könne. „Arbeit: null. Es ist schon zu blöd" – „Trottle hier in Wien ziemlich ‚blöd' herum. [...] Zermürbt, zermatscht, zerquetscht – mit allen Übeln des Unbehagens behaftet!"

Jedes Bild Klimts, das aussieht, als sei es im Zuge eines heiteren goldenen Frühlingstages entstanden, war ein Produkt harter Selbstdisziplinierung und übellaunigster Quälerei. Wie enttäuscht war Ferdinand Bloch-Bauer gewesen, dass das Porträt seiner Frau einfach nicht fertig wurde, das Klimt 1903 begonnen hatte, aber erst vier Jahre später abliefern konnte. Am schlimmsten aber wurde es mit den Entwürfen zum Stoclet-Fries.

Der belgische Ingenieur und Großindustrielle Adolphe Stoclet aus Brüssel und seine Frau Suzanne besuchten auf ihrer Hochzeitsreise Wien. Eines Tages gingen sie auf der „Hohen Warte" spazieren, wo Josef Hoffmann eine Villenkolonie errichtet hatte. Die Stoclets waren begeistert von dieser Architektur, vom Stil der Wiener Werkstätte, von den Ausstellungen der Secession, und mit einer Spontaneität, die nur viel Geld verleiht, beschlossen sie: Wir ziehen nach Wien und lassen uns vom Architekten Hoffmann ein Haus bauen. So lebten die Stoclets seit 1903 in Wien, Pläne für das Haus wurden geschmiedet, ein Grundstück gekauft. Doch dann wurden sie überrascht von der Nachricht, Adolphe Stoclets Vater sei in Brüssel gestorben. Das Paar entschloss sich, nach Brüssel zurückzukehren, die Geschäfte des Vaters weiterzuführen und sich dort eine Bleibe zu schaffen. Jetzt sollte es aber kein Haus mehr sein, sondern ein großzügiges Palais „im Stil der neuen Zeit", erbaut von Josef Hoffmann. Fritz Wärndorfer wurde mit der künstlerischen Ausstattung betraut. Wärndorfer wiederum holte den gemeinsamen Freund Klimt mit ins Boot, der einen Fries für den Speisesaal des Palais entwerfen sollte, der zusammen mit der Wiener Werkstatt Forstner in Mosaik ausgeführt werden sollte.

Klimt sagte zu, einen so lukrativen Auftrag konnte er nicht ausschlagen, außerdem kam das Palais Stoclet seiner Idee vom Gesamtkunstwerk entgegen, bei dem Architekt, Innenarchitekt und Künstler nicht nur Hand in Hand arbeiteten, sondern von den gleichen Vorstellungen beseelt eine gemeinsame ästhetische Idee umsetzen konnten.

Die Begeisterung war groß, die Finanzierung großzügig.

Josef Hoffmann meldete Ende 1904 bei Emilie einen Besuch zusammen mit dem Ehepaar Stoclet an, er wollte den neuen Auftraggebern die gerade vollendete Ausstattung des Salons der Schwestern Flöge zeigen, die konsequente Gestaltung und Möblierung aller Räume im Stil der Wiener Werkstätte. Klimt sollte mit von der Partie sein, aber er kam nicht. Emilie spielte die liebenswürdige Gastgeberin, parlierte mit Suzanne Stoclet in artigem Französisch, hatte ihr Mannequin Hertha gebeten, abrufbereit zu sein, falls sich Madame Stoclet Kleider zeigen lassen wollte. Aber Madame kaufte in Paris ein, sie brauchte nicht den Umweg über Wien, um den letzten Pariser Chic à la Poiret zu tragen.

Monsieur Stoclet war beeindruckt vom Modeatelier, betonte, dass man so etwas Raffiniertes in ganz Paris nicht fände, in Brüssel schon gar nicht. Hoffmann lobte Emilie als „Couturier", fragte Madame Stoclet, ob es das Wort im Französischen auch in der weiblichen Form gebe, die sagte „Couturière", aber in Frankreich würde man einfache Schneiderinnen damit bezeichnen, nicht Modeschöpferinnen, weil es die nicht gebe. Emilie lobte Hoffmann, beide lobten den abwesenden Klimt – man war gut in der Übung, sich gegenseitig Aufträge zuzuschanzen.

Emilie freute sich über den Auftrag für Klimt, zwei Meter hoch sollte der Fries sein, acht Meter breit, die beiden Längswände des Speisesaals bedecken. Stoclet hatte ihm große künstlerische Freiheit gelassen, aber angedeutet, dass er sich einen großen Wurf erwarte. Klimt sei doch ein Meister des Ornamentalen. 1905 begann Hoffmann mit dem Bau in Brüssel, es wurde Zeit für Klimt,

Adolphe Stoclet Entwürfe zu liefern. Er zeichnete auf Papier, das auf Leinwand übertragen wurde.

Und damit begann ein jahrelanges Zaudern und Zagen, eine Malhemmung zog die nächste nach sich. Mal folgte ein Schub angestrengter Aktivität, dann wieder ein Erlahmen. Hoffmann mahnte, Wärndorfer mahnte, Stoclet mahnte. Emilie mahnte nicht, aber sie litt mit unter der Verzweiflung, die Klimt packte, wenn nur das Wort Brüssel fiel. Erst wollte er paradiesische Szenen entwerfen, Blumen, Vögel, Bäume, Fische, viele Goldranken – das würde Stoclet gefallen. Dann verwarf er alles wieder. Im Sommer des Jahres 1906, als sie wie immer am Attersee sommerfrischten, wurde es ernst. Klimt musste einen Entwurf abliefern. Der Termin war überfällig. Es gab kein Entrinnen mehr, kein weiteres Aufschieben. Emilie bot Hilfsdienste an. Gustav solle Figuren und Muster malen, sie könne die Hintergrundfarben auftragen. Jeden Morgen stand sie in aller Herrgottsfrühe vor 5 Uhr auf und arbeitete an den Bildern – mit der Präzision einer Schneiderin, bei der jede Naht kerzengerade verlaufen muss. Wenn Gustav dann erschien – und er stand auch früh auf –, war die Farbe getrocknet, und er konnte, ohne sich um die Grundfläche kümmern zu müssen, weiter an den Spiralen und Ranken, an Vögeln und Schmetterlingen, dem blühenden Lebensbaum aus grünen Dreiecken mit den weißen, kreisrunden Blumen, und seinen beliebten Horus-Augen arbeiten, mit denen er in fast allen seinen Bildern der ägyptischen Mythologie huldigte.

Er sagte nie „Danke" – es genierte ihn wohl, dass Emilie ihm zuarbeitete, aber zum ersten Mal besprach er jede Arbeitsphase mit ihr.

Von der Idee, Mosaiken zu entwerfen, war Klimt seit seiner Italienreise 1903 fasziniert. Florenz hatte für ihn nicht die großen Kunsterlebnisse bereitgehalten, aber die Mosaiken in San Marco in Venedig und in den Kirchen Ravennas betrachtete er als außerordentlich. „In Ravenna viel armseliges – die Mosaiken von unerhörter Pracht", schrieb er an Emilie. Er sprach nicht darüber, was genau es war, das ihn so beeindruckte: Die Leuchtkraft der Steine, gewiss. Vielleicht aber auch die Konstruktion der Mosaiken: dass sich ein Bild erst im Auge des Betrachters vervollständigt, während es an der Wand in Hunderttausend Einzelheiten parzelliert ist. Oder waren es die stark ritualisierten Bildnisse der Madonnen und Heiligen, die immer gleichen Gesichtszüge, Haltung und Gebärden der Hände, der Pankreator im Gewölbe, der nicht als Symbol Gottes fungierte, sondern als reine Präsenz?

Die Inspiration ließ sich in seinen Bildern ablesen, diese wurden jetzt „byzantinischer", nahmen in den Figuren die strengen Züge ravennischer Kompositionen auf.

Aber bei den Entwürfen zum Stoclet-Fries konnte Klimt nicht einfach malen, er musste immer das Mosaikische mitdenken. Konnten seine vielfach geschlungenen Girlanden und floralen Muster überhaupt in Stein gefasst werden, ohne das Grazile zu verlieren? Wurde der grüne Baum im Panneau des Lebensbaums, gerade weil er aus Dreiecken in vielen Farbschattierungen bestand, nicht zu „steinig", zu schwer?

Erst 1909 konnte Klimt seine fertigen Entwürfe abliefern. Es war der „große Wurf", den Stoclet eingefordert hatte, die neun Panneaus für den Speisesaal vermischen Ornamentales und Figuratives auf höchst dekorative Weise: Der Ritter, Die Erwartung, Die Erfüllung und Der Lebensbaum.

Klimt, Hoffmann und Wärndorfer hatten 1906 die Baustelle der Villa Stoclet in Brüssel besucht. Im Mai 1914 fuhr Klimt nach Brüssel, um die Vollendung der Mosaikarbeiten an seinem Fries zu begutachten. Am 18. Mai schrieb er an Emilie: „Das Haus Stoclet / ist wirklich sehr, sehr / schön. die Fotografien geben gar kein Bild und keinen Begriff. [...] Und wann ich durch diesen Raum geh – dann ersteht die / heftigste Erinnerung an ‚Kammerl' an die Wand in Kammerl, an die Plag' an die Freuden an die Sorgen dieser Zeit, mit Verlangen nach dieser Zeit – und vieles Andere."

Dass Klimt von „Verlangen" schreibt und „vieles Andere" beruft, das so viel Spielraum lässt – auch Raum für ein Verlangen nach Emilies Nähe –, ist auf seinen Karten eher ungewöhnlich.

Emilie hatte die Mosaiken nie gesehen, sie kannte nur die Gemälde auf Karton. Wenn sie hörte und las, wie der Stoclet-Fries und sein Schöpfer bejubelt wurden, überkam sie ein zwiespältiges Gefühl: Wie konnte ein Kunstwerk so sehr das Leben feiern, Schönheit als Ursprung allen Seins abbilden, wenn dieses Werk seinem Schöpfer so viel Unglück und Unzufriedenheit bereitet hatte, wenn er es sich in einem gewaltigen Kraftakt hatte abtrotzen müssen? Und dann sprachen Wiener Kunstkritiker von Klimts „Rausch des Schöpferischen". Nun ja.

Fegefeuer

Emilie und Gustav saßen auf der Terrasse der Villa Oleander. Draußen ging ein leichter Schnürlregen nieder, der so typisch für die Sommer im Salzkammergut war.

„Lies mir doch etwas aus deinem Dante vor", bat Emilie. „Dein Dante" war eine Volksausgabe der „Göttlichen Komödie", sehr klein gedruckt, daher ein handliches Bändchen, das Gustav immer in einer der weiten Taschen seines Arbeitskittels mit sich führte.

Gustav ließ sich Zeit. Er blätterte, hielt inne, blätterte weiter, als müsse er einen Heiratsspruch finden oder wenigstens eine Losung für den Tag.

Und wie das Feuer strebt zur Höhe nur,
Weil es zu steigen hat den Trieb empfangen,
Dorthin wo seines Daseins längste Spur:
Also geräth die Seel' in ein Verlangen,
Das geistige Bewegung, und nicht ruht,
Bis, was sie liebt, genießend sie umfangen.

Emilie schwieg. „Das ist aus dem ‚Fegefeuer'", sagte Gustav.

„Das verstehe ich nicht. Als Protestantin kenne ich mich natürlich nicht so aus, aber ich dachte immer, das Fegefeuer sei ein Reich, wo der Mensch sich von seinen Sünden läutern muss. Oder von den Sündenstrafen reinigen. Was du vorgelesen hast, ist doch ein Stück vom Paradies: „wo die Seele, was sie liebt, genießend umfangen kann."

„Bis", korrigierte Gustav. „Bis die Seele die Geliebte umfangen kann, darf sie nicht ruhen. Und das kann eben Drangsal sein."

Emilie lachte. „Lies mir noch mehr vor!"

„Vielleicht morgen."

„Diesen Kuß der ganzen Welt!"

Emilie war aufgeregt, kribbelig, nervös. Schon am Morgen fühlte sie einen Anflug von Migräne. Dieser Tag war so bedeutend für Gustav, vor allem für ihn. Es gab die erste große Ausstellung, die er, nachdem er aus der Secession ausgetreten war, mit seinen Freunden zusammengestellt hatte. Josef Hoffmann hatte auf einem großen, brachliegenden Gelände am Schwarzenbergplatz eine veritable Kunststadt aufgebaut. Innerhalb weniger Monate waren Holzbauten mit 54 Ausstellungsräumen, Gartenanlagen und Innenhöfen, ein Kaffeehaus und ein Sommertheater sowie ein vollständig eingerichtetes Landhaus hochgezogen worden, sogar einen kleinen Friedhof gab es, auf dem moderne Beispiele der Sepulkralkultur gezeigt wurden – für eine besondere Kunstausstellung war ein spektakuläres Ambiente geschaffen worden. 130 Künstler sollten ihre Werke präsentieren. Die Resonanz in der Presse war schon im Vorfeld gewaltig gewesen. „Das ist die wahre moderne Kunst", jubelten einige Zeitungen, hier versammele sich die „Kunst der Perversion der Kunst", vorverurteilten andere. Ein Wiederaufflammen des Secessions-Skandals lag in der Luft.

Die Eröffnung war am 1. Juni, an einem schönen Frühlingstag, der schon mit sommerlichen Temperaturen aufwartete. Als Emilie, Helene und Pauline auf dem Gelände eintrafen, auf dem drei Jahre später der Spatenstich zum Konzerthaus erfolgen sollte, war der Platz vor Hoffmanns Empfangsgebäude schon eifrig frequentiert. Die Menschen drängten sich, alle Tische und Stühle im Freien waren besetzt. Die Besucher hatten sich herausgeputzt, dem Ereignis auch modisch Tribut gezollt. Die meisten Herren kamen in schwarzem Frack mit Zylinder, die Frauen in festtäglicher Sommergarderobe. So ging man normalerweise in die Oper. Aber kam das Ereignis nicht einer aufwendigen Operninszenierung gleich? Emilie sah eine ganze Reihe von Frauen, die in Kleidern des Salons Schwestern Flöge lustwandelten. Nie hatte Emilie in der Selbstdarstellung der Damen der Wiener Gesellschaft solch eine Lust am Neuen emp-

Hof der Kunstschau Wien 1908 während der Eröffnung. Klimt von rückwärts gesehen, in der Gruppe von vier Männern, 1. Juni 1908.
Foto: Emma Teschner

funden, Formen gar von Übermut, wenn man die abenteuerlichen Hutkreationen, die Accessoires und den Schmuck in Augenschein nahm. Alles war wie eine unausgesprochene, triumphale Behauptung: Wir verkörpern eine neue Zeit! Auf dem Gelände, das noch drei Monate zuvor eine Brache gewesen war, wehte der Geist einer Epoche, den Klimt beschworen hatte, als er mit seinen Freunden die Secession gegründet hatte. Hier – nach der Trennung von der Secession – sollte sich das Versprechen eines neuen Verständnisses von Kunst einlösen.

Emilie hatte Helene und Pauline neue Kleider entworfen, weißwallende Sommerkreationen mit farbigen Applikationen auf dem Oberteil und reichen Tellerröcken. Sie selbst trug das schwarzweiße Kleid mit den sensationellen Trompetenärmeln, dazu einen ausladenden Hut mit weißen Federn. Sie begrüßten Bekannte, die weißen Spitzenhandschuhe in der Hand. Von Klimt war nichts zu sehen.

Klimt hatte geheimnisvoll getan, als sie gefragt hatte, welche Bilder von ihm gezeigt würden. Er hatte seit fünf Jahren nicht mehr in Wien ausgestellt, jetzt sollte er einen großen Raum bestücken.

Gustav war wie immer, wenn es um seine Angelegenheiten ging, sehr einsilbig gewesen, dafür umso gesprächiger, als es darum ging, welche anderen Maler Gelegenheit haben sollten, sich zu präsentieren. Er wollte vor allem den Jungen eine Chance geben. Oskar Kokoschka, ein Maler, von dem Emilie bisher nur gehört hatte, sollte vertreten sein, er war 22 Jahre alt, er würde seinen Durchbruch erleben, da war Klimt sicher. Max Oppenheimer, gerade ein Jahr älter als Kokoschka, hatte mit eigenwilligen Porträts auf sich aufmerksam gemacht. Der 19-jährige Egon Schiele sollte im Jahr darauf seine ersten Bilder ausstellen. Klimt hielt ihn für ein Genie. Das ist eben das Uneigennützige an Gustav, dachte Emilie, er kann neue Götter neben sich aufsteigen sehen, er fördert junge Maler und hat ein untrügliches Gespür dafür, „wer es in sich hat".

Klimt würde die Ausstellung eröffnen und einige Worte sagen. Emilie wusste, wie sehr er es hasste, sich über Kunst zu äußern. Immer wieder betonte er, der Künstler spreche durch seine Bilder, Worte seien da überflüssig. Jetzt aber war er in der Rolle des Kurators, des Hausherrn, des Gastgebers, ein paar Worte waren unvermeidlich.

Jetzt krieg' ich noch schwitzige Händ', dachte Emilie.

Aber Klimt war nirgends zu sehen. Kolo Moser kam auf sie zu und bewunderte ihre Kette. Das war einer seiner üblichen Scherze, denn die Silberkette mit den rautenförmigen Plättchen und den roten Steinen war ein Werk von Kolo. Herr Professor Koller flanierte mit Gattin und Tochter Silvia auf dem Platz. Die beiden Damen waren sehr gute Kundinnen des Salons Flöge und trugen auch heute wieder die neuesten Kreationen. Sie begrüßten die Damen Flöge, und Professor Koller küsste allen dreien die Hand. „Sie tragen viel dazu bei, dass die Damen Koller immer vorzüglichster Laune sind. Sind sie es einmal nicht, schicke ich sie zu Ihnen, dann habe ich wieder meine Ruhe." Er lachte reichlich selbstgefällig. Aber wer hätte sich vorstellen können, dass einmal drei einfachen Kleidermacherinnen von einem hochwohlgeborenen Herrn Professor die Hand geküsst werden würde?

Es ging auf 11 Uhr zu. Die Besucher strömten dem Hauptbau zu. Vor dem Eingang war ein Rednerpodium aufgebaut, davor drängten sich die Gäste. Das laute Stimmengewirr, das auf dem Platz geherrscht hatte, ebbte ab, glich dem Geraune in der Oper, bevor sich der Vorhang hebt.

Emilie entdeckte Gustav. Er stand in der ersten Reihe, schien mit einigen Honoratioren zu sprechen, stierte aber in Wirklichkeit auf die Eingangstür, als müsse er von dort seine Inspirationen empfangen. Als er ans Pult trat, wurde es schlagartig still. Er sah fesch aus, trug Frack und Weste und verströmte die Aura eines Amtsträgers. Aber Regierungsmitglieder waren nicht erschienen, auch der Hof hatte sich nicht angekündigt, obwohl die Kunstschau doch auch eine der zahlreichen Aktivitäten zum diamantenen Kronjubiläum des Kaisers Franz Joseph war. Wenige Tage später würde sich ein pompöser Festzug zu Ehren des Kaisers über die Ringstraße wälzen, bei dem der „Hagenbund" die künstlerisch-theatralische Ausstattung übernommen hatte, nicht die Gruppe um Klimt. Diese war dem Hof wohl allzu verdächtig. Wenn niemand aus dem Dunstkreis des Kaisers bei der Kunstschau erschien, konnte auch niemand in Verlegenheit gebracht werden. Und der Kaiser selbst war vermutlich in Bad Ischl zum Jagen.

Klimt glaubte immer, er könne nicht reden, aber natürlich konnte er es. Nur seinen heftigen Dialekt konnte er nicht ablegen. Und wollte es auch nicht. Emilie lehnte sich nach seinen ersten Sätzen entspannt zurück. Klimt verkündete das Credo einer ästhetischen Gemeinschaft von Kunstschaffenden und Kunstrezipienten, einer Einheit von Kunst und Leben, redete kurz, aber mit der ihm eigenen Dringlichkeit, die eine besondere Überzeugungskraft hatte.

Er verstand es, die historische Bedeutung des Augenblicks zu formulieren, das Einzigartige dieses Großereignisses, bei dem über hundert Künstler mit über 1.000 Objekten vertreten waren. Klimt nannte es eine „Kräfterevue des österreichischen Kunststrebens".

Er fuhr fort: „Und weit wie den Begriff ‚Kunstwerk' fassen wir auch den Begriff ‚Künstler'. Nicht nur die Schaffenden, auch die Genießenden heißen uns so, die fähig sind, Geschaffenes fühlend nachzuerleben und zu würdigen. Für uns heißt ‚Künstlerschaft' die ideale Gemeinschaft aller Schaffenden und Genießenden."

Wenn Klimt vom Publikum als von den „Genießenden" sprach, so war das auch eine Verbeugung vor den reichen Mäzenen und Förderern, die sich hier versammelt hatten. Aber „Genuss" war für Klimt kritische Wahrnehmung. Man sollte sich an seinen Bildern reiben, stoßen, verletzen, aber man sollte den Künstler ernstnehmen, sich auf ihn einlassen. „Nur nicht Musik schlürfen", pflegte Klimt ja zu sagen, wenn sich Emilie im Opernsessel zurücklehnte. Nur nicht Kunst schlürfen, hätte vielleicht über dieser Kunstschau als Motto stehen können.

In Wirklichkeit wiederholte Klimt das Motto der Secession: „Der Zeit ihre Kunst, der Kunst ihre Freiheit". Diese Freiheit war es ja, die das bürgerliche Wien fürchtete.

Emilie hatte Helene und Pauline gesagt, dass sie nach der Eröffnung lieber allein durch die Ausstellungsräume gehen wolle. Es waren nicht nur Gemälde und Zeichnungen ausgestellt, sondern auch Holzschnitte, Plakate, Bühnenbilder, Schmuckobjekte, Skulpturen, Kostümentwürfe – ganz im Sinne der Klimt-Gruppe, dass die Kunst alle Facetten des Lebens nicht nur zeigen, sondern durchdringen müsse.

Emilie wusste nach dem Betrachten der ersten Bilder, dass kein Besucher Gefahr lief, Kunst zu „schlürfen". Der Genuss konnte allenfalls darin bestehen, trotz aller vorangegangenen Ausstellungen in der Secession, noch nie eine solche Gesamtschau der modernen und modernsten Kunst gesehen zu haben.

Hier war die Avantgarde der Avantgarde, hier feierte das Neue sich selbst, trieb den Bruch mit der Tradition und den Kult der Innovation auf die Spitze, suchte das Grenzenlose, beschwor eine neue Romantik, „eine progressive Universalpoesie".

Das zumindest war der Anspruch. Dass sich aber nicht nur Revolutionäre wie Oskar Kokoschka auf der Kunstschau fanden, sondern in der Abteilung „Allgemeine Kunst" auch konventionelle und zweitklassige Künstler, mag zumindest aus heutiger Sicht den Eindruck des Unerhörten und Ungesehenen schmälern.

Emilie nahm sich Zeit mit der Besichtigung, betrachtete alle Objekte genau, erfreute sich an dem Raum mit den farbenfrohen Plakaten, mit denen die Wände bis zur Decke tapeziert waren, begutachtete fachmännisch die Theaterkostüme. Gespannt war sie auf den Raum „Kunst für das Kind", den Adolf Böhm mit seinen Studenten der Kunstgewerbeschule ausgestattet hatte und in dem Kinder als eigenständige Wesen ernstgenommen wurden – welch eine Revolution! Aber der Raum hatte die Nr. 29 und vorher kam unausweichlich der Klimt-Raum, Nr. 22.

Einige der ausstellenden Maler waren prominent: Klimts Freunde und Mitstreiter Carl Moll, Emil Orlik, Adolf Hölzel und František Kupka zum Beispiel. Andere waren völlig unbekannt, da wollten die Aussteller ganz bewusst dem Nachwuchs eine Chance geben. Und zum ersten Mal, seit sich Emilie an Ausstellungen erinnern konnte, waren unter den Künstlern auch Frauen, nicht nur vereinzelte „Alibi-Frauen", wie Berta Zuckerkandl es bissig nannte, wenn man sich mit einer Frau schmückte, um in Wien als fortschrittlich zu gelten, sondern Malerinnen, die mit den Männern konkurrieren konnten, wie Elena Luksch-Makowsky und Broncia Koller-Pinell.

Emilie kannte sich selbst gut genug, um zu wissen, dass sie den Besuch des Klimt-Saals in der Mitte des Ausstellungsgebäudes hinauszuzögern wollte. Was sie sonst nervte, nämlich ständig von Bekannten angesprochen zu werden und Höflichkeitsfloskeln zu tauschen, nahm sie nun dankbar als Verzögerung an.

Der Kunstkritiker Arthur Roessler, einer der einflussreichsten Kritiker Wiens, stand plötzlich neben ihr: „Waren Sie schon im Klimt-Saal, Fräulein Flöge? Darf ich Sie begleiten?"

Emilie fing an zu stottern. Nur das nicht. Nur keinen Kritiker oder Journalisten, der sie um ihre Meinung zu Klimt-Bildern fragte. Das hatte ihr gerade noch gefehlt. Und hinterher würden ihre Auslassungen mit Häme in den „Wiener Neuesten Nachrichten" veröf-

fentlicht. Oder in der „Arbeiter-Zeitung", für die Roessler schrieb.
„Ach, eigentlich wollte ich mir die Ausstellung gerne allein ansehen.
Man braucht doch einige Konzentration."

„Tatsächlich? Ich nehme an, dass Sie alle Klimt-Bilder bereits
kennen. Oder verheimlicht er etwas vor Ihnen?"

Das reichte jetzt. Emilie drehte sich brüsk um, starrte auf ein
beliebiges Bild, ohne es zu sehen. Roessler war ein hervorragender
Kunstkenner, er war jung, gerade einunddreißig, hatte, nachdem
er von München nach Wien zurückgekehrt war, 1905 für ein Jahr
die Galerie Miethke übernommen, die zuvor Carl Moll geleitet
hatte, er stand der Wiener Werkstätte nahe, schrieb für verschiedene Kunst-Magazine, setzte sich vehement für junge, unbekannte
Künstler ein. Gustav hatte ihr erzählt, dass Roessler einen Narren
an Egon Schiele gefressen habe. Also, Roessler war ein ehren-
werter Mann, fesch war er außerdem, hatte ein fein geschnittenes Gesicht, dunkle Augen, einen adrett getrimmten Schnurrbart,
ein angenehmes jüdisches Aussehen. Aber was wollte er von ihr?
Wien war voller Klatsch und Tratsch, aber, obwohl manche sagten,
Roessler interessiere sich mehr für die Künstler als für die Kunst,
wollte er von ihr doch sicher keine Intimitäten über Klimt hören.
Sie hätte nie etwas Persönliches preisgegeben, fand all die Legen-
den um Klimt und seine „Frauengeschichten" degoutant. Und für
Klatsch war Roessler zu seriös. Warum suchte er ein Gespräch mit
Emilie Flöge?

Sie drehte sich wieder um, Arthur Roessler stand noch immer
hinter ihr, lächelte, sein Lächeln schien etwas verlegen. Emilie lächelte zurück: „Ich wollte nicht unhöflich sein, aber der Tag heute
ist so…"

„Der Tag ist wirklich ein besonderer", half Roessler aus. „Ein
Riesenerfolg für Klimt. ,Bahnbrechend' ist das Wort, das ich bis
jetzt am meisten gehört habe. Verzeihen Sie, dass ich Sie belästigt
habe, gnädige Frau." Er verneigte sich, schaute ihr noch einmal in
die Augen und drehte sich um.

Jetzt hatte er sie mit „gnädige Frau" angeredet! So ein
Schlawiner!

Hoffmann hatte den Klimt-Saal als Herzstück des Kunstgebäudes konzipiert, um seine Bilder herum gebaut. Der Saal war größer als die anderen, 17 Meter lang und 7 Meter breit, und bildete die Mittelachse, an der die anderen Pavillons ausgerichtet waren. Emilie konnte, als sie eintrat, überhaupt keine Bilder sehen, sie sah nur die Ausschmückung der Wände mit geometrischen Mustern von Kolo Moser. Von den Bildern waren nur abgeschnittene obere Drittel zu erkennen. Der Saal war voller Menschen. Es kam ihr vor, als seien die Menschen in einer Kirche zusammengekommen, um eine heilige Handlung zu zelebrieren. Am liebsten wäre sie gleich wieder gegangen. Jetzt wäre es ihr doch angenehm gewesen, Pauline und Helene an ihrer Seite zu haben, die sie vor neugierigen Blicken abgeschirmt hätten. Denn sie nahm wahr, dass sich Besucher umdrehten und zu tuscheln anfingen: „Das ist sie!" Dabei war sie doch keine heimliche Geliebte Klimts, sondern so etwas wie seine offizielle Gefährtin, die bei allen öffentlichen Anlässen mit ihm auftauchte, die „Frau an seiner Seite". Aber sie wusste, dass die Wiener – vor allem die Wienerinnen – hinter vorgehaltener und auch offen ausgestreckter Hand rätselten: „Ist sie nun seine Geliebte oder ist sie es nicht?", „Wird er sie endlich ehrbar machen und heiraten, oder tut er es nicht?", „Oder ist es vielleicht sie, die gar nicht heiraten will? Eigentlich undenkbar."

Emilie stellte sich hinter eine Gruppe von sechs Personen, die ein Bild betrachteten. Ein älterer Herr, den sie nicht kannte, scherte sofort aus der Gruppe aus und öffnete eine Gasse, damit sie den vollen Blick hatte. Die Aufmerksamkeit war ihr peinlich. Sie war nahe daran, das Weite zu suchen, als sich ein Arm unter ihren schob. Es war Gustav.

„Emilie, ich habe dich gesucht. Du warst so schnell verschwunden." Er hatte wohl die Absicht, mit ihr von Bild zu Bild zu gehen, aber das erwies sich als unmöglich. Von überall kamen Menschen, sprachen Klimt an, er antwortete knapp, wie es seine Art war, schaute aber nicht so griesgrämig, wie es seine Art war. Ja, Emilie spürte, dass er für seine Verhältnisse schier beseligt war von dem Erfolg des Tages. Carl Moll winkte von einer Ecke des Saals,

Ludwig Hevesi, der den Secessionisten schreibend zum Erfolg verholfen hatte, stürmte herbei, soweit er mit seinen 65 Jahren und bei dem dichten Getümmel stürmen konnte, und zitierte sich selbst: „Der Zeit ihre Kunst, der Kunst ihre Freiheit". Es klang wie ein Fanal – was es ja auch war. Ferdinand Bloch-Bauer stand vor dem Bild seiner Gattin Adele, ein zurückhaltender, unauffälliger Herr, dem man seinen Reichtum nicht ansah, eher schon seinen Kunstsinn, er stand da in einer Art Verzückung oder Trance – und das, obwohl er das glanzvolle Porträt doch schon kannte, es in seinem Palais hing und nur für die Ausstellung ausgeliehen war. Seine Gemahlin, die von Klimt ganz in Gold getauchte Adele, unterhielt sich dieweil mit dem Freund der Familie, Karl Renner, einem „Sozi" – wie man in Wien abfällig sagte. Die Bloch-Bauers standen nicht nur der Kunst aufgeschlossen gegenüber, sondern auch liberalen und sozialen Strömungen in der Politik.

Emilie schwirrte der Kopf, aber sie straffte den Rücken und hörte nicht auf zu lächeln. Hier waren Klimts Auftraggeber, Mäzene, Freunde und Künstlerkollegen vertreten, aber hier waren auch ihre Kundinnen, die sich als Mitglieder einer Gemeinschaft fühlten, die unter dem Signum neuer Freiheit stand.

Die Geschäftsfrau Flöge war auch bei solch einem Anlass „im Dienst" und keine dekorative Gefährtin des Künstlers.

Vor zwei Bildern verdichteten sich die Menschentrauben: „Die drei Lebensalter der Frau", das Klimt 1905 gemalt hatte, und „Liebespaar", das später unter dem Titel „Der Kuss" weltberühmt werden sollte. Das „Lebensalter" zeigt Mutter und Kind nackt in einem farbigen Wirbel wie in einem Schleier gefangen, die Haare der Mutter golden und mit Blüten besteckt, die Gesichter traumverloren, innig, selig. Krass abgesetzt und isoliert die alte Frau, deren Gesicht von ihrer Hand und wallendem grauem Haar verdeckt wird, als weinte sie. Der Körper zeigt extreme Spuren der Alters: die gebeugte Haltung, die hängenden Brüste, der stark vorgewölbte Leib, die hervortretenden Adern auf den Gliedmaßen – eine verstörende Allegorie der Vergänglichkeit.

Als Emilie das Bild in Klimts Atelier zum ersten Mal gesehen hatte, war sie schockiert gewesen. Der Anblick tat weh, richtig weh. „Das Bild ist schön, weil es wahrhaftig ist", hatte sie schließlich zu Klimt gesagt. Mehr musste nicht gesagt werden.

Auch die Besucher, die jetzt vor dem Bild standen, sagten nicht viel. Manche schienen betreten, vor allem die Frauen, andere lobten Komposition und Stil, vor allem die Männer. Auch eine Art, mit einer gewissen Verlegenheit umzugehen. Nur ein sehr junges Mädchen rief aus: „Jetzt weiß ich, warum ich jung sterben will."

Dann das „Liebespaar". Emilie hatte das Motiv schon auf dem Beethovenfries gesehen. Aber dieses war eine Steigerung, ein Meisterwerk: ein wahnwitziger Rausch von Vereinigung, von Gold und Blütenmeer, von männlicher Begierde und weiblicher Hingabe, von Verlorenheit, Losgelöstsein von der Welt.

Sie konnte jetzt nicht „schön" oder „großartig" denken, geschweige denn sagen, das Bild sprengte alle Attribute.

„Das Kultusministerium hat schon Interesse gezeigt, das Bild zu kaufen", sagte Klimt und lachte: „Es wird sie teuer zu stehen kommen!" Damit war auch der „Kuss" wieder geerdet.

Am nächsten Tag war Sonja Knips im Salon. Seit Klimt sie gemalt und Josef Hoffmann ihr und ihrem Mann Anton das Haus in der Gumpendorfer Straße im Stil der Wiener Werkstätten eingerichtet hatte, empfand sie sich als dem inneren Klimt-Zirkel zugehörig. Sie war wohl auch in der Zeit, in der sie Klimt Modell gesessen hatte, seine Geliebte gewesen. „Emilie", sagte sie vertraulich, sie sprach Emilie immer mit dem Vornamen an und diesen französisch aus, wobei sie das i nachklingen ließ, „Emilie, was sagen Sie denn zum Bild von Gustav und Ihnen? Ist es nicht ein Traum?"

Emilie stutzte. „Da gibt es kein Bild von Gustav und mir." „Aber meine Liebe, das ‚Liebespaar', das seid doch ihr beiden. Unverkennbar. Gut, vom Mann sieht man nur den Hinterkopf, aber Sie kann man doch gar nicht verwechseln. Die makellosen Gesichtszüge und die Frisur, da hat er euch ein wunderbares Denkmal errichtet."

„Verzeihung, aber das ist Unfug, gnädige Frau, erstens haben wir nicht für das Paar Modell gestanden und zweitens errichtet Klimt nie Denkmäler."

„Ich bin durchaus nicht die einzige, die so denkt."

„Dann gibt es eben viele, die sich irren", sagte Emilie kurz angebunden. „Interessieren Sie sich für die neuen Kostüme aus London?"

Kunst und Leben

An einem der folgenden Samstage ging Emilie allein in die Kunstschau. Sie wunderte sich, wie wenige Besucher da waren. Nun gut,
es war ein warmer Tag, da fuhren die Wiener an die Seen oder in
die Berge. Und die Räume waren nicht zu belüften. Bei mehr als 30
Grad entwickelte sich eine Atmosphäre wie in Bleikammern. Berta
Zuckerkandl, die eifrig die Werbetrommel rührte und auch schon
das finanzielle Desaster der Kunstschau voraussah, arrangierte
neuerdings Teenachmittage, um Besucher anzulocken. Zum Tee im
schönen Garten kamen die Damen, die Galerieräume schenkten sie
sich, man war bei dieser Hitze ja so leicht echauffiert.

Der Kontrast zum Eröffnungstag war jedenfalls deutlich.
Sogar der große Klimt-Raum schien in der Hitze zu schrumpfen.

Sie blieb lange vor dem „Liebespaar" stehen. Sonja Knips'
Worte hatten in ihr gearbeitet. Warum hätte Klimt sie beide so
malen sollen, gefangen in einer solchen Entrücktheit, die es im
echten Leben vielleicht vor langer Zeit gegeben hatte, die aber
schon lange nicht mehr existierte? Und nein, die Frau auf dem Bild,
das war ganz bestimmt nicht sie. Die Frau auf dem Bild hatte ja
rotblondes Haar. Und ihre waren entschieden dunkel, allenfalls mit
einem Kastanienschimmer. Aber die Hingabe der Frau, die einer
Ohnmacht glich, losgelöst von aller Erdenschwere, und die vegetative Leidenschaft des Mannes, der aus dem goldenen Mantel he-
rauswuchs wie eine Pflanze, konnte das nicht ein Sehnsuchtsbild
sein, eine Sehnsucht, in die Klimt sich und sie eingebunden hatte,
ganz unabhängig davon, wie die Erfüllung ausgesehen hatte – oder
ob die golddurchwirkte Nähe überhaupt eine Erfüllung darstellte?

Sie erkannte, dass Klimt das Paar durch die Ornamente defi-
niert hatte: der Mantel des Mannes zeigt eckige Formen, schwarz,
silber und gold, metallisch und hart, die Frau hingegen ist in
blumenartige, goldene und bunte Ornamente gehüllt.

Aber – und das war wieder Gustav, wie sie ihn kannte: Der
Mantel des Mannes hat auch „weibliche" Spiralen, und auf den

Schultern der Frau wachsen kleine Quadrate. Mann und Frau tauschen ihr Wesen aus, und dieser Austausch, dieses Hinüberwandern vom einen zum anderen ist das Symbol der Liebe.

Emilie war froh, vor Sonja Knips den Gedanken, Klimt habe sie und sich auf diesem Bild verewigt, strikt und sogar unfreundlich zurückgewiesen zu haben. Was sie für sich fühlte, ahnte, verbarg oder zuließ, ging niemanden etwas an. Und sie würde Gustav ganz sicher nie die Frage stellen, ob das im Blütenmeer versunkene Paar ein Vorbild im realen Leben habe.

Ihr Blick heftete sich noch einmal an das Gesicht und die Haare der knienden Frau. Und dann wusste sie es: Die Frau war sie, war Emilie Flöge. Klimt hatte ihr orangefarbene Haare angedichtet, um sie zu schützen, um ihr primitive Zuordnungen zu ersparen und um sie als Paar in eine symbolische Welt einzuschreiben, in der jeder er selbst und ein anderer war.

Da stand plötzlich, wie aus dem Boden gewachsen, in dem fast leeren Raum wieder Arthur Roessler hinter ihr. Stellte er ihr vielleicht nach?

„Ach, gnädige Frau, wie schön Sie zu sehen!" Er küsste ihr die Hand. Dann stellte er sich neben sie und betrachtete das „Liebespaar".

„Finden Sie nicht auch, dass die Stellung des Paars anatomisch völlig absurd ist, die Frau würde sich doch die Halswirbel brechen bei dieser Überstreckung." Dabei legte Roessler seinen Hals grotesk zur Seite, um die Unmöglichkeit der Haltung zu demonstrieren. „Aber es kommt Klimt ja auch gar nicht darauf an, das Leben abzubilden. Ich denke eher darüber nach, ob Klimt hier das Ästhetische nicht in eine Dimension steigert, wo es umkippt, wo es verlogen wird. Kunst und Leben sollen sich durchdringen. Schön gesagt. Aber wie sieht denn unser Leben aus im Jahre 1908 in Wien? Die Monarchie liegt in Agonie, der Kaiser ist senil und unfähig. Verzeihung, ich hoffe, ich beleidige keine Monarchistin."

Emilie schaute ihn mit einem „Das glauben Sie doch wohl selbst nicht"-Lächeln an.

„Der alte Adel hat an Bedeutung eingebüßt, in Kunst und

Kultur ist jetzt die jüdische Großbourgeoisie tonangebend, gleichzeitig kann unser verehrter Bürgermeister Lueger die ‚Lösung der Judenfrage' fordern und wird mit seinen antisemitischen Parolen immer wiedergewählt. Österreich ist am Ende. Und da kommen Klimt und sein Kreis und glauben, die Kunst sei die große Retterin. Oder gar das Kunstgewerbe."

Emilie schwieg. Grundsatzdiskussionen mochte sie nicht, über Politik schon gar nicht. Dem war sie nicht gewachsen. Wie hätte sie auch bei ihrem 12-Stunden-Arbeitstag noch Zeit finden sollen, regelmäßig Zeitung zu lesen!

Der Herr Roessler sprach ja angenehm, nicht eifernd, er bedrängte sie nicht, und er hatte eine schöne Stimme. Aber was sollte sie darauf antworten? „Schauen Sie sich die Bildnisse von Adele Bloch-Bauer und Fritza Riedler an, vor denen jetzt alle niederknien, als seien es Altarbilder von Leonardo da Vinci. Diese Verschwendung von Gold und Farben, von Ornamentalem und Dekor, das ist eine Verherrlichung des Lebens, der das Leben nicht standhält. Schönheit ist immer eine Gefahr, sie birgt die Selbstzerstörung in sich."

„Aber Klimt malt doch auch das Andere", brach es aus Emilie heraus. „Gehen Sie doch nur drei Schritte weiter und schauen Sie sich ‚Die drei Lebensalter der Frau' an: Ist es nicht abstoßend, ja hässlich, wie hier das Alter dargestellt ist?"

„D'accord, Mademoiselle. Aber natürlich ist auch hier die Hässlichkeit ins Ästhetische getrieben und hat mit dem Leben nichts zu tun. Es ist nur eine Komposition, ein struktureller Widerpart zu dem innigen Bild von Mutter und Tochter."

„Ich weiß nicht genau, worauf Sie hinauswollen, Herr Roessler."

„Ach, eigentlich weiß ich das auch nicht", lachte Arthur Roessler. Er sah sehr jungenhaft aus. „Vielleicht denke ich nur, man soll nicht immer Kunst und Leben gleichsetzen. Hugo von Hoffmannsthal hat in seinem Märchen der 672. Nacht gezeigt, wohin die Ästhetisierung des Lebens führt: Der Kaufmannssohn, der sich immer nur mit Schönheit umgibt, verliert die Unmittelbarkeit des Lebens und endet furchtbar, von Pferdehufen zertrampelt und entstellt."

Emilie schwieg. Wieder ein Buch, das sie nicht kannte. Aber sie musste Gustav verteidigen. „Sie sollten einmal Klimts Atelier in der Josefstädter Straße sehen. Er umgibt sich nicht mit schönen Dingen. Es ist so spartanisch wie... wie ein leerer Stall. Jetzt haben Freunde bei Kolo Moser einige Möbel bestellt, die sie heimlich hineinstellen wollen, wenn er einmal verreist ist. Sie ertragen es nicht, dass Klimt derart ärmlich haust, nur von Katzen, nicht von Schönheit umgeben. Die Katzen verdrecken die Zeichnungen. Gott sei Dank mögen sie keine Ölfarben."

Roessler lachte wieder. Er lachte überhaupt viel. Das macht auch seine Kritik erträglich, dachte Emilie.

„Bei der angewandten Kunst ist es ja etwas anderes. Da entkommt man der Funktion nicht. Da kann sich Kunst nicht völlig verselbstständigen. Aber manchmal denke ich, wenn ich die schönen Frauen der Wiener Gesellschaft in den Kleidern der Modeschöpferin Emilie Flöge sehe: Sie tragen einen Anspruch von Schönheit, Freiheit, Selbstbewusstsein – aber wer steckt in diesen Kleidern? Frauen, die bis vor ein paar Jahren überhaupt nicht studieren durften und bis heute nicht Jura studieren dürfen, die ohne Erlaubnis ihres Gatten keinen Beruf ergreifen können, die finanziell abhängig sind. Das ist die Form von Lebenslüge, die in Ihren Kleidern steckt, sie signalisieren etwas, was ihre Trägerinnen nicht einlösen. Eigentlich dürften nur Sie allein Ihre Kleider tragen."

„Die könnte ich mir nicht leisten", sagte Emilie trocken.

Wie konnte Roessler so sprechen, der doch die Ideale der Wiener Werkstätte mittrug, ja, in die Leitung der Werkstätte aufgestiegen war. Sie verstand ihn nicht.

„Sie verstehen mich nicht, liebes Fräulein Flöge", sagte Roessler jetzt herzlich. „Ich muss halt immer wider den Stachel löcken, um meine Gedanken zu schärfen. Haltlose Begeisterung bringt uns, die wir im Kunstbetrieb stecken, nicht weiter. Aber jetzt möchte ich gerne noch mit Ihnen das Bild genauer ansehen, das Sie zeigt."

Nicht schon wieder, dachte Emilie, nicht schon wieder.

Aber Roessler wandte dem „Liebespaar" den Rücken und strebte auf eines der Blumenbilder zu, auf die „Sonnenblume", die

Klimt im Garten des Mayr-Hofes in Litzlberg gemalt hatte. „Sie sind doch diese Sonnenblume, oder? Sanft den Kopf geneigt, in einem Blätterkleid völlig im Stil der Schwestern Flöge: körperfern, ganzheitlich, taillenlos, in schöner Bewegung abfallend. Der Hintergrund wie auf Ihrem richtigen Porträt: eine Symphonie in Blau- und Grüntönen. Und zu Füßen ein Blumenmeer. Klimt wird doch alles zum Symbol, auch eine bäuerische Sonnenblume wird hier geadelt, weil sie eine Hommage an Sie ist."

„Ich glaube, in Zukunft lasse ich mir alle Bilder von Ihnen erklären. Vielleicht bin ich ja auch Klimts ‚Große Pappel' im Reformkleid. Und das bedeutet: Wo ich stehe, wird es dunkel, und ein Gewitter zieht auf!"

„Oh, dieses Gewitter möchte ich unbedingt erleben! Unbedingt! Aber was halten Sie davon, wenn wir in der Zwischenzeit die Kunst des Weinbaus ins Leben bringen und ein Glas Veltliner zusammen trinken?"

„Am helllichten Tag?", fragte Emilie, leicht entgeistert.

„Am helllichten Tag", bekräftigte Arthur Roessler und nahm ihren Arm.

Die Lust an der Feindschaft

Klimt bestärkte gern sein Image als grobgestrickter Naturmensch. Wie empfindsam er sein konnte, zeigte sich nicht zuletzt darin, wie er auf Kritik reagierte. Dann konnte er jeden Gleichmut verlieren, dann konnte ihn die Wut auf seine Kritiker so davonschwemmen, dass er jedes Maß verlor. Emilie versuchte, ihn vor unbesonnenen Reaktionen zu bewahren. Einer besonders harten Aufgabe sah sie sich gegenüber, als Klimt seinem Bild „Goldfische" von 1901, auf dem ein weibliches Wesen dem Betrachter ein überdimensionales nacktes Hinterteil entgegenstreckt, den Titel „An meine Kritiker" geben wollte. Eine Variante war: „Meinen Verleumdern". Es war die Reaktion eines verletzten Menschen, der bis aufs Blut gereizt worden war. Emilie beschwor Gustav, flehte ihn an, sich nicht so unbesonnen eine Blöße zu geben, die ihn als Künstler demontieren würde. Gustavs Freunde sprangen ihr bei: Er würde es bereuen. Seine Kritiker würden jubilieren. Wochenlang stellte sich Klimt stur: Er müsse es diesen Idioten zeigen, die nichts verstünden, aber glaubten, die Welt vor Klimt retten zu müssen. Emilie war schier verzweifelt. Sie entlockte ihm Versprechungen, die alle darauf hinausliefen, die Entscheidung über den Titel hinauszuzögern. Sie fühlte sich wie eine Frau, die ihren Mann davon abzuhalten sucht, ein Boot zu besteigen, weil sie weiß, dass das Meer ihn verschlingen wird. Aber beharrlich steht der Mann am Anlegeplatz, die Ruder schon in der Hand, die Leine des Bootes lösend. Mit unendlicher Energie musste sie ihm immer wieder die Leine entwinden, das Boot an Land halten. Ob sie ihm drohen sollte, ihm ihre Freundschaft zu entziehen, wenn er diese bodenlose Dummheit begehen und sich wie ein zorniges Kind gebärden würde? Nein, so weit ging sie nicht. Abgesehen davon, dass sich Klimt nicht erpressen ließ.

Als er Emilie schließlich nachgab und das Bild 1902 unter dem Titel „Goldfische" ausgestellt wurde (der Plural erklärt sich durch zwei weitere nackte weibliche Körper, die auf dem Bild herumschwimmen), fühlte Emilie sich so erschöpft, als habe sie einen unbezwingbaren Berg bestiegen. Durch die Klimt-Gemeinde ging ein hörbares Aufatmen.

Vorausgegangen war dem – und das erklärte Klimts Wut auf seine Gegner – der Skandal um die Universitätsbilder. 1894 hatte die „Compagnie", die nach Ernsts Tod nur noch aus Gustav Klimt und Franz Matsch bestand, den Auftrag erhalten, allegorische Deckenbilder für die Aula der Universität zu entwerfen. Klimt befand sich in einem künstlerischen Umbruch, weg vom Ringstraßen-Historismus zu neuen Ausdrucksformen, Matsch blieb seinem konservativen Stil treu und sollte ihn sein Leben lang nicht verändern. So drifteten die künstlerischen Auffassungen der Künstler-Gemeinschaft immer mehr auseinander. 1898 wurden die Entwürfe vorgelegt. Matschs Entwürfe wurden akzeptiert, Klimts stießen auf völliges Unverständnis. Er müsse seine Entwürfe gründlich überprüfen, am besten ganz neue einreichen. Klimt spielte mit dem Gedanken, den Auftrag zurückzugeben, entschloss sich dann doch, die Bilder auszuführen. Aber er dachte nicht daran, klein beizugeben und seine Entwürfe zu überarbeiten. Er war bockig. Bockig sein konnte er gut. Das Bild „Philosophie" wurde 1900 in der VII. Ausstellung der Secession vorgestellt, es löste einen Sturm der Entrüstung aus. Klimts Bild wurde von den Universitätsprofessoren als Pornografie verhöhnt. Die „Philosophie" sei eine nebulöse Idee, nebulös ausgeführt, nirgendwo finde man eine Allegorie der Philosophie, nirgendwo könne man den Rang der Philosophie in der Geschichte des Abendlandes erkennen, nirgendwo könne man sehen, dass das Denken die Finsternis der Unwissenheit besiege. Vordergründig beriefen sich die Kritiker auf die vielen nackten Leiber, die sich vor einer schattenhaften Sphinx wie in einer geschwungenen Säule emporwinden. Aber wahrscheinlich ging es nicht um Nacktheit, sondern um das Bildprogramm, das so verstörend wirkte. Man wusste nicht, was Klimt eigentlich wollte, was die Figuren, die Liebenden, die Kinder, der ausgemergelte Mann am unteren Bildrand, der den Kopf in die Hände legt, bedeuten sollten, man suchte nach Sinn. Den aber lieferte Klimt nicht. Er lieferte immer nur Bilder. Hilflosigkeit schlug in Wut um. Der Rektor der Universität verstieg sich zu der Deutung, der nackte Jüngling sehe aus, als denke er darüber nach, woher die kleinen Kinder kämen. Der Unterrichtsminister musste sich vor dem Parlament rechtfertigen, Klimt diesen Auftrag erteilt zu haben. Das Ministerium rächte sich, indem es Klimts Bewerbung um eine Professur an der Kunsthochschule abschlägig beschied. In Paris allerdings wurde das Bild bei der Weltausstellung mit einer Goldmedaille ausgezeichnet. Karl Kraus, der sich zum Intimfeind der Klimt'schen Kunst aufgeworfen hatte, verteidigte in der „Fackel" die Ablehnung des Philosophie-Gemäldes und ließ sich boshaft aus: „In Paris hat man die Bezeichnung ,goût juif' [...] diesmal ausschließlich für die Sehenswürdigkeiten der österreichischen Kunst, für die Werke unserer Secession reserviert." War das für Kraus eine Art und Weise, sich als Jude von seiner eigenen Herkunft abzugrenzen?

Klimt beschimpfte die „ignoranten und schwanzlosen" Universitätsprofessoren aufs Gröbste, verhöhnte Karl Kraus als einen „Fetzenschädel, dens ins Hian g'schissn hom", verspottete seinen früheren künstlerischen Mitstreiter Franz Matsch als „Hirsl", der nicht vom hohlen Ringstraßen-Kitsch wegkomme, sich dabei aber aufführe wie ein Künstlerfürst in der Nachfolge Makarts. Das Zerwürfnis mit Matsch war unwiderruflich. Nur Emilie gelang es ab und zu, Klimts tief sitzenden Groll zu vertreiben. Klimt wusste, dass sie bedingungslos zu ihm stand, ihm auf allen seinen künstlerischen Wegen zu folgen bereit war, auch wenn sich diese als Irrwege herausstellten.

Die Affäre Klimt spitzte sich zu, als die Bilder „Medizin" und „Jurisprudenz" ausgestellt wurden. Bei der „Medizin" (in der X. Ausstellung der Secession 1901 gezeigt) steht am unteren Rand des Bildes die antikisierte Göttin Hygieia, um ihren Arm schlingt sich die Asklepios-Natter, die aus einer Schale das Wasser des Lebens trinkt. Hinter ihr und neben ihr schlängeln sich monströse, nackte, menschliche Gestalten, schwangere Leiber, Männerrücken, behaart wie Gorillas, ein abgezehrter Greisenkörper, ein Totenkopf neben einer schlafenden Frau. Ein muskulöser Männerarm greift nach einer nackten Frau, die am linken Bildrand in den Himmel zu entfliehen scheint, darunter eingehüllt schwebt ein Embryo.

Tod und Leben, Krankheit und Schmerz als Themen der Medizin, gefasst in Symbole und Allegorien, die Deutung wäre so schwierig nicht gewesen. Aber in einem akademischen Umfeld, in einer Universitätsaula musste eine solch bizarre Ansammlung hässlicher nackter Körper deplaziert wirken.

Entnervt von den wütenden Kritiken äußerte sich Klimt sogar selbst, was er sehr selten tat. In der „Wiener Morgenzeitung" schrieb er: „Ich habe keine Zeit, mich persönlich in dieses Gezänke einzumengen. Es ist mir auch schon zu dumm, immer und immer wieder gegen dieselben starrköpfigen Leute aufzutreten. Wenn ich ein Bild fertig hab', so will ich nicht noch Monate verlieren, es vor der ganzen Menge zu rechtfertigen. Für mich entscheidet nicht, wie vielen es gefällt, sondern wem es gefällt. Nun und ich bin zufrieden [...]."

Emil Zuckerkandl, Medizin-Professor und Berta Zuckerkandls Gatte, ergriff Klimts Partei, plädierte für die Freiheit der Kunst und stimmte im Professoren-Kollegium für die Annahme des Klimt-Entwurfs.

Den Entwurf der „Jurisprudenz" hatte Klimt umgewandelt, er stellt in der neuen Fassung (1903 ausgestellt in der XVIII. Ausstellung der Secession) im oberen Teil die weiblichen Allegorien Wahrheit (halbnackt), Gerechtigkeit und Gesetz (bekleidet) dar, die den armen gebeugten Angeklagten im unteren Bildteil den Richtern und den Furien überlassen. Das war Klimts subtile Rache an der Obrigkeit: In diesem Lande wird kein Recht gesprochen, hier herrschen die nackten Triebe der Furien, hier werden Menschen geknebelt, zensiert, gedemütigt.

Auch hier musste sich Karl Kraus wieder mit Häme melden: „Gustav Klimt, der zweimal schon des Gedankens Blässe mit den leuchtenden Farben übertüncht hat, wollte die ‚Jurisprudenz' malen und hat das Strafrecht symbolisiert in studentenulkiger Stimmung: ein Verbrecher und ein polypenartiges Fabeltier, das sich dräuend bäumt, stehen vor den Gerichtsschranken."

1905 trat Klimt vom Auftrag des Ministeriums zurück, retournierte mit Unterstützung von August Lederer das erhaltene Honorar und nahm die drei Bilder zurück in seinen Privatbesitz.

Hermann Bahr, ein Bewunderer Klimts, hatte in seinem Büchlein „Gegen Klimt" Äußerungen gesammelt, die gegen Klimts Bilder sprachen, vor allem gegen die Universitätsbilder. Seltsamerweise konnte Klimt damit umgehen, amüsierte sich über die Ignoranz und Borniertheit der „Schreiberlinge" und gab Teile aus einem Gedicht zum Besten, das der Mundart-Dichter Eduard Pötzl auf das Bild der „Philosophie" gedichtet hatte:

Der dürre Greis ist fertig zum Seciren,
Das blasse Weibervolk zum Auscuriren;
Der pralle Mann treibt Orthopädik –
Gott sei den Patienten gnädig!
Den Kindern winkt die Serumtherapie;
Dem Kleinsten d'rüben hat die Chirurgie
Die beiden Arme weggeschnitten,
Doch nichts hat es dabei gelitten
Besagt die kummerlose Pose:
Das war die Folge der Narkose.
Als diese ist dann dargestellt,
Was man für Weltenstaub jetzt hält.
In Wirklichkeit ist es der Aether,
Vermischt mit Chloroform, der später
Verdichtet sich in diesem Haupt
Und der Besinnung es beraubt.
Sobald es anästhetisch wird,
Wird es vermuthlich trepanirt.

Klimt rezitierte im Wiener Dialekt und konnte damit seine Freunde im Café Sperl zu Lachtränen reizen. Nur bei Karl Kraus brachte er nicht die geringste Souveränität auf, Kraus blieb sein Intimfeind. Er war eben ein anderes intellektuelles Kaliber als der gemütliche Mundart-Dichter Pötzl.

Emilie fürchtete den Tag, an dem die „Fackel" nach der Kunstschau erschien. Und natürlich goss Kraus, wie zu erwarten war, wieder Hohn und Spott über Klimt aus. Er entdeckte in Klimt eine „infantile Harmoniesucht", da dieser nicht Genüge daran finde, ein Künstler zu sein, sondern auch noch in Kumpanei mit dem Publikum treten müsse. Die von Klimt verkündete Gemeinschaft von Kunstschaffenden und Kunstgenießenden war für einen Mann wie Kraus eine unerträgliche Anbiederung. Kraus betrachtete in seinen intellektuellen Allmachtsfantasien seine Leser als Sklaven, die ihm zu gehorchen und fraglos zu folgen hatten. Er duldete keinen Widerspruch. Die Secession und die Kunstschau verkündeten ein Lebensprogramm, Kraus vertrat ein Herrschaftsprogramm: Die Kluft war unüberbrückbar.

Am meisten aber verletzte Klimt, dass Kraus seinen Stil als fatalen Hang zum Ornamentalen geißelte, ihn als Dekorateurmaler abtat, als einen harmlosen Vergolder.

„Und den Erfolg kann er dir doch nicht nehmen", sagte Emilie, als sie die „Fackel" aus der Hand legte. „Da kann der Kraus schreiben, was er will. Er hat eine entschiedene Skepsis gegen die Pracht der Worte. Das überträgt er jetzt auf die Malerei. Als ginge es dir um Pracht, um Verzierung, um Schnörkel. Er versteht überhaupt nicht das Neue, das du schaffst. Er will es gar nicht verstehen."

Seltsamerweise war das Echo der deutschen Kritiker positiver als das der österreichischen. Anfang 1909 erhielt Emilie das neue Heft von „Deutsche Kunst und Dekoration" aus Darmstadt, jener Zeitschrift, die ja auch die von Klimt fotografierten Modebilder veröffentlicht hatte. Darin schrieb Josef August Lux über die Kunstschau: „Eigentlich scheint mir die Ausstellung ein Festkleid um Klimt zu sein, eine Verherrlichung, die mir gerecht erscheint. Klimt ist der künstlerische Gipfelpunkt."

Und bei der Betrachtung der Porträts von Adele Bloch-Bauer und Fritza Riedler im Klimt-Saal geriet Lux erst recht ins Schwärmen: „Ich kann mir denken, warum die klugen Frauen so gerne von Klimt gemalt werden wollen. Die Sehnsucht ist groß, über dem Alltag zu stehen, in Gold und juwelenhafte Farben gefaßt, wie Fürstinnen oder Madonnen, mit bedeutsamem Lächeln, hinter dem mild verschleiert abgrundtiefe Geheimnisse liegen, und in einer Schönheit, die von den gierigen Händen des Lebens nicht mehr zerpflückt und verwüstet werden kann. So hat mich der Künstler geträumt."

Und mich hat er als Wasserfrau geträumt, dachte Emilie.

Arbeitsmoral

Helene betreute die Schneiderinnen, die in fester Anstellung für den Salon der Schwestern Flöge arbeiteten, aber nicht in den Werkstätten in der Mariahilfer Straße nähten, weil die Räume aus allen Nähten platzten. Den freien Näherinnen wurden Nähmaschinen gestellt, auf denen sie in ihren Wohnungen Aufträge ausführten. Helene fuhr mit der Straßenbahn durch ganz Wien, brachte Pakete mit zugeschnittenen Stoffen, holte fertige Kleider ab. Später hatte der Salon Flöge ein Auto und einen Chauffeur, der diese Dienste erledigte.

Es verging kaum eine Woche, in der Helene nicht mit der Nachricht nach Hause kam, dass eine Näherin schwanger sei. Immer waren die Mädchen blutjung und ledig, nur in den seltensten Fällen waren die Kindsväter zur Heirat bereit. Immer berichtete Helene von Katastrophen und Weinkrämpfen. Und alle Mädchen bettelten, weiter arbeiten zu dürfen.

Emilie war ungerührt. Die Nähfräulein bekamen nach der Geburt des Kindes einen dreiwöchigen Urlaub, dann saßen sie wieder an der Nähmaschine, oder ihnen wurde gekündigt.

„Du bist hart, Emilie. Es sind doch arme Geschöpfe."

„Wieso? Sie haben einen Verstand. Sie wissen, dass Kinder nicht vom Himmel fallen. Sie haben eine Entscheidung getroffen, als sie sich mit einem Mann eingelassen haben. Für Entscheidungen muss man Verantwortung übernehmen."

„Ach Emilie. Du hast ja keine Ahnung. Männer machen Versprechungen. Die Mädchen sind leichtgläubig. Sie glauben, sie müssen sich hingeben, weil sie sonst den Mann verlieren. Er macht ihnen Geschenke und Komplimente, führt sie aus. Und schon ist es geschehen."

Auch bei Helene war es „geschehen" gewesen. Sie hatte Glück gehabt, dass Ernst Klimt es ernst mit ihr gemeint und die Schwangerschaft die Heirat allenfalls beschleunigt hatte. Aber Helene kannte das Zittern und Zagen, wenn man auf das Eintreten der Periode wartete, zigmal am Tag auf die Toilette rannte, um zu sehen, ob sich nicht doch die ersten Blutspuren in der Unterhose befanden. Sie hatte Mitleid mit den Mädchen.

„Emilie, ich weiß, wir sind kein Wohltätigkeitsverein, sondern ein Unternehmen, die Näherinnen können die Kinder weggeben oder von ihren Müttern aufziehen lassen, aber es gibt Härtefälle…"

„Wenn wir Ausnahmen machen, haben wir verloren. Und was willst du: Sie können ja weiter für uns arbeiten, wir verlangen doch nur, dass die Arbeit erstklassig und pünktlich abgeliefert wird."

„Aber Kinder sind manchmal krank und schreien die ganze Nacht durch."

„Ich arbeite manchmal auch die ganze Nacht durch, wenn die Robe für die gnädige Frau Rothschild um jeden Preis fertig werden muss."

„Emilie, du hattest nie ein Kind."

„Da hast du allerdings recht."

Schürzen-Jäger

Emilie ging oft am Naschmarkt vorbei, wenn sie in die Kärntner Straße oder auf den Graben wollte. Manchmal blieb sie stehen und beobachtete das Treiben, sah vor allem den Frauen zu, die Körbe voller Gemüse von den Karren hoben und zu ihren Ständen schleppten. Auch wenn sie ihre Ware verstaut hatten, standen sie hinter ihren Auslagen in einer gebückten Haltung. Bei den älteren Frauen konnte Emilie das verstehen, die Last der Jahre, die Last der harten körperlichen Arbeit hatte ihre Rücken gekrümmt. Aber da waren auch junge, kräftig gebaute Mädchen vom Lande, die spielend die Körbe hochhoben, denen nichts zu schwer erschien – aber auch die gingen nicht aufrecht, sondern ließen die Schultern nach vorn fallen, die Brust einsinken und den Rücken hohl werden, was sie vorzeitig alt aussehen ließ, auch wenn die frische Gesichtsfarbe, die muskulösen Arme und Beine dem Bild des Alters Hohn sprachen.

„Ich schau' mir diese jungen Dinger an und frage mich, warum sie nicht gerade gehen können", sagte Emilie zu ihren Schwestern.

Pauline hatte wie immer eine praktische Antwort: „Die haben alle keine ordentlichen Schuhe. Dazu reicht das Geld nicht. Deshalb watscheln sie so."

Helene schob die gekrümmte Haltung auf das naheliegende Übel: „Wenn wir jeden Morgen 20 Zentner Erdäpfel aus dem Fuhrwerk heben und auf den Markt schleppen müssten, würden wir auf unseren Kniescheiben gehen."

Aber Emilie gab sich mit diesen Vermutungen nicht zufrieden, und eines Tages verblüffte sie alle mit einer gewagten Erklärung: „Die Marktfrauen gehen so gekrümmt, weil sie Schürzen tragen."

Schallendes Gelächter der Schwestern, in das auch die Mutter einstimmte.

„Klar, die Schürzen sind ja aus Blei gegossen und ziehen die armen Mädchen in den Erdboden hinein", mokierte sich Helene.

Emilie ließ sich nicht beirren, und man konnte sehen, dass an ihr eine Lehrerin verloren gegangen war, die nichts lieber tat, als ihre Meinung ausführlich zu entfalten und schließlich als Erkenntnis zu verkaufen.

„Wir sind uns doch einig, dass Kleidung eine Frau versklaven oder befreien kann, dass durch die Kleidung ihre Persönlichkeit ausgedrückt oder verneint wird, dass wir sehen, ob wir da ein ängstliches Häschen oder eine selbstbewusste Frau vor uns haben. Natürlich lassen sich die Marktfrauen nicht durch enge Korsetts einschnüren oder von ausladenden Krinolinen behindern, sie tragen Arbeitskleidung – und darin müssen sie sich bewegen können. Aber die Kleidung verändert einen Menschen. Wenn du immer nur Schürzen oder Kittel trägst, dann streckst du der Welt nicht mehr deinen schönen Busen entgegen, dann sind die Schultern nicht mehr wie durch kleine Polster betont, sodass dein Oberkörper eine anmutige Silhouette abgibt, dann verliert sich deine Schönheit, weil du keine Chance hast, sie selbst wahrzunehmen, geschweige jemand anders. Helene hat das ganz richtig gesagt: In alle Schürzen sind Bleikugeln eingenäht, die das Selbstvertrauen erschießen."

„Philosophie: sehr gut", sagte Pauline. „Und wie können wir den armen Frauen helfen? Indem sie ein Flöge-Kleid für einen Jahresverdienst kaufen und sich mit Korbspänen Löcher hineinreißen oder es mit aparten Rotkraut-Flecken verzieren?"

„Man kann auch aus einfachem Baumwollstoff hübsche Kleider fabrizieren, es ist nur nichts für unsere Kundschaft. Aber wenn die Schürzen und Kittel aus dem Leben der Frauen verbannt würden, gäbe es mehr glückliche Frauen mit aufrechtem Gang. Die Schürzen-Jäger jagen doch gar keine Schürzen, suchen doch kein abgearbeitetes Weiberl, sondern eine hübsche Frau, die lachen kann und selbstbewusst ist."

„Das ist alles nicht so lebensnah, was du da sagst, Emilie", mahnte Mutter Barbara, „Irgendwer muss die Arbeit doch tun. Und unsere Ida serviert uns das Essen auch mit einem weißen Spitzenschürzerl, das sie um die Taille bindet."

„Das ist keine Schürze, sondern ein Fetzen Koketterie", tat Emilie den Einwand bündig ab.

„Ja, sollen wir jetzt modische Arbeitskittel nähen?", hakte Pauline nach. „Das haben wir ja schon einmal erfolgreich beim Kochwettbewerb getan. Dann müssten wir uns aber gewaltig umstellen. Und Emilie bräuchte überhaupt nicht mehr nach Paris oder London zu fahren. Kittel brächten wir auch ohne internationale Inspirationen zustande."

Emilie sah, dass sie hier einen Stein losgetreten hatte, der direkt vor ihre Füße rollte. Wahrscheinlich erörterte sie solche Fragen besser mit Gustav oder mit den Freunden von der Werkstätte, die verstünden, dass sie, Emilie, am liebsten die Schürze verbannen würde, verbieten als eine Waffe der Unterwerfung im Kampf der Geschlechter.

Dass ihre Schwestern das nicht einsehen konnten! Stöhnte nicht Helene manchmal, wenn einige Kundinnen nicht einfach eine Modeberatung wünschten, sondern auch noch eine komplette Lebensberatung, wenn das Gespräch über passende Stoffe und Farben immer weiter abschweifte und in den Tiefen ehelicher Schlafzimmer endete? Pauline hatte vielleicht nie am eigenen Leibe erlebt, was ein Kleid aus einer Frau „macht", wie es ihr Selbst ins Schwingen bringt, den Blick aufhellt, den Gang beschleunigt, ein Gefühl von Ganzheit vermittelt – und manchmal einen Übermut freisetzt, der zu köstlichen Überraschungen führen kann.

Aber Helene, die im Sinnlichen so viel begabter war, musste doch um die Wechselwirkung von Erscheinung und Wesen wissen. Warum reagierten ihre Schwestern nur so abweisend?

Wahrscheinlich empfanden sie das Nachdenken über Mode als lästig. Wahrscheinlich dozierte Emilie zu viel. „Wenn man zu viel denkt, fabriziert man schiefe Nähte", hatte Helene einmal gesagt.

Als könne man irgendetwas gut machen, ohne zu denken! Es gab nie nur Praxis. Jedes Kleidungsstück war eine Entscheidung, und man musste sich fragen, wofür. Welches Bild von der Frau habe ich in mir, wenn ich ein Kleid entwerfe, und welches Bild von sich hat eine Frau, die ein Kleid kauft?

„Vielleicht sollte man einen Kammerjäger damit beauftragen, statt der vielen Ratten, die es in Wien gibt, künftig Schürzen zu jagen und zu vernichten. Vielleicht in Form eines großen Osterfeuers auf dem Karlsplatz. Das wär' eine Hetz!" Helene konnte es einfach nicht lassen zu lästern.

„Ach, Kinder", sagte Barbara Flöge, „gebt doch wieder Ruh'. Das ist doch alles Streit um des Kaisers Bart."

Um des Kaisers Bart geht es gerade einmal nicht, dachte Emilie. Aber sie gab Ruh. Vorläufig.

Süßer Schlaf und reines Glück

In Barbara Flöges Küche hing ein Abreißkalender für alle Tage. Die Töchter machten sich darüber lustig, wenn die Mutter morgens beim Frühstück sagte: „Heute ist der 2. April, und die Losung des Tages lautet…" Und dann hätte eigentlich bei guten Protestanten ein Bibelspruch kommen müssen. Aber Protestantinnen waren die drei Töchter nur nach dem Bekenntnis des Vaters, dessen Familie vor etlichen Generationen aus dem Hannoverischen gekommen war. Die Töchter waren nicht fromm. Mutter Barbara war Katholikin, und auch wenn sie ihren Kindern nicht die Religion hatte vererben können, hatte sie sich dennoch geweigert, bei ihrer Heirat zum Protestantismus überzutreten. Bis zum Lebensende ihres Mannes hatten die Eheleute in „einer gepflegten Mischehe" gelebt.

Der Abreißkalender war kein frommer, sondern ein Spruch-Kalender, der jeden Tag die Weisheit eines Dichters, selten auch einmal einer Dichterin (wenn, dann war es natürlich Marie von Ebner-Eschenbach) als Trost und Ermunterung anbot. Die Dichter waren vornehmlich österreichische Volksschriftsteller, Peter Rosegger war überproportional vertreten. Die Schwestern lachten schallend, wenn Mutter Barbara eine Rosegger-Weisheit wie diese vorlas: „Das Weib ist eine Nuß, die man aufknacken muß, dem Manne Gott genad', der keine Zähn' mehr hat." Auch Ferdinand Raimund und Nestroy sorgten für heitere oder ironische Sprüche zum Tage. Aber heute war tatsächlich Johann Wolfgang von Goethe an der Reihe. Der Name voll ausgeschrieben, dafür keine Quellenangabe, typisch für alles Erbauliche.

„Süßer Schlaf! Du kommst wie ein reines Glück ungebeten, unerfleht am willigsten!"

Emilie rief sofort: „Gib mir das Blatt. Ich leg' es mir unters Kopfpolster!"

Alle in der Familie wussten, dass Emilie unter Schlaflosigkeit litt. Jeden Morgen, wenn sie mit verquollenen Augen am Frühstückstisch erschien, sangen Helene und Pauline im Chor: „Ich habe wieder einmal überhaupt nicht geschlafen." Dann guckte Emilie böse: „Ihr habt einfach keine Ahnung, wie das ist. Ihr schlaft ja gut, weil euch die Verantwortung nicht so schwer drückt."

Die Schlaflosigkeit wurde auch bemüht, um Emilies Nervosität zu erklären. „Du kannst nicht ruhig sitzen, immerzu musst du aufspringen", beklagte sich Helene. „Du machst alle Näherinnen verrückt."

„Wenn du richtig essen würdest, hättest du auch keine Nerven", sagte Barbara, die Mutter. „Wenn ich es nur an den Nerven hätte, wäre ich glücklich", sagte Pauline, die immer eine Leidende war und deren Wehwehchen niemand recht ernst nahm, bis sie im Alter von 51 Jahren plötzlich starb.

Klimt sagte: „Wir leben in einem Zeitalter der Nervösen. Alle sind reizbar oder gereizt. Das ist nichts Besonderes. Vielleicht ist es sogar die Voraussetzung für Kunst."

Serena Lederer hatte Emilie erzählt, dass die Damen der Gesellschaft bei solchen Zuständen jetzt zu Herrn Dr. Freud in die Berggasse gingen. Der glaube, dass alles aus dem Unterleib komme. Dort sitze das Hysterische. „Und was verordnet er?", fragte Emilie. „Man muss sich auf eine Couch legen und ihm seine Träume erzählen." – „Und sonst?" – „Sonst wohl nichts." – „Und das soll helfen?" – „Manche sind begeistert."

Emilie glaubte nicht an solche Therapien. Außerdem hatte sie keine Zeit, sich bei Dr. Freud auf die Couch zu legen. Sie arbeitete hart. Sie arbeitete gern. Sie war eine Perfektionistin. Nur wenn die Kundinnen des Salons Schwestern Flöge über die Maßen zufrieden waren, nicht einfach zufrieden, sondern über die Maßen, blieb der Salon ein Erfolg. Helene war auch fleißig und gewissenhaft, aber sie setzte sich nie unter Druck. Außerdem musste sie sich neben der Arbeit noch um ihre Tochter Lentschi kümmern. Lentschi ging zur Schule, war auch bei ihrer Oma Barbara gut aufgehoben, aber an den Abenden oder am Wochenende winkte Helene ab, wenn Termine drängten. Und Pauline war willig, erfahren, vernünftig – aber sie war nicht ehrgeizig.

Alles, was unter Insomnie Leidende seit Hunderten von Jahren versuchten, probierte auch Emilie aus: warme Milch mit Honig vor dem Schlafengehen. Warmes Fußbad, warmes Kirschkernkissen auf dem Leib, Abendspaziergang, früh schlafen gehen, spät schlafen gehen, Zimmer verdunkeln, Zimmer keinesfalls verdunkeln – nichts half. Sie versuchte, ihre Schlaflosigkeit produktiv zu machen, entwarf im Kopf neue Modelle, überlegte, welche Modelle ideal für welche Kundinnen sein könnten, plante ihre nächsten Reisen nach London und Paris, grübelte, wie sie ihre Sammlung von Spitzen und Stickereien vervollständigen könnte.

Dachte an Gustav.

Nichts half.

Das Denken an Gustav schon gar nicht.

Wie sollte sie am nächsten Tag wieder arbeiten können, besonnen und souverän agieren, die richtigen Entscheidungen treffen, wenn sie ein Nervenbündel war?

Meist kam der Schlaf gegen 3 Uhr morgens, kam als reines Glück, ungebeten und nicht mehr erfleht. Aber er war zu kurz. Um 6 Uhr ging der Wecker. Sie war es, die morgens den Salon aufsperrte, das ließ sie sich nicht nehmen.

Kinderhäubchen

In Emilie steckte eine Sammlerin von Ornamenten. Sie wusste, dass ihre Sommerkleider, ihre Nachmittagskleider, ihre Abendkleider vom edlen Stoff, vom raffinierten Schnitt, aber auch vom exklusiven Dekor lebten. Natürlich brachte sie aus Paris besondere Spitzen und Zierrat mit, natürlich lieferten ihr die geometrischen Stoffe der Wiener Werkstätte Material in Fülle. Wie eine Kostümbildnerin am Theater hielt sie aber auch immer wieder Ausschau in den Wiener Antiquitätengeschäften nach alten Textilien, die „etwas hergaben": einen Streifen am Ärmel, eine Verzierung am Brustlatz, eine Bordüre am Saum. Anfangs ging es ihr nur um das Verwerten der alten Objekte, sie trennte heraus, schnitt ab, arrangierte neu, applizierte, nähte auf, fügte ein, dekorierte, modellierte – wie eine Künstlerin, die aus verschiedenen Materialien eine Skulptur erstellt. Geklöppelte Tischdecken konnten ein Fund sein, uralte Spitzenblusen, gestickte Kopfkissenhüllen, Trachtenröcke – eigentlich alles, woran sich Frauen vor langer oder auch gar nicht so langer Zeit in liebevoller Handarbeit verschwendet und damit Werte geschaffen hatten, die auf Geduld und Können beruhten. Werte, die in Zeiten der fortschreitenden industriellen Fertigung einfach nicht mehr hervorgebracht wurden.

Die einschlägigen Wiener Geschäfte wussten bald, was Emilie Flöge suchte und boten ihr textile Volkskunst aus den Ländern der Habsburger-Monarchie an, den noch existierenden oder früheren: aus Böhmen und Mähren, aus Ungarn, Kroatien und der Slowakei. Neben der Qualität der Arbeit begeisterte Emilie die Klarheit der Strukturen, die Farbigkeit der Objekte, die „Primitivität", wie es manche nannten, was nichts anderes bedeutete als eingewirkte Schlichtheit und Lebensfreude. Wie viele andere faszinierte sie an der bäuerlichen Kultur das Ursprüngliche, Originäre, das seit Generationen unverändert Überlieferte. Vielleicht war das eine Projektion, ein Sehnsuchtsbild, das mit der Realität in den Dörfern der Slowakei nicht mehr viel gemein hatte. Aber in den archaischen

Mustern und Materialien (oft handelte es sich um Leinen oder mehr oder minder feine Baumwolle) sah Emilie Vorbilder für ihre eigenen Modeideale: eine Stärke, die aus der Einfachheit und der Fülle zugleich kommt.

Neben das Traditionelle trat auch der exotische Reiz dieser Textilien, die – für eine Großstädterin – Anmutung von völliger Fremdheit. Die parallele Faszination findet sich bei Klimt, der sich mit japanischem Kunsthandwerk beschäftigte. In seinen letzten Lebensjahren waren in seinem Atelier vor allem Bücher über japanische Kunstgeschichte und chinesische Kunst zu finden.

Als Emilie eines Tages ein Trachtenleibchen und einen Trachtenwickelrock aus Mähren auf den Tisch bekam, ließ sie die Schere fallen. Diese Kunstwerke zu zerschneiden wäre ein Sakrileg gewesen. So ungemein fein war das orangefarbene Leibchen mit roten Rosen bestickt, jedes Blütenblatt in feinstem Plattstich ausgeführt, der Blütenkelch in Schwarz „ausgemalt", die Blätter in zartem Grün, um jede Rose noch eine dekorative Schleife geschlungen. Wie viele Abende mochte ein Bauernmädchen an diesem Teil gearbeitet haben, Monate, vielleicht ein Jahr? Genauso ging es Emilie mit dem Trachtenwickelrock, dessen Bahnen in allen Grundfarben zum Saum liefen: Violett, Indigo, Blau, Grün, Gelb, Gelbrot und Rot. In der Mitte auf der Vorderseite und auf der Rückseite gab es zwei breitere Bordüren mit arabesken Ornamenten in den Farben Blau, Lindgrün und Zartrosa, die sich wunderbar hätten heraustrennen lassen und die als Applikation auf dem Brustlatz eines weißen Sommerkleides einen Blickfang gebildet hätten. Aber diese Sünde brachte Emilie nicht übers Herz. Sie reinigte die beiden Objekte mit mildem Seifenpulver, trocknete sie zwischen Tüchern, bügelte sie von links und stellte sie in einer Vitrine im Salon aus.

Von diesem Zeitpunkt an zerschnitt sie nur noch, was ohnehin schon zerstückelt oder ramponiert war. Alle anderen Objekte wurden in Seidenpapier gewickelt, in Schränken aufbewahrt und im Salon in Schaukästen präsentiert. Wenn Emilie besonders schöne Beispiele alter Textilkunst gefunden hatte, kannte ihr Entzücken keine Grenzen.

Emilie hatte sich bei der Einrichtung des Salons für Farblosigkeit entschieden, für eine konsequente Gestaltung in Schwarz-Weiß, hatte sogar dem Fußboden die Wärme des Eichenholzes ausgetrieben, um die noble Kühle und Distanz zu verstärken, hatte ein männliches ästhetisches Konzept übernommen – doch in den Vitrinen, hinter Glas und damit auch wieder in der Distanz ließ sie Farben triumphieren, gestattete sie sich, den Mitarbeiterinnen und den Kundinnen Ausflüge in traditionelle Inszenierungen weiblicher Schönheit.

„Na, was hast du heute aufgetrieben?", fragte ihre Schwester Helene, wenn die sonst so nervöse Emilie ausgeglichen und gelassen in der Werkstatt die Arbeit der Näherinnen überwachte. Dann ließ Emilie die Arbeit ruhen und zog eine Schublade heraus: „Nun schau dir dieses Kinderhäubchen an: weißer Batist mit rundgehäkelten Spitzenblüten, allerliebst."

Helene sah, dass ihre Schwester nicht nur die handwerkliche Feinarbeit würdigte. So, wie Emilie das Mützchen hielt, sah es aus, als hielte sie den Kopf eines Neugeborenen, sie schaute es liebevoll an, verharrte in der Versenkung.

Das Sammeln wurde eine Leidenschaft. Alle wussten von Emilies „Tic" und gaben ihr Bescheid, wenn sie von einer „Entdeckung" hörten. Unter „Entdeckung" tat Emilie es nicht. Es musste etwas Singuläres, etwas in Stil und Arbeit Perfektes sein, damit sie es kaufte. Dann handelte sie, die für ihre harten Kalkulationen bekannt war, nicht einmal um den Preis. Während des Zweiten Weltkrieges schaffte sie zweihundert Objekte in ihr Haus am Attersee und rettete sie vor dem Brand in der Wiener Wohnung: Trachtenhauben, Spitzendecken, Foulards, Röcke, Blusen, Polsterbezüge, Kissenhüllen, Kinderkleider, Babymützen und auch Trachtenpüppchen finden sich in der Sammlung.

Für Emilie hatte diese Form ethnologischen Aufbewahrens nichts Museales oder Folkloristisches an sich. Zu Gustav, der die Leidenschaft des Sammelns teilte, sagte sie: „Es inspiriert mich!"

Knopf-Marie und Futter-Anna

In der Werkstatt war Emilie ob ihrer Strenge gefürchtet. Die Näherinnen waren froh, wenn Pauline „auf dem Damm" war. Pauline unterstanden die Werkräume, sie führte die Aufsicht, sie kontrollierte die Arbeiten. Aber Pauline war oft krank. Dann übernahm Emilie die Vertretung. Wenn sie eintrat und den Näherinnen über die Schulter sah, beugten sich diese noch tiefer über die Nähmaschinen. Alle wussten, dass Emilie Sperber-Augen besaß, mit denen sie jede kleinste Nachlässigkeit entdeckte. Eine um eine Farbschattierung nicht genau passende Nähseide, ein um einen Millimeter schief genähter Futtersaum, ein zu locker angenähter Knopf konnten sie in Harnisch bringen. Helene musste oft vermitteln, wenn Emilie eine der Näherinnen allzu barsch angeherrscht hatte. Emilies Versuche, die Produktion immer mehr zu perfektionieren, sodass nur absolut makellose Kleidungsstücke das Atelier verließen, nahmen wunderliche Züge an. Am Anfang hatten die Schwestern Flöge geglaubt, es sei das Beste, wenn eine Näherin ein Teil vom ersten Stich bis zum letzten Bügeln vollendete, das musste ein Erfolgserlebnis sein. „Mein Kleid" konnte dann eine Näherin stolz behaupten, oder „meine Bluse". Aber Emilie machte bald andere Vorschläge. Sie hatte entdeckt, dass alle Näherinnen, vornehmlich die älteren, ihre speziellen Fertigkeiten hatten, manche Arbeiten besonders gut und besonders schnell erledigten, andere Teilarbeiten weniger perfekt. Das müsse man sich zunutze machen, riet sie. So gab es für vier Wochen einen Probelauf: Auf Emilies Anregung wurde die Arbeit aufgeteilt. Den wichtigsten und verantwortungsvollsten Part hatten die Zuschneiderinnen inne: Ein verschnittener Stoff bedeutete zig Kronen Verlust, solche Einbußen konnte man sich nicht leisten. Die zwei Zuschneiderinnen, die der Salon beschäftigte, wurden deutlich besser bezahlt als die Näherinnen. Diese wurden nun spezialisiert: Marie überzog von morgens bis abends Knöpfe mit Stoff und nähte mit der Hand Knopflöcher, eine diffizile Arbeit. Anna war eine Meisterin im Nähen von Futtertaft: In einer aberwitzigen

Geschwindigkeit konnte sie Unterröcke säumen und zwar so, dass die Stiche alle den gleichen Abstand hatten und kein Stich auf der Oberseite zu erkennen war. Else konnte mit schwierigen Stoffen umgehen: Seide rutschte unter der Nähnadel weg, wenn man sie nicht ganz glatt führte, Samt verhedderte leicht, Wollgeorgette zog Schlaufen. Amalie war die Meisterin der Blusenabnäher, Olga war für Kostümkragen zuständig, die mit Filz versteift und mit Ziernähten abgesetzt wurden. In der Werkstatt bürgerten sich schon die Kombinationen von Name und Funktion als Spitznamen ein: Futter-Anna und Knopf-Marie. Spitzen-Lene war regelrecht stolz auf ihren Namen. Nur Erna, die in Sommerkleider Schweißblätter einnähte, wehrte sich gegen alle Versuche, ihren Namen mit ihrer Tätigkeit in Verbindung zu bringen.

„In Amerika werden jetzt Autos so zusammengebaut", sagte Gustav. Er war irritiert, dass ein „Gesamtkunstwerk", wie es in seinen Augen jedes Kleid, das Emilie entworfen hatte, war, auf so „segmentierte" Weise zustande kommen sollte. Mit der Zeit weichte die starre Aufteilung des Fertigungsprozesses auch wieder auf. Emilie musste erkennen, dass Monotonie das Einfallstor für Nachlässigkeit ist. Ihr Drang nach Perfektion aber ließ nie nach, das hatten alle Beschäftigten bis zum Lehrling im ersten Jahr verinnerlicht. Sollte sich trotzdem einmal saumselige Unachtsamkeit einschleichen, konnten sich die Augenbrauen der Chefin mit dem sanftmütigen Gesicht in einer Weise dräuend zusammenziehen, dass sich die Atmosphäre in der Werkstätte schlagartig verdickte.

„Pass nur auf, sonst kriegst du vor der Zeit Ärger-Falten", warnte Pauline.

„Ich passe auf, dass der Name ‚Salon Schwestern Flöge' keine Falten wirft", sagte Emilie.

Montaigne

Nach Paris zu den großen Modenschauen bei Doucet, Drécoll, Paquin und Worth in der Rue de la Paix und natürlich beim Agent Provocateur der Modeszene, Paul Poiret, fuhr Emilie immer im September und Februar. Ende Februar und Anfang März war es in Paris manchmal so klirrekalt wie in Wien, aber sie war ja in Geschäften und nicht zum Vergnügen in dieser Stadt, gönnte sich auch selten einen Besuch der großen Museen oder einen Ausflug nach Versailles.

Genauso wichtig wie die Anregungen und Entwürfe, die sie auf den Modenschauen empfing, waren für Emilie die Einkäufe bei den Stofflieferanten. Außer bei Maurice Lesure und bei Eugène Rodier kaufte sie gerne bei Monsieur Dœuillet ein, der besonders apart bedruckte Seiden anbieten konnte. Anders als bei Lesure verlief hier der Einkauf nüchtern und knapp. Monsieur Dœuillet pries seine Ware nicht an, der Preis war nicht verhandelbar, entweder Madame kaufte oder eben nicht. Umso ausschweifender aber erzählte Monsieur von seiner Familie. Er hatte vier Söhne, drei von ihnen hatten glänzende Karrieren gemacht, einer war ein Financier, ein zweiter Rechtsanwalt, der dritte hatte in ein Unternehmen eingeheiratet, das die Stahlträger für die Konstruktion des Eiffelturms geliefert hatte. Nur der Jüngste, Jean-Philippe, machte Sorgen. Er war schon dreißig Jahre alt und studierte immer noch an der Sorbonne. „Philosophie" – in Monsieurs Mund klang das anrüchig. Emilie zeigte in Maßen Mitgefühl, fragte, ob es nicht schönste französische Tradition sei, sich mit Philosophie zu befassen. Monsieur hätte lieber gesehen, wenn sich sein Sohn mit anderen schönen französischen Traditionen beschäftigte, zum Beispiel mit jener, gute Geschäfte zu machen.

Als Emilie im Februar 1909 zu Monsieur Dœuillet kam und die neuen Seidenstoffe in Augenschein nahm, rief dieser ins Nebenzimmer: „Jean-Philippe, Jean-Philippe". Der an die brotlose Kunst verloren geglaubte Sohn kam herein. „Madame, das ist Jean-Philippe", stellte Monsieur nicht ohne Stolz vor. „Er ist in unser

Geschäft eingestiegen. Philippe, das ist Mademoiselle Flöge aus Wien, eine berühmte Modeschöpferin."

Philippe verbeugte sich. Er war ein hochgewachsener, schlaksiger Mann, der jünger als dreißig wirkte. Er lächelte nicht, stand steif im Türrahmen, als erwarte er weitere Anweisungen. Emilie schaute ihn neugierig an. Der junge Mann sah aus wie die Hauptfigur in einem Roman von Stendhal: dunkle, leicht gelockte Haare, etwas länger, als es die Mode erlaubte, eine hohe Stirn, dunkle Augen, eine klassische römische Nase, schmale Lippen, einen Anflug von dunklem Bartschatten in der Kinngegend. Er wirkte selbstbewusst, keinesfalls schüchtern, nicht unglücklich, aber gelangweilt.

Emilie konzentrierte sich wieder auf die Stoffe. Sie wollte einen Kleiderstoff gleich mit nach Hause nehmen, da eine ihrer Kundinnen zu einer Hochzeit eingeladen war, die Zeit drängte. Die blaue Seide mit den hellblauen, sehr zurückhaltenden Blumenmotiven wäre wohl genau das Richtige. Alle anderen Einkäufe würden per Express mit dem Zug nach Wien geschickt werden.

„Jean-Philippe", rief Monsieur. „Begleite Mademoiselle Flöge ins Hotel und trage ihr das Päckchen." – „Aber Monsieur", protestierte Emilie, „ich werde doch wohl den federleichten Stoff tragen können."

Doch Monsieur Dœuillet duldete keinen Widerspruch. So sah sich Emilie neben Jean-Philippe Dœuillet über die abendlich erleuchteten Boulevards in Richtung des Grand Hôtel streben. Die Konversation verebbte, nachdem alles über das Wetter gesagt war.

„Wollen Sie wirklich die Philosophie an den Nagel hängen und sich mit Textilien beschäftigen? Wie schade!", brach es schließlich aus Emilie heraus. Philippe sah sie erstaunt an. „Wenn man so will, ist beides gewirkter Stoff", wich er aus. Er nahm ihren Arm, um sie um eine Regenpfütze zu geleiten, ließ den Arm dann sofort wieder los. „Ist es in Wien üblich, dass Frauen Modeschöpfer sind?", fragte er zurück. Sie kamen ins Gespräch, erreichten den Boulevard des Capucines, viel zu schnell, wie Emilie fand, der Portier des Grand Hôtel öffnete schon die Tür, Emilie bedankte sich, aber Monsieur Dœuillet junior behielt das Päckchen in der Hand. „Darf ich Sie einladen, mit mir in ein Restaurant zu gehen? Ich weiß ein kleines Lokal in der Nähe des Jardin du Luxembourg. Sind Sie schon einmal mit der neuen Métro gefahren? Das wäre doch die Gelegenheit."

Emilie trank mehr als ein Glas Wein, was sie sonst nie tat. Sie hörte sich unverhältnismäßig oft lachen. Wie faszinierend der junge Mann über Philosophie sprechen konnte. Er ließ sich vor allem über Montaigne aus, dessen „Essais" er schätzte, fühlte er sich doch dem skeptischen Denken dieses Mannes verbunden, der im 16. Jahrhundert die grausamsten Religionskriege erlebte, darüber aber nicht zum Zyniker wurde, sondern zu einem Humanisten, der seiner aufgeklärten Vernunft mehr vertraute als kirchlicher oder staatlicher Autorität. Emilie schwirrte der Kopf, aber Jean-Philippe schien das nicht wahrzunehmen. Er glühte im Eifer seiner Begeisterung für Montaigne und zitierte Nietzsche sinngemäß mit den Worten: „Seit ich Montaigne kenne, diese freieste und kräftigste Seele, ist meine Lust auf Erden vermehrt worden. Es ist mir, als sei mir ein Bein oder Flügel gewachsen."

Ganz abrupt hielt der junge Mann inne – so als spürte er das Rauschen eines gerade gewachsenen Flügels: „Bitte, Mademoiselle Emilie, kommen Sie mit mir in meine Wohnung!" Emilie schaute ihn an, eine Art Verzauberung bemächtigte sich ihrer, die ihr fremd war. Nein, ihr schwindelte nicht, nein, ihr entglitt nicht der Boden unter den Füßen, nein, der Himmel brach nicht auf und flammte in Rosa. Es war ein Zauber, der alle Erdenschwere einschloss: den Rauch, der das Restaurant füllte und das Sprechen mühsam machte; die Holztische mit den Spuren von nassen Gläsern; die Feuchtigkeit, die den über die Stühle geworfenen Mänteln entströmte; die viel zu laute Akkordeonmusik, die aus einem Grammophontrichter kam; den schmutzigen Fußboden, auf dem ihre Schuhe festklebten.

Sie lächelte: „Monsieur, das ist unmöglich!"

Natürlich würde sie ihr Nein bereuen. Aber Emilie Flöge hatte keine Affären, sie konnte sich das nicht vorstellen. Auch nicht in Paris, wo sie vor übler Nachrede geschützt war.

Er brachte sie ins Hotel. Sie tauschten Nichtigkeiten aus, um die heitere Stimmung zu retten. In ihrem Zimmer entdeckte sie,

Emilie Flöge in einem
besticken Seidenkleid
nach einem Entwurf von
E. Wimmer-Wisgrill
(Wiener Werkstätte),
5. November 1910.
Foto: Madame d'Ora

dass sie das Stoffpaket im Restaurant liegengelassen hatte. Mittags lag es beim Empfang. Nur ihr Name war auf das Packpapier geschrieben, nichts sonst.

Als sie im September wieder bei Monsieur Dœuillet in den Empfangsraum trat, klopfte ihr das Herz. Jean-Philippe war nicht da. Er habe, oh Wunder, sagte sein Vater, sein Studium abgeschlossen und eine Stelle an einem Lycée angenommen. Nicht hier in Paris, sondern in Sarlat, im Périgord. Was ihn dort hingezogen habe, wisse er nicht genau. Er habe geschrieben, er wolle bald heiraten, die Tochter eines Kollegen.

So sei das eben mit den „jeunes hommes". Sie machten, was sie wollten. Vielleicht komme jetzt seine Tochter ins Geschäft.

„Sie haben eine Tochter?", fragte Emilie erstaunt. „Sie haben nie von ihr gesprochen."

„Ich habe sie gut verheiratet. Aber sie langweilt sich. Jetzt drängt sie plötzlich ins Geschäft. Vielleicht gibt es also doch eine Nachfolge für mich. Obwohl Frauen ja naturgemäß etwas von Kleidern und Stoffen verstehen, aber eben nichts vom Geschäft."

„Aber Monsieur!", sagte Emilie vorwurfsvoll.

Als sie ins Hotel zurückkam, griff der Portier in das Brieffach. Drei Karten von Gustav, vermutete Emilie. Aber es war ein Brief mit französischer Marke. Sie öffnete ihn in ihrem Zimmer.

Unser Leben ist wie die Harmonie der Welt, aus widersprechenden Dingen, gleichfalls aus verschiedenen, langen und kurzen, hohen und tiefen, weichen und rauhen Tönen zusammengesetzt. Der Tonsetzer, welchem nur einige Tonarten gefielen, würde mit seiner Kunst nicht viel ausrichten. Er muß sich ihrer insgesamt zu bedienen und solche zu vermischen wissen. So müssen wir das Gute und das Übel verbinden, aus denen die Wesenheit des Lebens besteht. Unser Dasein kann ohne diese Vermischung nicht bestehen, und eine Saite ist ebenso nötig dazu als die andere.
Michel de Montaigne, 1533-1592, Schloss Montaigne im Périgord

Unterschrieben war der Brief mit: „Cordialement, Jean-Philippe".

Von da an fand Emilie jeden Februar und jeden September in ihrem Hotel einen Brief von Jean-Philippe vor, immer mit einem Zitat von Montaigne. Persönliches schrieb er nie. Das breitete umso ergiebiger sein Vater aus, schwadronierte von der Hochzeit, „so ganz anders als man in Paris feiert, sehr viel volkstümlicher und einfacher", von einem Kind des Paares, „ein Mädchen, aber Jungen können ja noch kommen."

Emilie wusste nicht, was sie hätte zurückschreiben können, es stand auch keine Adresse auf den Briefen, nur der Poststempel von Sarlat. Und sie wollte Jean-Philippes Vater nicht fragen. Wie hätte denn das ausgesehen?

Nach Ausbruch des Krieges 1914 fuhr Emilie nicht mehr nach Paris. Als sie 1920 das erste Mal wieder in Paris war, fand sie die Tür zum Geschäft Monsieur Dœuillets verschlossen. Monsieur sei 1916 verstorben, sagten die Nachbarn, die Tochter habe das Geschäft nicht halten können, wer sei schon während des Krieges in der Lage gewesen, Seidenstoffe zu kaufen?

„Und die Söhne?", fragte Emilie.

„Wieso Söhne?", fragten die Nachbarn zurück. Monsieur Dœuillet habe keine Söhne gehabt, nur diese eine Tochter, Antoinette. Es habe noch einen Neffen gegeben, aber von dem wisse man nichts.

Eine Frau, die Frauen anzieht

In der Mittagspause saßen Helene und Emilie im Wohnzimmer, tranken eine Tasse Kaffee und aßen Krautfleckerl, die ihnen die Köchin als Imbiss hingestellt hatte. Pauline war im unteren Stockwerk im Salon, jederzeit bereit, eine von ihnen zu rufen, sollte Not am Mann sein.

Not am Mann! Jeden Monat ging Emilie zum Gewerbeamt der Stadt, um einen Gewerbeschein zu beantragen. Jetzt war der Salon fünf Jahre alt, brachte gutes Geld ein, aber immer noch arbeiteten die Schwestern außerhalb der Legalität. Der zuständige Beamte war freundlich. Nein, er wolle ihnen nichts Arges, er wolle den Salon nicht schließen lassen, auch wenn von Amts wegen... Könnten die Damen nicht einen Mann mit in die Geschäftsleitung holen? Vielleicht gebe es ja einen Bruder oder einen Cousin.

„Nein", sagte Emilie jedes Mal bestimmter. „Ein Mann kommt uns nicht ins Geschäft!" Aber Frauen als Geschäftsführerinnen hätten es schwer. Auch die Frau Bruggmoser, die in der Stadt drei Friseursalons betrieb, habe ihren Mann als Inhaber eingesetzt. Seither gebe es keinen Ärger mehr.

„Dann setzen wir weiterhin auf Ärger", schnaubte Emilie, riss ihre Tasche an sich und verließ das Amt. So musste Emilie jedes Mal, wenn jemand die Redensart „Not am Mann" verwendete, an den ausstehenden Gewerbeschein denken, und der Tag war ihr verhagelt.

Die Mutter hatte sich zum Mittagsschlaf hingelegt, und so saßen die beiden Frauen allein am Tisch, sprachen, wie gewohnt, wenig. In der Mittagspause waren sie müde genug, um zu schweigen. Im Salon gab es so viel zu reden, mit den Kundinnen, den Näherinnen, untereinander. Aber heute hatte Helene etwas auf dem Herzen, das sie loswerden musste. Sie senkte ihre Stimme.

„Weißt du, was man in Wien über dich redet?"

„Das interessiert mich nur, wenn Gerüchte im Umlauf sind, dass über dem Salon der Schwestern Flöge der Pleitegeier schwebt."

„Du kennst doch die Henriette Waldmüller, mit der ich zur Schule gegangen bin. Ich habe sie gestern in der Tuchlauben getroffen. ‚Wie geht es denn deiner schönen Schwester Emilie?‘, hat sie gefragt. ‚Erst hat man ja gedacht, der Klimt heiratet sie nicht, weil er frei bleiben will, jetzt heißt es, sie ist es, die nicht will, sie hat es gar nicht mit Männern, sie hat es mit Frauen.‘“

Emilie fiel die Gabel mit lautem Scheppern auf den leeren Teller. „Ich wette, dahinter stecken die missgünstigen Klimt-Schwestern, die glauben, sie müssen ihren edlen Bruder vor mir retten.“

„Das bildest du dir ein. Die sind doch froh, dass es dich gibt. Wer weiß, in welcher Lacke sich ihr Bruder sonst wälzen würde. Die Henriette hat noch gesagt: ‚Es wundert einen ja nicht, wenn jemand wie die Emilie immer nur damit beschäftigt ist, Frauen anzuziehen, da springt doch was über.‘ Du hättest hören müssen, wie sie ‚anziehen‘ ausgesprochen hat.“

„A so a Blunzn!“, entfuhr es Emilie, die immer peinlichst vermied, in den Dialekt zu verfallen, „So a deppate Trutschn! Was weiß denn die? Diese Weiber arbeiten nicht, und dann kommen sie auf dumme Gedanken. Und was hast du darauf gesagt?“

„Sie solle sich bloß nicht irren. Du seist einfach nur diskret, das sei alles.“

„Aber, wenn jetzt die Frauen nicht mehr in unser Geschäft kommen, weil sie Angst haben, ich betatsche sie, was dann? Ab heute übernimmst du die Anproben, Helene!“ Emilie war aufgebracht. Sie sah den Salon davonschwimmen, und auf dem Segel stand nun nicht mehr: „ohne Gewerbeschein“, sondern: „woames Weib“.

„Als Witwe bin ich ja gut dran“, sagte Helene und betonte die Ironie, „ich hatte einen Mann, habe ein Kind und darf die nächsten 40 Jahre unangefochten in Frieden leben. Bei Pauline entwickelt kein Mensch einen Verdacht, aber bei dir versteht eben niemand, dass du, jung und schön, keinen Mann hast, drum reimt man sich so einen Plunder zusammen.“

„Ich habe ja einen Mann, ich habe einen Mann, und jeden zweiten Abend gehe ich in aller Öffentlichkeit mit ihm ins Theater, in die Oper, ins Konzert, in Ausstellungen. Und dann kommt so eine spießige

Henriette und redet, ich triebe es mit Frauen. Das ist infam! Sie gönnt uns den Erfolg nicht, sie will uns ruinieren. Wahrscheinlich ist sie mit einem kleinen Büroangestellten verheiratet und hat fünf Kinder."

„Vier", sagte Helene, „vier Kinder. Aber sonst stimmt alles. Das nächste Mal, wenn du mit Gustav im Theater bist, küsst ihr euch leidenschaftlich in der Loge. Zehn Minuten ohne Pause. Dann hört das Gerede auf."

„Aber geh, wir werden doch nicht so ein dummes Theater inszenieren."

Am Abend ging Emilie mit Gustav ins Theater. Sie erzählte ihm von dem Gerücht, von ihren Sorgen. „Ach Tschapperl", sagte Gustav, „in den Kreisen, die bei dir einkaufen, empört man sich doch nicht, wenn jemand vom anderen Ufer ist. Es ist verboten, und es ist das Normalste von der Welt. Wenn ich dir aufzählen würde, wer alles… Künstler, Dichter, Ärzte, Musiker, Schauspieler!"

„Aber keine Frauen."

„Natürlich auch Frauen. Man redet drüber und man redet nicht drüber, es regt niemanden auf. Nur die Vorstadt-Bagage zerreißt sich das Maul. Aber die zählt nicht. Was willst du machen? In der Zeitung eine Anzeige schalten: ‚Ich, Emilie Flöge, liebe Männer'?"

Emilie lachte: „Besser wäre in jedem Fall: ‚Ich, Emilie Flöge, liebe einen Mann'."

Gustav ging nicht darauf ein. Und er küsste sie auch nicht in der Loge. Er sagte nur: „Und die Anproben überlass' nicht der Helene, die Kundinnen wollen von dir bedient werden."

Nie und Nimmer

Eine der Paulick-Cousinen plante ihre Hochzeit mit einem Wiener Architekten. Genauer gesagt plante die „Kammerl-Colonie" die Hochzeit des jungen Paars. Man saß auf der Terrasse der Paulick-Villa, redete über Hochzeitstorte und Menü, über Brautjungfern und Blumenschmuck, über das Hochzeitskleid, das natürlich Emilie entwerfen sollte. Gustav war der einzige Mann in der Runde, er langweilte sich offensichtlich.

Plötzlich sprang er auf, fiel auf ein Knie, legte pathetisch die rechte Hand aufs Herz und sagte: „Verehrtes Fräulein Flöge, ich verspreche Ihnen feierlich, dass ich Sie nie und nimmer heiraten werde. Eher male ich noch ein Bild von Ihnen." Emilie versank in einen Hofknicks: „Verehrter Herr Klimt, ich verspreche Ihnen feierlich, dass ich Sie nie und nimmer heiraten werde. Eher schneidere ich noch einen Kaftan für Sie."

Alle brachen in schallendes Gelächter aus. Mit einem Lidschlag Verspätung auch Barbara Flöge, Emilies Mutter.

Aufruhr in der Kärntner Straße

Dieses Mal ging Emilie nicht als Klimts „ständige Begleiterin" in die Zuckerkandl-Villa. Berta hatte ihr eine vornehme Bütten-Karte ins Haus geschickt und sie zu einer Soiree mit dem „führenden Pariser Modeschöpfer Paul Poiret" in die Nußwaldgasse eingeladen. Berta gelang es immer wieder, bedeutende Franzosen um sich zu scharen, Künstler wie Rodin, Politiker wie Poincaré und ihren Schwager Clemenceau, und nun eben Paul Poiret, der in Paris die Diktatur des Korsetts abgeschafft und den weiblichen Hosenanzug kreiert hatte.

Emilie kannte Poiret von einigen Modenschauen in seinem Salon. Sie liebte den fließenden Schnitt seiner Kleider, auch die Stoffe, die er mit dem Maler Raoul Dufy entwarf und in einer kleinen Stofffabrik herstellte, aber sie kaufte diese Stoffe nicht ein: Für den Wiener Geschmack waren sie wohl doch zu auffallend, zu aufmerksamkeitsheischend. Ein bisschen diskreter hatten es die Wienerinnen schon gern.

Poiret war ein universeller Mensch. Er ließ sich von ostasiatischer Kunst inspirieren, von den Farben orientalischer Märkte, von Djagilews Kostümen der „Ballets Russes", schwärmte von antiken Göttinnen-Statuen, von Bildern türkischer Haremsfrauen. Er schwelgte in Farben und Fantasien, huldigte den Frauen, die ihn verehrten, und betonte immer wieder, nie und nimmer gehe es ihm ums Ökonomische, ums Merkantile, ums Finanzielle, sondern immer nur um die Beauté. Kein Mensch glaubte ihm, nicht einmal die Frauen, aber jeder hörte es gern, wenn ein Franzose mit feurigen Augen den Dienst an der weiblichen Schönheit als die wahre Bestimmung männlichen Handelns feierte.

Emilie lächelte, wenn er sagte: „Ich kann nicht oft genug bekräftigen, dass ich nicht etwa reise, um Reklame zu machen. Sondern einfach, um mich verständlich zu machen." Ach, Paul Poiret, sagte sie dann für sich, das eine ist richtig und das andere doch auch. Was nützt die frohe Botschaft der befreiten Frau, wenn sie nicht verkündet wird und zahlende Jüngerinnen findet!

In der Zuckerkandl-Villa hatten sich an diesem Abend vorwiegend Frauen eingefunden. Alle waren exquisit gekleidet, „vorsichtig-mutig", wie Emilie den Stil nannte, der eine Mischung aus körperfern und körpernah darstellte. Als Emilie den Salon betrat, sah sie Berta an Poirets Arm (etwas zu besitzergreifend für Emilies Geschmack) von Grüppchen zu Grüppchen gehen und die Honneurs machen. Berta war größer als Poiret, der, obgleich erst in den Dreißigern, schon deutliche Rundungen angesetzt hatte, und da im Salon nur Kerzen brannten, sah es aus, als schleppe Berta eine dunkle Puppe in ihrem Arm herum.

„Mademoiselle Flöge", rief Poiret, als er sie erspäht hatte, löste sich etwas abrupt aus Hofrätin Zuckerkandls Fängen und stürzte auf sie zu, küsste sie dreimal auf die Wange, rechts, links, rechts, à la Française. „Emilie, enchanté!"

Er ließ gar nicht von ihr ab, und Emilie spürte, dass sie sich zurückziehen sollte, um Berta als Gastgeberin nicht die dominierende Rolle streitig zu machen. Aber die wusste sich zu helfen, griff nach einer kleinen Glocke und hielt eine Ansprache als Begrüßung des hochverehrten Gastes, hielt sie auf Deutsch mit apartem danubischem Akzent und ebenso gewandt und flüssig auf Französisch. Poiret war geschmeichelt, erging sich in zahlreichen Verbeugungen, lobte Berta, lobte die Wiener Frauen, lobte vor allem eine Wiener Frau, Emilie Flöge, die auf bewundernswerte Weise die befreite und befreiende Mode für Wien erfunden habe – „in meinem Geiste – aber leider völlig ohne meine Hilfe". Die Damen lachten und klatschten. Berta war zu sehr Dame von Welt, um auch nur eine Anmutung von säuerlichem Lächeln auf ihrem Gesicht zuzulassen, im Gegenteil, sie ging auf Emilie zu und umarmte sie. „Du gerätst uns zur Zier", sagte sie herzlich. Emilie schwankte zwischen einem Gefühl von Stolz und Verlegenheit. Aber dann gab es Champagner, das Förmliche löste sich auf, der Abend wurde vergnügt, einige Damen kreischten laut auf, wenn Poiret Anekdoten aus der Pariser Gesellschaft, Skandale und witzige Episoden zum Besten gab.

„Wie war's?", fragte Helene, die noch wach war, als Emilie nach Hause kam.

„Amüsant", sagte Emilie. „Poiret ist ein Genie, und nebenbei auch ein Kindskopf, so eitel, so selbstverliebt."

„Die Attribute ‚eitel und selbstverliebt' bemühst du bei jedem Mann, den du beschreibst", sagte Helene. „Gibt es denn außer Gustav gar keinen uneitlen und ernsthaften Menschen auf der Welt?"

„Ach, Gustav ist doch auch eitel, aber er weiß das viel besser zu verbergen."

Poiret hatte angekündigt, am nächsten Tag um Punkt 12 Uhr auf der Kärntner Straße mit seinen Mannequins eine kleine Modenschau zu veranstalten. Emilie, Helene und Pauline schlossen für eine Stunde den Salon und wanderten dem Anschein nach ziellos auf der Kärntner Straße auf und ab, als suchten sie in den Auslagen der Geschäfte nach Geburtstagsgeschenken. Es war ein windiger Novembertag, wolkenverhangen, mit so hoher Luftfeuchtigkeit, dass sich Emilies Haare noch mehr aufbauschten als gewöhnlich. Mit Glockenschlag 12 kam Bewegung in die Gegend um den Stephansdom. Drei junge Damen hüpften in die Straßenmitte, unbeeindruckt von Fiakern und Automobilen, die um sie herumkurvten. Alle drei waren gertenschlank, eine rothaarig, zwei dunkel, elegante Erscheinungen – eine in einer weiten Harems-Hose, die um die Fußknöchel zugebunden war, eine in einer bodenlangen, ausgestellten, fließenden Hose, eine in einem Humpelrock, der dermaßen eng war, dass sie in ihm nur trippeln konnte wie eine Chinesin mit zu kleinen Füßen. Die Mannequins bewegten sich – zwei von ihnen auf hochhackigen Schuhen, eine in Harems-Pantöffelchen – so sicher und elegant, als seien Hosen und Rock eine zweite Haut. Bei einem Humpelrock war das beinahe sensationell, sah doch das Getrippel und Gestakse in einem so engen Schlauch sonst immer reichlich unbeholfen aus. Aber die drei Französinnen tänzelten die Kärntner Straße hinunter wie Mitglieder des Opernballetts, winkten den Passanten zu, warfen ausgelassene Kusshändchen, ließen die seidenen Oberteile schwingen. Poiret hatte sich in seinen Kreationen seiner Lust an der Farbe zügellos hingegeben, dominierend waren alle Schattierungen von Rot. In Zimt bis Brombeer wirbelten Kleckse und Wellen, Rosetten und Mäander, Lianen und Blüten um Hüften und Schenkel.

Die Passanten blieben stehen, manche applaudierten, Männer erst, nachdem sie vorsichtig ihre Begleiterinnen angeschaut hatten: solch eine Hetz! Aber sehr schnell kam auch Empörung auf: „Unzüchtiges Volk", schrie ein älterer Mann. Das Harems-Mannequin scherte aus und wollte den Mann umarmen, der fing an, wie am Spieß zu schreien und um sich zu schlagen. Schrille weibliche Stimmen wurden laut: „Schert Euch zum Teufel, ihr Mannsweiber!" Dem widersprachen andere: „Also, Mannsweiber sind's nun gar nicht!"

Die jungen Modelle lachten und lächelten unbeeindruckt von dem Tumult, der sich um sie herum ausbreitete. Sie verstanden kein Wort Deutsch, sie wussten kaum, ob sie heute in Budapest, in Mailand, Berlin oder Wien waren, sie machten, was Poiret mit ihnen einstudiert hatte, und das machten sie perfekt. Emilie bewunderte sie: In der Art, Mode zu präsentieren, waren die Französinnen einfach unschlagbar. So viel Grandezza, Leichtigkeit, Absichtslosigkeit und Charme waren vielleicht nicht zu erlernen, mussten angeboren sein. Vielleicht lag Wien schon zu weit im Osten.

Für weitere Betrachtungen blieb keine Zeit mehr. Die Situation entwickelte sich bedrohlich. Hosengegner und Hosenbefürworter, Humpelrockfreunde und -feinde gingen aufeinander los, Frauen rissen einander an den Haaren, Beleidigungen sättigten die Luft, Männer versuchten Machtworte zu sprechen, Schlichter traten auf, die begütigend auf kämpfende Streithähne einzuwirken suchten. Nur an die engelsgleichen Wesen mit ihren bunten Flamingobeinen traute sich niemand heran, sie schwebten weiter die Kärntner Straße hinunter Richtung Karlsplatz.

Dann fuhren Polizeiautos vor, Polizisten sprangen aus den Wagen, und in Sekunden hatte sich der Auflauf zerstreut. Die Mannequins wurden höflichst in die Autos gebeten und in ihr Hotel gebracht.

Poiret rieb sich vor Freude die Hände, als er von dem Aufruhr in der Kärntner Straße hörte. Er hatte genau die „Reklame", die er so gerne weit von sich wies.

Regen hatte eingesetzt, als die Schwestern wieder in die Mariahilfer Straße zurückgingen. „Nun wissen wir wenigstens, dass wir nicht auf den Hosen-Zug aufspringen müssen", sagte Pauline trocken. Es lag auch eine Warnung in ihren Worten, wusste sie doch, wie leicht sich Emilie für neue Moden begeistern ließ, sofern sie Frauen Freiheit und Schönheit schenkten. Und zumindest das erfüllten die seidenen Hosen in leuchtenden Farben.

Fledermaus

Bis Eduard Wimmer-Wisgrill 1907 die neugegründete Modeabteilung der Wiener Werkstätte übernahm, repräsentierte der Salon Flöge die Mode der neuen Bewegung. Zwar entwarf auch Kolo Moser Kleider im Stil der Werkstätte, auch Alfred Roller, dem ja jedes Gewand zum Bühnenkostüm geriet; aber die Schwestern Flöge hatten die eigentliche Kompetenz für alles, was den Stil der Werkstätte in Bezug auf Kleidung anging.

Auch wenn nur wenige Kundinnen diesem Stil konsequent zu folgen bereit waren, gab es eine Kundin, die ihm freudig folgte: Emilie selbst.

Lust am Experiment hatte sie immer gehabt, auch jenen Hauch Verrücktheit, ohne den man keine Mode machen kann. Vernünftige Mode ist ein Widerspruch in sich. Natürlich war es vernünftig, die engen Korsetts abzuschaffen, weil eine lockere Kleidung viel gesünder, praktischer und einfacher war. Aber man musste das Schönheitsbild der Wespentaille durch ein anderes ersetzen. Ein Wandel der Bilder von weiblicher Anziehung war nicht leicht zu erreichen. Und der Wienerinnen Art war eher die behutsame denn die umstürzlerische.

Emilie wusste, dass Formen ideologischer Überredung nichts fruchteten, man musste Lust schüren. Und damit fing sie bei sich selbst an. Wenn ihre Mutter, ihre Schwestern manchmal den Kopf schüttelten, fand sie in Klimt genau den Mann, der ihre experimentellen Kleider als Versuch goutierte, an den Gitterstäben der Konvention zu rütteln, ja, sie zu zerbrechen. Dann setzte er ein Lächeln auf, das er sonst für seine Katzen bereithielt, wenn er sie im Arm hielt.

Er selbst inszenierte sich mit seinen weitgeschnittenen Kitteln, die er nicht nur bei der Arbeit trug, als eine Mischung aus Mönch und Schamane, als frommer Eremit und heidnischer Faun. Aus dieser theatralischen Selbstdarstellung konnte er sich übergangslos in einen Mann von Welt verwandeln, in weißem Leinenanzug oder Frack und gesteiftem Hemd, um die Mitte eine breite Seidenbinde.

Emilie schuf ihre Novitäten oft mit den geometrischen Stoffen der Wiener Werkstätte und präsentierte sich in ihnen vor allem im Urlaub am Attersee.

Auf einem Foto von 1909 sieht man Klimt in voluminösem grobem Kaftan mit Überwurf, hinter ihm zur Hälfte verdeckt Emilie in einem nicht minder üppigen Kleid, das sich so vor ihrem Leib bauscht, dass man eine Schwangerschaft im neunten Monat vermuten könnte. Es ist ein langes Hängekleid, das bis über die Füße reicht, offensichtlich aus grobem Leinen, schwarz-weiß längs gestreift, mit schwarz-weiß gewürfelten Bordüren, in der Mitte verlaufen diese senkrecht und am unteren Saum waagerecht. Dazu trägt Emilie eine bäurische Haube, die höchstwahrscheinlich aus ihrer Textilsammlung stammt. Diese Mischung aus Avantgarde und – wie man heute sagen würde – Retro-Look zeigt eine Formenvielfalt, die zu Emilies ästhetischem Konzept gehörte. Für sie gab

Gustav Klimt und Emilie
Flöge im Garten von Klimts
Atelier, um 1909.
Foto: H. Böhler

Gustav Klimt und Emilie Flöge im schwarz-weißen (vermutlich von Kolo Moser entworfenen) „Fledermauskleid" im Garten der Villa Oleander in Kammer (Gemeinde Schörfling) am Attersee, 1908

es nichts Unvereinbares, solange eine Frau nicht in eine Zwangsjacke gesteckt wurde.

Eine Anti-Zwangsjacke par excellence war das Fledermauskleid, in dem sie auf einem Foto von 1908 posiert. Es ist im Garten der Villa Oleander aufgenommen, die ländliche Umgebung strahlt auf die Inszenierung ab: Emilie streckt lachend ihre beiden Hände in die Horizontale, und das Kleid, im Stil der Werkstätte schwarzweiß längs gestreift und wie ein eckiges Zelt geschnitten, entfaltet sich zum Quadrat, in dem die schlanke Emilie nahezu verschwindet. An den Händen ist es noch überschnitten und fällt in Volants herab, sodass der Eindruck ausgebreiteter Fledermausflügel entsteht. Gustav, neben ihr im Kittel stehend, fasst nicht Emilie, sondern das Kleid an, ihm steht die Freude an dieser witzigen Performance ins Gesicht geschrieben.

Wenige Jahre später erfindet Kafka im „Process" eine Figur, Leni, die Geliebte (oder doch nur Aufwärterin) des Advokaten Huld, die Häutchen zwischen den Fingern bis zu den Knöcheln hat. Ist die Fledermaus ein Symbol für ein Wesen, das verbirgt, was an Größe in ihm steckt, das diese Größe aber entfalten kann, wenn es sich über die Erde erhebt? Gewinnt das scheinbar Unscheinbare eine neue Dimension, wenn es ein Wagnis eingeht? Oder handelt es sich bei Kafka eher um Schwimmhäutchen, die eine Verbindung zwischen der amphibischen und menschlichen Welt symbolisieren? Hat Klimt Emilie doch nicht zufällig in die Nähe eines mythischen Wasserwesens gerückt?

Emilies Kleider waren gewagt. Auch wenn sie für ihre Kundschaft das Experimentelle moderierte, steckten in allen Garderoben „neugeborene" Frauen. Bei den aufwendigen Abendgarderoben, die Emilie für Opernbesuche und festliche Anlässe entwarf, sieht man zwar ähnliche stilistische Muster wie bei den „Werkstätten-Kleidern", in der Ausführung aber sind sie überaus variantenreich und kostbar. Emilie balancierte mit Stoffen, Schnitten und Accessoires so fantasievoll, dass jedes Kleid zum singulären Kunstwerk wurde. Wahrscheinlich war es Emilies Geheimnis, intuitiv zu wissen, welche Botschaft eine Frau mit ihrer Kleidung senden, welche Seite ihres Wesens sie nach außen kehren, welche Seite sie verbergen möchte.

Wenn sich Emilie selbst anzog, kleidete sie sich meistens unauffällig und zurückhaltend, vor allem im Salon trug sie „Arbeitskleidung". Ging sie aus, zeigte sie Mut und Übermut, manchmal auch Selbstironie. Eine Fledermaus ist kein Kolibri. Ein Schachbrett ist kein Blumenfeld, eine Bauernmütze kein eleganter Hut. Aber ein Bauerngarten im Salzkammergut ist ebenso eine Bühne wie die Kärntner Straße in Wien – und alle Frauen sind „bloße Spieler".

„Komm ins Offene!", sagte Klimt manchmal zu ihr, weil er gerne Hölderlin zitierte.

Dabei war Emilie immer im Offenen.

Sarajevo und die Folgen

Hermann Flöge hatte es ja immer schon gewusst: Der Balkan war ein Pulverfass. Jeden Sommer, wenn die Flöge-Klimt-Colonie sich am Attersee traf, oft in der Villa Paulick, hatte Hermann düstere Prognosen geraunt: Der Panslawismus werde Österreich das Grab schaufeln, die k. u. k. Monarchie werde untergehen, der Dreibund mit Deutschland und Italien biete keinerlei Sicherheit, und so weiter und so fort. Niemand hörte so recht zu. Man war in der Sommerfrische, wollte sich Herz und Sinne nicht mit Politik belasten, mochte diese auch noch so bedrohlich erscheinen.

Klimt bewegten ähnliche Gedanken, auch wenn er sich damit nicht in die Brust der gewichtigen Rede warf wie Hermann. Er sprach mit Emilie darüber. Emilie war klug, sie ließ sich nicht von Panikmachern anstecken, aber sie hörte viel in ihrem Salon. Manchmal klagten die Damen über ihre nervösen Männer, manchmal saßen die Ehegatten ihrer Kundinnen im Empfangszimmer und warteten auf ihre Gemahlinnen; Industrielle, Bankiers, Professoren, Politiker. Emilie schnappte einiges auf, was sie sagten. Es klang beunruhigend.

Klimt radelte in diesem Sommer 1914, den er im Forsthaus von Weißenbach verbrachte, jeden Morgen auf dem Weg zur Villa Brauner am Hotel „Post" vorbei, wo es Zeitungen zu kaufen gab.

So erfuhr er am 29. Juni, dass der Erzherzog Franz Ferdinand in Sarajevo erschossen worden war. Die Presse vermutete, dass umgehend die Mobilisierung beschlossen werden würde. Der deutsche Kaiser hatte schon bedingungslose Unterstützung signalisiert.

„Es gibt Krieg", sagte der Zeitungsverkäufer. „Vielleicht schon morgen."

In der Vila Paulick glaubte außer Hermann niemand daran, dass der Krieg ausbräche. Eher redete man stundenlang darüber, dass ein Mord ein Mord sei und daher verurteilenswert, dass aber der Tod Franz Ferdinands das Haus Habsburg und das österreichische Volk von einem äußerst unbeliebten Thronfolger befreit habe.

Selbst der Kaiser konnte ja kaum seine Antipathie gegenüber dem designierten Nachfolger verbergen. Und alle liberalen Kräfte, die auf Kronprinz Rudolf so große Hoffnungen gesetzt hatten, waren voller Verachtung für Franz Ferdinand gewesen: So kleinkariert war dieser Habsburger, so ungebildet, undemokratisch, an nichts interessiert als an der Jagd. Aus seinen akribisch geführten Abschusslisten ging hervor, dass er in seinem kurzen Leben 274.889 Stück Wild erlegt hatte, darunter Tiger, Löwen, Elefanten, aber auch an einem einzigen Tag über 2.000 Lachmöwen. Die Jagdleidenschaft hatte er mit dem Kaiser gemein, auch die Unlust, sich für irgendeine Kunst zu begeistern. Was sollte die Kammerl-Colonie von einem Mann halten, der sich weder für die Wissenschaften, noch für Musik, Malerei, Literatur, Philosophie zu erwärmen vermochte, ja sogar damit renommierte, nie ein Buch gelesen zu haben? Klimt wärmte noch einmal die Geschichte auf, wie Franz Ferdinand 1911 eine Ausstellung der Hagenbund-Gruppe mit seiner Anwesenheit beehrt hatte. In dieser Ausstellung war Oskar Kokoschka mit seinen Bildern in zwei Räumen vertreten gewesen. Franz Ferdinand habe die Bilder eingehend betrachtet, dann ausgerufen, ja wütend geschrien: „Schweinereien, Schweinereien!" Und damit nicht genug, hatte er gepöbelt: „Diesem Mann sollte man jeden Knochen im Leibe brechen." Kurz darauf war die Ausstellung auf Anordnung Franz Ferdinands geschlossen worden.

Berta Zuckerkandl warf ihm auch posthum noch vor, er habe mehrfach bekundet, dass Juden und Protestanten die wahren Staatsfeinde seien. Stefan Zweig lehnte ihn leidenschaftlich als ein Unglück für das Land ab.

Der Nächste in der Erbfolge, Franz Ferdinands Neffe Erzherzog Karl I., war ungleich beliebter. Statt in Kriegsangst zu verfallen, erging sich halb Wien in Mutmaßungen, ob Franz Ferdinand und seine Gattin Sophie in der ehrwürdigen Kapuzinergruft bestattet würden, da doch die Gräfin Chotek eine nicht standesgemäße Heirat gewesen war, auch wenn sie aus böhmischem Uradel stammte. Auf die Erbfolgeberechtigung der Nachkommen hatte das Paar bereits verzichten müssen.

Bis zur Kriegserklärung Österreich-Ungarns an Serbien dauerte es nach den Schüssen von Sarajevo noch vier Wochen, Wochen der Spannung, die sich jedoch bei den Sommerfrischlern am Attersee nur wenig bemerkbar machten. Denn es war ein herrlicher Sommer, das Wetter so stabil wie selten: jeden Tag eitel Sonnenschein, milde Wassertemperaturen, die das Schwimmen im See zum Vergnügen machten, laue Abende, an denen man lange im Freien sitzen und Wein trinken konnte. Eine bukolische Stimmung, die Gedanken an Gewalt nicht aufkommen ließ.

Alle waren hin und wieder ein „ein bisserl" bedrückt, wenn die neuesten Nachrichten eintrafen, aber nach außen hin ging alles seinen gewohnten Gang. Die Kammerl-Colonie vergnügte sich, wanderte, flanierte, fuhr Ruder- und Motorboot, traf sich zu ausgedehnten Picknicks. Klimt malte.

Hermann tat sich allerdings wie immer damit hervor, apokalyptische Szenarien zu entwerfen. Rudolf Donner, Lentschis Mann, kritisierte die Regierung. „Die will den Krieg. Das Ultimatum an Serbien ist unerfüllbar, ganz bewusst so gehalten. Kein Land der Welt lässt es zu, dass seine Souveränität derart in Frage gestellt wird, indem es ausländischen Offizieren gestattet, Ermittlungen aufzunehmen. Allem anderen hat Serbien ja zugestimmt. Und der größenwahnsinnige deutsche Kaiser ist geradezu kriegslüstern. Der Krieg ist unabwendbar."

Am 28. Juli waren im Zeitungs-Kiosk des Hotels „Post" alle Zeitungen ausverkauft. Klimt war wütend, dass er keine detaillierten Nachrichten lesen konnte. So polterte er ins Gästehaus Brauner, wo sich die Familie Flöge bei einem späten Frühstück befand. „Es ist Krieg!", rief er aufgeregt. Niemand antwortete. Das Geklapper der Kaffeetassen wirkte lauter als sonst.

In die Stille hinein sagte Barbara Flöge: „Ich muss einkochen." Das brach den Bann. Alle Flöges riefen im Chor: „Aber Mama!" Dabei war der Reflex, bei Krieg an Vorratshaltung zu denken, doch nicht abwegig.

Abends im Bett dachte Emilie: Was wird jetzt auf uns zukommen? Was wird aus dem Salon werden? Jetzt werden Uniformen gebraucht und keine Abendkleider im Pariser Stil. Gut, dass alle Klimt- und Flöge-Männer zu alt oder zu jung waren, um eingezogen zu werden, das war das Wichtigste.

Die goldenen Jahre waren vorbei, das sah Emilie voraus. Aber vielleicht dauerte der Krieg ja nur kurz. Der Salon hatte in den guten Jahren einiges Kapital zurückgelegt, die Flöges würden sich eine Weile über Wasser halten können. Doch wie lange war „eine Weile"?

In der Nacht zog sie die Vorhänge in ihrem Zimmer zurück und blickte lange auf den See, der nur undeutlich als dunkle Fläche zu erkennen war. Im Dorf bellten Hunde. Sonst war alles still.

„Die gut gefütterte Wand des gesicherten Lebens", wie Stefan Zweig später schreiben sollte, „war eingestürzt."

Schweindl-Fest

„„Schweindl-Fest'? – Was um Gottes willen ist denn das?", hatte Emilie entgeistert ausgerufen, als Gustav ihr erzählte, Emilie und er seien zu einem Fest bei der Familie Primavesi in Mähren eingeladen.

„Nix Schweiniges jedenfalls, vielleicht gibt's a Sau zum Essen", war die lakonische Auskunft.

Emilie kannte die Primavesis. Otto betrieb ein Bankhaus in Olmütz und eine Zuckerfabrik, Eugenia, seine Frau, die alle Mäda nannten, hatte sich in die Wiener Werkstätte verliebt – anders konnte man ihre Begeisterung kaum beschreiben. Sie brachte ihren Gatten dazu, nachdem Fritz Wärndorfer als Financier ausgeschieden war, einzuspringen und mit ähnlicher Selbstlosigkeit wie Fritz alle monetären Löcher zu stopfen, die sich in der Werkstätte immer wieder auftaten, wobei manche Löcher die Größe von veritablen Kratern annahmen. Fallgruben wäre auch ein richtiges Bild gewesen, denn Otto Primavesi sollte später genauso über die immensen Alimentationen stürzen wie Fritz.

Aber noch bewegte man sich in den guten Jahren kurz vor dem Ausbruch des Ersten Weltkriegs, das Bankgeschäft florierte, die Primavesis hatten Geld und Ideale. Mäda war Schauspielerin gewesen, bei einem Gastspiel in Olmütz hatte sie Otto Primavesi kennengelernt und offensichtlich leichten Herzens das labile Leben auf der Bühne gegen den stabilen Status der Bankiers- und Industriellengattin eingetauscht. Sie genoss den Reichtum an Möglichkeiten, für die Kunst und das Kunstgewerbe zu leben.

Durch den Bildhauer Anton Hanak hatten die Primavesis 1911 auf der Internationalen Kunstausstellung in Rom Josef Hoffmann kennengelernt. Dieser hatte den österreichischen Pavillon entworfen. Otto Primavesi beauftragte Hoffmann, sein Bankhaus in Olmütz zu modernisieren, einige Zimmer in seiner Villa einzurichten und ein nagelneues Landhaus in Winkelsdorf zu bauen. Wo Hoffmann baute, war Klimt nicht weit, manus manum lavat, eine Hand wäscht die andere, das deklinierte sich auf Österreichisch schon immer vortrefflich, und so bekam Klimt den Auftrag, die Hausherrin Mäda Eugenia und die Tochter Mäda Gertrude zu malen.

Das Ehepaar scharte Künstler um sich, vor allem solche, die der Wiener Werkstätte und dem Klimt-Kreis nahestanden. Und nachdem Hoffmann das Haus in Winkelsdorf 1914 fertiggestellt hatte und die Primavesis stolz sein konnten auf ein Haus, das so gelungen in die Landschaft komponiert war und mit viel Holz und Natur-Bruchsteinen der Umgebung Tribut zollte, häuften sich die Einladungen zu Künstlerfesten.

Klimt, der sich in dieser Zeit mehr und mehr aus dem gesellschaftlichen Leben zurückzog und sich „verpuppte", wie Emilie das nannte, fand die Einladungen lästig, vor allem scheute er den langen und umständlichen Weg in die „Einöde". Am 10. Dezember 1915 beschrieb er Emilie die Strapazen einer winterlichen Reise nach Winkelsdorf: „Gestern neunstündige Bahnfahrt – dreistündige Wagenfahrt – (offene) im Pelz gehüllt."

Aber die Primavesis waren nach den Lederers Klimts großzügigste Mäzene, die außer den Porträts der beiden Damen auch noch weitere Bilder ankauften, er konnte ihnen keinen Korb geben. Er drängte Emilie mitzukommen. Emilie zögerte. „Du wirst dich richtig sattessen können", lockte Gustav. Das war in den Kriegsjahren ein Argument, das viele Wiener, die unter der Lebensmittelknappheit litten, schwach gemacht hätte. Gustav jedenfalls war ein starker Esser, und die ausführliche Beschreibung des Dezemberaufenthalts 1915 bei den Primavesis zeigt, dass sich die zwölfstündige Anreise für ihn gelohnt hatte:

„Heute schäbiges Wetter – trüb – finster und Regen. Mittags starkes Krenfleischessen – Apfel und Krautstrudel – Abends wahrscheinlich Bratwürste – morgen Blut und Leberwürste – etc. – irrsinnig! [...] Natron in starker Verwendung – komme im übrigen dicker zurück."

Bei Emilie, die keine große Esserin war, verfing der Köder nicht, im Gegenteil, wenn sich die Tische so recht vor Schweinsbraten und Stelzen bogen, fühlte sie immer einen Anflug von Ekel. Wahrscheinlich gab es auch jede Menge Wild, ein österreichischer Bankier und Industrieller war es sich nachgerade schuldig, dem kaiserlichen Lieblingssport, der Jagd, zu frönen.

Aber Gustav konnte mit etwas anderem auftrumpfen, das Emilie eher verlocken mochte als der Duft eines Rehschlegels mit Maroni.

„Bei Primavesi gibt es ein Kostümfest. Mäda hat die Idee, dass wir uns alle verkleiden – und zwar im Sinne des Gesamtkunstwerks als lebendige Manifestationen der Werkstätte."

Emilie verdrehte die Augen: immer die erweckten Frauen und ihre bedingungslose Hingabe an ihre Ideale! Purismus gepaart mit Leidenschaft war manchmal schwer erträglich.

„Und wie gehen wir als Allegorien der Werkstätte?" Klimt nahm befriedigt wahr, dass Emilie „wir" gesagt hatte.

„Die Zimmer in Winkelsdorf sind alle unterschiedlich gestaltet, alle mit Stoffen und Objekten der Werkstätte, jedes für sich ein Kunstwerk. Die Kostüme sollen diese Ausstattung widerspiegeln."

„Ich ahne schon: Die Tapeten korrespondieren mit den Bettfoulards, die Stuhlkissen mit den Taschentüchern der Dame des Hauses, die Handtücher mit den Pantoffeln des Hausherrn, die Stores an den Fenstern mit den Windeln des jüngsten Kindes."

Gustav wollte schon sagen: „Alles genau wie im Salon der Schwestern Flöge", aber dann hätte er sich wohl eine längere Rede anhören müssen über Stil und Aberwitz, und dazu hatte er keine Lust. Darum sagte er nur: „Du musst uns Kostüme nähen. Vielleicht wird's ja eine Gaude."

Emilie fand es langweilig, einfach eine Tunika oder ein Kleid aus einem Stoff von Josef Hoffmann, Kolo Moser, Carl Otto Czeschka, Eduard Wimmer-Wisgrill oder Maria Likarz zu nähen. Der Wiedererkennungseffekt war in ein paar Minuten verbraucht. Nein, wenn schon Kostüme, dann auch richtige Kostüme, in denen sich der Mensch verwandelte und ein anderer wurde – keine lebende Tapisserie.

„Na und?", fragte Gustav eine Woche später. Er hatte wieder einen Tag der ausschweifenden Rhetorik.

„Es wird", sagte Emilie, ebenso mit Worten geizend.

So ging Emilie in die Wiener Werkstätte, nicht in das öffentliche Verkaufsgeschäft am Graben, sondern in den Firmensitz in der Neustiftgasse. Hier kannte sie sich aus. Sie suchte nach Textilien, die in der Inneneinrichtung im Haus in Winkelsdorf verarbeitet worden waren. Die Auswahl war reichlich: Der strenge Schwarz-Weiß-Stil hatte einem farbenfroheren und floralen Jugendstil weichen müssen. Und an Kopfputz musste natürlich auch gedacht werden. Und an passende Schuhe.

Emilie grübelte, ließ die fein gewebten Baumwollstoffe und die glänzenden Seiden durch ihre Finger gleiten. Eine Frau damit zu schmücken war einfach, aber einen Mann? Orientalische Männer hatten keine Scheu, sich in prachtvolle Gewänder zu hüllen. Vielleicht konnte sie aus Gustav einen arabischen Prinzen machen?

Und sie selbst? Wer wollte sie sein? Was könnte sie nach außen kehren, das tief in ihrer Person verborgen war? Vielleicht die sinnliche, die leidenschaftliche Frau, den männermordenden Vamp?

Vor Schreck über die blitzartige Erleuchtung ließ sie beinahe einen Stoffballen fallen, konnte ihn im letzten Augenblick noch auffangen.

„Habe ich Sie so erschreckt, Fräulein Flöge?" Dagobert Peche kam auf sie zu. Peche war der fantasievollste Künstler der Werkstätte, entwarf Stoffe und Tapeten, Keramik und Möbel, Schmuckstücke und Spiegel. Er war kein barocker Mensch, sondern ein Rokoko-Mensch: so verspielt, so blumig-überladen, so luxuriös und manieristisch waren seine Entwürfe; mit ihm feierte die Werkstätte die Abkehr von der strengen Schwarz-Weiß-Nüchternheit.

„Schön, Sie bei uns zu sehen. Vielleicht erwärmen Sie sich ja für meine Ombré-Stoffe." Peche hatte erstmals Stoffe entworfen, in denen die Farben Gold und Braun ineinander flossen und einen warmen Karamell-Schatten warfen. Er war sehr stolz auf seine Erfindung. „Wissen Sie schon, dass ich demnächst nach Zürich gehe und dort die Filiale führe? Ich bin sicher, dass die Werkstätte dort mehr Erfolg haben wird als in Wien."

„In Zürich haben die Menschen mehr Geld. Und in der Schweiz gibt es keinen Krieg", sagte Emilie und wusste, dass Peche lieber gehört hätte, er werde mit seiner umwerfenden Dynamik und Kreativität das Schweizer Geschäft zu neuer Blüte treiben.

Immerhin spürte Peche, dass er das Fräulein Flöge wohl bei wichtigen Entscheidungen störte und verabschiedete sich.

Der Blitz hatte sich abgeschwächt, aber sein Leuchten stand noch hinter Emilies Augenlidern: Judith und Holofernes – das war ihr durch den Kopf gezuckt. Gustav als orientalischer Potentat und sie als das verführerische Weib, das dem Feind den Kopf abschlagen würde. In dieser großartigen Konstellation mussten sie in Winkelsdorf auftreten: Es war eine Verbeugung vor Klimts Werk, der zweimal eine Judith gemalt hatte, und eine Theaterinszenierung, die sie beide in einer Szene auf das Intimste verband – und trennte.

Emilie suchte den dekorativen, großgemusterten Stoff „Waldidyll" von Carl Otto Czeschka für einen Klimt-Talar aus. Und wie konnte sie sich kleiden? Beide Judiths, die von 1901 und die von 1909 waren barbusig – das ging also wirklich nicht. Aber sollte sie so schnell kapitulieren? Sie vergegenwärtigte sich die ältere Judith, die noch ganz in den Bannkreis von Gustavs goldener Periode gehörte. Manche sagten ja, er habe Adele Bloch-Bauer auf diesem Bild ein weiteres Mal porträtiert. Das störte Emilie nicht. Diese Judith ließe sich auf jeden Fall leichter anverwandeln als die expressive Judith aus dem Jahr 1909. Sie müsste das goldene Oberteil schließen, sodass auch ihr linker Busen – anders als beim Vorbild – bedeckt war, aber das Gewand müsste ebenso wie auf Klimts Bild durchscheinend sein, sodass der Körper verborgen und doch sichtbar war – mehr Ahnung als Präsentation. Die goldenen Applikationen auf dem Tüll würden ihre Schneiderkunst nicht vor große Herausforderungen stellen, eher schon das reich verzierte goldene „Hundehalsband", das die Bluse unterm Kinn schloss. Die Frisur zu verändern war kein Problem, und zum ersten Mal in ihrem Leben würde sie, die sich nie schminkte, Puder und Lippenstift benutzen. Aber ob sie diesen lasziven Gesichtsausdruck nachahmen könnte, nicht den Blick senken, nur die Augenlider? Das war schwierig. Den Mund zu öffnen und die oberen Zähne schimmern zu lassen, ohne zu lächeln, schien da einfacher.

Emilie konnte sich nicht entscheiden. Die Idee war einfach zu verwegen. Sie kaufte den Stoff für Gustavs Mantel und ging nach Hause. Keinesfalls würde sie Helene oder Pauline von ihrem Vorhaben erzählen, sie musste erst einmal mit sich selbst ins Reine kommen.

Emilie schloss leise die Tür ihres Gästezimmers. Sie hörte, dass das Fest im großen Salon im Erdgeschoss schon in vollem Gang war. Auf ihren Samtpantoffeln schlich sie mehr, als dass sie ging, die Treppe hinunter. Augen halb schließen, Mund leicht öffnen, sagte sie sich vor wie eine Schauspielerin, die kurz vor dem Auftritt noch einmal in den Kulissen ihren Text memoriert. Und keinesfalls daran denken, dass ich halbnackt bin, sonst ist der Auftritt zum Teufel und nur peinlich. Wohin mit den Händen? Natürlich hatte sie keine Attrappe eines Holofernes-Kopfes in Händen. Hände in die Taschen der karamellfarbenen Pluderhose, das ging. Sie straffte sich. Gustav würde begeistert sein. Im großen Salon standen die meisten Gäste vor der großen Glasfront mit einem Champagnerglas in der Hand und schauten in den Sonnenuntergang, der die Berge des Altvatergebirges leuchten ließ. Auf der Terrasse vor dem Haus lag Schnee. Im Innern erhellten Hunderte von Kerzen den Raum, das Licht schwankte, flirrte, ermattete, flackerte. Serviermädchen huschten geräuschlos vorbei und eilten ins Speisezimmer, um den Tisch zu decken. Emilie stellte sich hinter eine Gruppe, die aus Anton Hanak, Otto Primavesi und einem ihr unbekannten Gast bestand. Sie stand sehr still, und es dauerte Minuten, bis Anton sich umdrehte, er wollte sich ein neues Glas Champagner einschenken lassen. Er stutzte, erkannte Emilie erst auf den zweiten Blick, rief dann aber so laut „Emilie!", dass sich auf einen Schlag alle Köpfe vom Fenster abwandten und sie anstarrten. „Judith", sagte Otto Primavesi als erster. Emilie lächelte nicht. Aber sie schielte hinter ihren halbgesenkten Lidern zu Gustav. Dieser stand steif, paraly-

Gustav Klimt: „Judith I", Öl
auf Leinwand; 1901

siert, als hätte er einen Schlag auf den Kopf erhalten und müsse
seinen Blick neu justieren. Jetzt kam die halbwüchsige Mäda zu
ihr her, zwölf oder dreizehn Jahre alt musste sie sein, und zupfte
ohne jede Hemmung an der Bluse. „Das sieht ja umwerfend aus.
Und all das Gold. Umwerfend. Und genau wie auf Onkel Gustavs

Bild... Fast genau", verbesserte sie sich, „fast." Dabei lächelte sie verschwörerisch, als sei Emilie in ihrem Alter und habe zusammen mit ihr einen Streich ausgeheckt.

Emilie verharrte in ihrer Judith-Pose. Wenn jetzt das Essen begann, würde sie die Rolle aufgeben müssen, aber für einige Augenblicke wollte sie noch ganz im Bild bleiben, eine Femme fatale, von Klimt erfunden. Eine Frau, die, beseelt von dem Gedanken, ihr Volk zu retten, alle Mittel der Verführung einsetzt, sich prostituiert, um den Feind ans Messer, an ihr eigenes Messer zu liefern. So viel Ausgesetztsein in einer Welt, die nach einer Heldin rief, die um der Freiheit willen etwas Grauenhaftes tun, einen entsetzlichen Mord begehen musste. Ging das überhaupt, konnte man das Haupt des Erschlagenen in Händen halten, ohne sich selbst schon als Mensch erschlagen zu haben?

Es wurde zu Tisch gebeten. Gustav setzte sich weit von Emilie entfernt, demonstrativ weit, wie Emilie fand. Er saß neben Otto Primavesi. Aus den Augenwinkeln sah sie, dass er kaum sprach, aber unglaubliche Mengen Fleisch in sich hineinschaufelte und krugweise böhmisches Bier trank. Links neben ihr saß ein junger Mann, der in einem sackartigen Kittel aus einem geometrischen Stoff versank, den Kolo vor Jahren entworfen hatte. Um die Stirn hatte er sich ein Band aus dem gleichen Stoff geschlungen, darin steckte eine Feder, was ihm das Aussehen eines unglücklichen Indianers verlieh. Er arbeite seit Kurzem in der Werkstätte, bearbeite Metall. Er war schweigsam, aß auch sehr viel, füllte sich immer wieder Knödel auf den Teller. Zu ihrer Rechten hatte ein älterer Herr Platz genommen, der sich als Prokurist der Primavesi-Bank in Olmütz vorstellte. Dieser aß wenig, redete pausenlos über die drohende Inflation, sprach Emilie mit „gnädige Frau" an und versuchte durch ihre dünne Tüll-Bluse Blicke auf ihren Busen zu erhaschen. Gott sei Dank gab es kopfkissengroße Stoffservietten, Emilie steckte ihre beherzt hinter ihr goldenes Kropfband und verdeckte damit ihren Oberkörper zur Gänze.

Nach dem Essen wurde im Salon Kaffee gereicht: Man stand auf, ging herum, suchte sich einen bequemen Fauteuil, die Männer entzündeten Zigarren. Gustav saß lässig auf der Lehne eines Sessels, in dem Mäda Primavesi, die Ältere, Honneurs machte. Sie erzählte von einer Nestroy-Aufführung im Raimund-Theater („sehr schlechte Schauspieler", „die Frauen konnten alle nicht sprechen"). Klimt schüttelte manchmal den Kopf und sagte: „Ja, ja, der Nestroy, schwierig." Die Kostümierung im Salon Primavesi wirkte jetzt seltsam unangemessen. Aber es sollte ja noch eine „wüste Tanzerei" folgen.

Emilie stand auf, stellte sich kerzengerade hin und sagte: „Ich bitte Sie herzlich, mich zu entschuldigen. Ich glaube, die Reise ist mir nicht bekommen", und ging hinauf in ihr Zimmer.

Sie zog sich aus und betrachtete lange die fatale Bluse. Wie viele Stunden hatte sie mit dem Sticken der Goldornamente verbracht, wie mühselig war es gewesen, die Halsmanschette zu fabrizieren, Goldfaden für Goldfaden. Eine Handarbeit, die dem gleichkam, was die mährischen und slowakischen Bäuerinnen an Sorgfalt und Geduld für ihre Sonntagsblusen aufgewendet hatten.

Aber das Judith-Kostüm war ein Fehler gewesen. Sie hatte gedacht, bei einem Kostümfest in eine Kunstwelt einzutauchen, einen geschlossenen Raum, abgeschirmt von aller Öffentlichkeit und darum bestimmt für das Private, Intime, Märchenhafte. Aber auch in die mährische Einöde drang die Realität des Jahres 1916 vor. Man konnte nicht scherzhaft mit Krieg und Eroberung und abgeschlagenen Köpfen spielen. Und sich ungestraft in eine Prostituierte verwandeln. Auch Gustav hatte ihr Spiel nicht verstanden und sie bestraft, indem er sie einfach ignorierte. Oder schämte er sich gar für sie? Gustav und Scham – ging das zusammen?

Dennoch würde sie die Bluse nicht wegwerfen, sie auch nicht unterfüttern und als festliches Oberteil in der Oper tragen. Sie würde sie in ihre Textilsammlung geben – als eines von vielen Beispielen handwerklicher Kunst und Perfektion. Ohne bäuerischen Hintergrund allerdings. In ein paar Jahren vielleicht könnte sie das hauchdünne Wunderwerk in einer der Vitrinen im Salon Flöge ausstellen, und ihre Schwestern würden sich fragen, wo sie denn dieses merkwürdige Stück aufgetrieben habe.

Auf der Heimfahrt im Zug am nächsten Tag wetteiferten Gustav und Emilie in Einsilbigkeit. Gustav war mit seinem Skizzenbuch beschäftigt. Er stöhnte viel, wahrscheinlich hatte er gestern zu viel getrunken. Sie las Schnitzlers „Anatol", konnte sich aber auch nicht konzentrieren.

Kurz vor Wien klappte Gustav sein Skizzenbuch zu, legte seine Hand auf Emilies Knie: „Midi, mach das nicht noch einmal. Du bist keine Judith. Du nicht. Gerade du nicht."

„Aber du bist ein echter Holofernes, ein Unterwerfer", sagte sie. „Ein Despot", ergänzte Klimt. Und dann konnten sie ein Lachen probieren, noch bevor der Zug in Wien in den Franz-Josefs-Bahnhof einfuhr.

Kur ohne Schatten

„Die Emilie hat's im Kreuz", verkündete Barbara Flöge, wenn sie genügend Zuhörer hatte. „Sie hat zu viel am Hals", sagte Lentschi, die ihre Tante Emilie besonders liebte. „Sie ist immer so nervös", sagte Pauline.

„Jedenfalls geht sie noch immer kerzengerade, als hätte sie eine Schneiderelle verschluckt", steuerte Helene als Kommentar bei.

Emilie konnte es nicht leiden, wenn so über ihre Gesundheit gesprochen wurde. Fehlte nur noch Hermann, der gern andeutete, dass Frauen, die keinen Mann und keine Kinder hätten, ihre Unzufriedenheit in körperlichen Malaisen kompensierten.

Migränöse Zustände und Schlaflosigkeit plagten sie, seit sie denken konnte, aber seit Neuestem litt sie an Rückenschmerzen. „Die Wirbelsäule ist jedenfalls nicht verkrümmt", hatte der Medizinalrat Obermeier befunden, nachdem er ihre Rippen einzeln gequetscht hatte, „dann wird es schwierig mit der Diagnose. Ein leichter Verschleiß tritt natürlich schon mit dem 17. Lebensjahr ein, aber da die Patientin kaum älter ist, können wir gravierende Folgen ausschließen." Er wartete, dass die 38-jährige Emilie ob seines koketten Kompliments lächelte, widersprach, dankte.

Dass Ärzte immer die allerdümmsten Witze machen müssen, dachte Emilie und quälte sich ein Lächeln ab, aber kein Wort.

„Also, mein Fräulein, es gibt nur eine Medikation: ab nach Bad Gastein. Das Heilwasser ist für alles gut, aber besonders wirksam bei rheumatischen Erkrankungen. Als solche schätze ich Ihre Beschwerden ein. Und Gastein ist einfach schön, es weckt alle Lebensgeister."

Was das nun wieder heißen sollte?

Emilie reiste im Sommer 1912 noch vor der Sommerfrische in Kammer mit ihrer Mutter nach Bad Gastein und logierte in der Villa Imperial. Gustav hatte sich ebenfalls zu einer Kur entschlossen, der Rücken plagte ihn vom vielen unbewegten Stehen vor der Staffelei. Er kündigt Emilie sein Kommen an: „...Vorläufig steht noch der Sonntag werde noch telegrafieren Wetter wird glaub' ich jetzt schön – Ich freue mich bereits auf bedeutend fröhliches Wiedersehen darum muss ich hier heraus."

Ein durchschlagender Erfolg war die Kur offensichtlich für beide nicht, denn auch in den nächsten Jahren suchten sie Heilung von ihren Beschwerden und kurten vor der Sommerfrische am Attersee. Emilies Mutter schrieb 1913 an den Sohn Hermann: „Emilie hat wieder Schmerzen, kann in dem Bett nicht liegen."

Gustav besuchte Emilie auch, als sie einige Male im Winter zur Erholung an den Semmering oder nach Steinakirchen am Forst und im Sommer nach Mayrhofen im Zillertal fuhr und dort im noblen Badhotel Kirchler in Hintertux kurte. Und er schrieb täglich Karten, weniger, um nach ihrem Wohlergehen zu fragen als über das seine zu klagen, aber zwischen den Zeilen klingt doch ein Anflug von Mitgefühl mit.

„Was willst Du Tschapperl", schrieb Klimt im Juni 1912 nach Gastein, „von den Bädern sofort und gleich spüren? Sei froh wenn Du in 3 Wochen etwas davon hast." Und im März 1916 nach Steinakirchen: „Läufst Du nicht etwas viel herum? Hast Dich schon erholt? Bist Du stärker geworden?"

Welcher Therapien und Anwendungen sie sich auch immer unterzogen, sicher scheint, dass Gustav und Emilie die – immerhin wochenlangen – Kuren und Erholungsaufenthalte nicht dafür nützten, um ungestört von der Großfamilie Zweisamkeit zu leben.

Manchmal begleitete Barbara Flöge ihre Tochter, und selbst wenn Emilie allein kurte, logierte Gustav oft in einem anderen Haus.

Außerdem klagte Gustav in allen, wirklich allen Mitteilungen an die kurende Emilie über seine Arbeit: dass sie nicht vorangehe, dass die Auftraggeber nicht zahlten, dass, selbst wenn er auf dem Perron beim Abschied von Emilie noch einen starken Trieb zum Mitfahren verspüre, die „Zeitenge" einfach zu groß sei. Oder aber er klagte wie so oft über seine mangelnde Motivation: „Midi ich geh' noch herum wie ein verlorenes Schaf. Es scheint der ohnehin schwache Arbeitstrieb noch weiter herunter zu kommen". Oder nach Mayrhofen: „...ansonsten ist mir weiter künstlerisch ‚ober mis'!"

Diese Karten schreibt Klimt im Sommer 1917. Der Krieg geht ins vierte Jahr, aber vom Krieg ist nie die Rede. Natürlich kann man daraus schließen, dass sich Gustav wie Emilie nur begrenzt für die politische Situation interessierten, dass ihre finanziellen Verhältnisse so wenig eingeschränkt waren, dass sich beide mehrwöchige Kuraufenthalte und ausgiebige Ferien am Attersee leisten konnten, während die Versorgungskrise in Wien immer dramatischer wurde. Es gab „Hungerkrawalle" in der Stadt, gewalttätige Übergriffe, die von der Verzweiflung der Menschen kündeten, denen die elementarsten Lebensmittel fehlten. Die österreichisch-ungarische Regierung hatte ja unvorbereitet auf die Erfordernisse einer Kriegswirtschaft ins Feld gerufen, im fatalen Irrtum, dieser Krieg werde nicht lange dauern. Inzwischen hatte sich die Situation an den Fronten in Russland und Italien zu einem verlustreichen Stellungskrieg gewandelt, Hunderttausende von Soldaten waren gefallen oder verwundet. Auch wenn sich die militärische Lage 1917 an der russischen Front durch den Ausbruch der Revolution, an der italienischen durch die Erfolge im 12. Isonzo-Feldzug entspannte, blieb die Lage an der „Heimatfront" doch verheerend.

Ungerührt von allen Hiobsbotschaften gingen Emilie und Gustav im Zillertal wandern und ließen den Kaiser Karl I. in Wien einen guten Mann sein. Solange es ihn noch gab, so lange würde das nicht mehr sein, denn sein Thron wackelte ja schon.

Ein Zimmer für sich allein

„Die Emilie hat es doch gar nicht im Rücken, die liebt einfach die feinen Kurhotels", stichelte Helene. Barbara, die Mutter, war empört. „Sei doch froh, dass du so gesund bist. Emilie hatte es schon als Kind an den Nerven und die ziehen sich eben den Rücken hinunter."

Helene lächelte nachsichtig. Ja, ja, Emilie war und blieb doch Mamas Liebling. Hätte sie, Helene, über „Verspannungen" geklagt, hätte man ihr Aspirin angeboten oder Kneippsche Wasserkuren. Zuhause natürlich. Aber Emilie musste nach Bad Gastein. Sie gehörte ins Mondäne. Und war es nicht doch etwas übertrieben, für drei Wochen Kuraufenthalt acht Koffer voller Kleidung mitzunehmen?

Emilie hätte ihre Schwäche nicht gerne zugegeben, es war ja auch gar keine Schwäche. Sie arbeitete hart, sie litt an vielerlei Beschwerden, sie musste etwas für ihre Gesundheit tun: dass sie da nicht in einem steirischen Dorf abstieg, sondern in einem renommierten Hotel in einem anerkannten Kurort, verstand sich von selbst. Helene musste ihr auf die Schliche gekommen sein, als sie ihr beim Kofferpacken über die Schulter geblickt hatte: Wie liebevoll ihre Schwester die seidene Unterwäsche zusammengelegt und mit Bändern verschnürt hatte, wie die Kleider in weißes Seidenpapier eingewickelt, die Schuhe in weißen Baumwollbeuteln verstaut, die opulenten Sommerhüte in samten ausgeschlagene Hutschachteln verfrachtet, wie all die damenhaften Accessoires, der Schmuck, die weißen Spitzenhandschuhe, die Halsketten und Chiffon-Schals, die Sonnenschirme und Handtaschen liebevoll verpackt worden waren, all dieser Aufwand, um Emilie als die erfolgreiche Couturière zu präsentieren, die an einer Art Erschöpfungssyndrom litt – aber natürlich mit Élégance und Contenance.

Helene verspürte einen Anflug von Ärger. Es traf ja zu, dass Emilie im Alltag ungemein bescheiden war, manchmal sogar knauserig wie die verzweifelte Tochter eines Verschwenders, aber wenn es in die Welt ging, auf die große oder kleine Bühne der „Gesellschaft", dann brauchte sie Anerkennung und genoss den Luxus des Verwöhntwerdens.

Schöne Hotels – das war Emilies heimliche Leidenschaft. Es hatte mit ihren ersten Paris-Reisen angefangen. Peppo Hoffmann hatte ihr den Rat gegeben: „Steig ja nicht in billigen Etablissements ab, dein Ruf ist schneller ruiniert, als du in die Seine spucken kannst – was eine Dame ohnehin nicht tut." Das Grand Hôtel hatte ihr Kolo Moser empfohlen: „Der Glanz der Belle Époque passt zu dir, Emilie." – „Soso", hatte sie geantwortet, „Plüsch und Plunder für eine junge Frau, die sich vorgenommen hat, den Staub des letzten Jahrhunderts wegzublasen, vor allem aus der Mode: Das soll zu mir passen?"

„Wir leben doch alle mit Widersprüchen. Wenn man wie du in Paris hart arbeiten und verhandeln muss, sollte man sich wenigstens ein angenehmes Zimmer gönnen und erstklassigen Service. Ich stelle mir vor, dass man im Grand Hôtel auch sehr gut als alleinstehende Frau logieren kann, ohne arrogante oder verunsicherte Reaktionen des Hotelpersonals gewärtigen zu müssen."

„Alleinreisend", verbesserte Emilie. Aber Kolo überhörte den Einwand, er war im Schwung des Erzählens und Überredens: „Stell dir vor, was Ditha vor ein paar Jahren in Paris passiert ist." Kolo sprach gerne von seiner Frau. „Ditha hat eine alte Freundin in Paris besucht. An einem Abend sind die beiden allein, ohne männliche Begleitung, in ein Restaurant gegangen. Sie wurden an einen Tisch geleitet, der Garçon nahm ihnen die Mäntel ab, rückte die Stühle vor und sagte: ,Bonsoir, Messieurs-dames.' So ist Frankreich: Frauen sind immer Anhängsel von Männern."

„Und du glaubst, in Wien sind wir da entschieden weiter?"

„Aber natürlich", lachte Kolo. „Du weißt doch, wie abhängig ich von Ditha bin. Wenn wir in Wien in ein Restaurant gehen, schaut jeder, ob die Dame zufrieden ist. Ich bin da eine quantité négligeable."

Kolo liebte es zu kokettieren. Aber Emilie bestellte tatsächlich ein Zimmer im Grand Hôtel und wurde im Laufe der Jahre ein treuer Gast. Sie liebte die großen Zimmer, verlangte immer eines im sechsten Stock mit Blick auf den Boulevard des Capucines. Die großen Fenster hatten ausladende Vorhänge und Schabracken, die Möbel im Louis-Philippe-Stil waren mit edlen Stoffen bezogen, das cremefarbene Bad strotzte von monumentalen Armaturen, aus Messing-Fischmäulern floss Wasser in die Wanne, warmes Wasser gab es morgens und abends zwei volle Stunden lang. Die Handtücher wurden jeden Tag gewechselt, eine Verschwendung, die man in Wien ungehörig gefunden hätte. Sie mussten gebügelt sein, niemals könnte man sonst eine so weiche Textur erzielen. Wenn Emilie am Abend ins Hotel kam, konnte sie in der Wanne die Zeit vergessen, verzichtete dafür häufig genug auf das Diner im großen, mit Lüstern illuminierten Speisesaal. Es war so erleichternd zu spüren, wie alle Anspannung von ihr wich, und es war so angenehm, allein zu sein. Alleinsein war ein Luxus, den sie selten genoss. Immer war ihre Familie um sie oder Kundinnen oder Angestellte – oder Gustav.

Im Speisesaal, in dem ein Pianist sehr verhalten Klavier spielte, etwas parfümierte Musik, vielleicht Ravel, erregte sie Aufsehen, wenn sie allein an einen Tisch geführt wurde. Sie sah die Blicke der Frauen, die ihr folgten – eine Mischung aus Mitleid und Eifersucht. Und sie sah die Blicke der Männer dieser Frauen, die sie nicht sehen wollte. Sie hatte sich angewöhnt, zwischen den Gängen in einem Katalog zu blättern oder in einem Buch zu lesen, das dämpfte die Nervosität. Sie wurde erstklassig bedient. In Frankreich ging es doch immer darum, dass man dem Anlass entsprechend perfekt gekleidet war und sich „comme il faut" benahm. Diese Erwartungen konnte sie erfüllen. Und auch noch ein gutes Französisch sprechen.

In London war die Atmosphäre im De Keyser's Royal Hotel bei Blackfriars Bridge anders. Es gab nie Musik, nicht in natura und nicht auf dem Grammophon. Hätte es Luxus gegeben, wäre er unaufdringlich gewesen. Aber die Betten waren harte Streckliegen, das Mobiliar schien aus der Elisabethanischen Zeit zu stammen, und die Handtücher waren so kratzig, dass man sich damit die Beine hätte rasieren können. Das Essen war für englische Verhältnisse „ambitioniert", was für eine Wienerin bedeutete, dass man allenfalls Fisch essen konnte. In dem großen Hotel mit mehr als 400 Zimmern stiegen gerne Ausländer ab, viele Amerikaner, weil es so „very british" war. Der Stil war britisch, und das bedeutete: Die Zuvorkommenheit des Personals war oberstes Gebot (ein Jahrhundert später sollte man so etwas die „Philosophie des Hauses" nennen). Emilie ließ sich manchmal dazu hinreißen, einen kleinen Wunsch zu äußern oder eine Frage zu stellen, nur um einem Waiter oder Pagen oder Portier die Befriedigung zu verschaffen, einer Dame weitergeholfen zu haben.

Sehr merkwürdig, dass aus einem Land, das so der Tradition verhaftet war, die entscheidenden Impulse der Arts and Crafts-Bewegung kamen, die in ganz Europa das Kunstgewerbe erfassten. Und war es nicht in England gewesen, wo das Feuer der Frauenbewegung entfacht worden war, das auf den Kontinent übergegriffen hatte?

Im De Keyser's Hotel war von diesem Sturm nichts zu spüren, es wehten nur laue Lüftchen, wenn an warmen Abenden die Fenster des Speisesaals einen Spalt breit geöffnet wurden. Die wenigen Frauen, die dort verkehrten, hingen immer so am Arm eines Mannes, als seien sie gar nicht in der Lage, einen Schritt allein zu tun. Hier schaute niemand auf, wenn Emilie den Speisesaal betrat, sah ihr niemand nach, wenn sie den Raum verließ, Frauen und Männer schauten durch sie hindurch, sie existierte einfach nicht. War das nicht die Quintessenz der englischen Höflichkeit, einen Menschen ganz bei sich zu lassen?

Die österreichischen Etablissements, die Emilie während ihrer Kuren wählte, unterschieden sich deutlich von ihren „Geschäftshotels" in Paris und London. Aber auch hier legte Emilie Wert auf Stil. Nur nichts Ländlich-Derbes, keine Pension mit Hirschgeweih am Dachfirst und rotkarierter Bettwäsche. Eleganz konnte man auch in Gastein und Mayrhofen finden. Und immer bestand Emilie auf einem Zimmer „für sich allein".

„Mama ist mein hartnäckigster Kurschatten", witzelte sie in ihren Briefen an Helene, wenn ihre Mutter mit von der Partie war. Aber ein gemeinsames Zimmer kam nicht in Frage. Undenkbar auch, mit Gustav, wenn er ihr denn in die Kur nachreiste, ein Zimmer zu teilen. Und das nicht, weil sich andere Gäste vielleicht die Mäuler zerrissen hätten über die Unmoral in Künstlerkreisen. Lange vor Virginia Woolf hatte Emilie Flöge verstanden, dass ein Zimmer für sich allein eine Bedingung der Freiheit ist. Und wenn dieses Zimmer noch elegant und komfortabel ausgestattet war, so verwandelte es sich in ein Elixier, das Energien und Lebensfreude freisetzte und wie durch einen Zauber alle Verschattungen vertrieb.

„Sie hat es im Rücken und an den Nerven", schrieb die besorgte Mutter Barbara aus der Kur nach Hause. „Sie zieht sich oft auf ihr Zimmer zurück."

„Die Emilie soll kommen"

Nein, gesund lebte Gustav natürlich nicht. Er aß zu viel, er trank zu viel. Aber er glich alle Exzesse auch immer durch heftigen Sport aus. Er war ein Mann, der sich seiner körperlichen Kräfte versichern musste, seiner sexuellen sowieso, aber auch seiner muskulösen. Ein Freund Gustavs, der in seiner Jugend einmal österreichischer Vizemeister gewesen war – Emilie hatte vergessen, in welcher Disziplin –, erzählte, dass Gustav jedes Mal, wenn er seiner ansichtig wurde, schon von weitem gerufen habe: „Oskar, los, lass uns ringen!" Und dann hätten sie, egal, wo sie gerade gewesen seien, angefangen zu ringen: auf der Straße, auf dem Postamt, im Wirtshaus. Immer habe er Gustav besiegen können, er habe Technik, der Gustav aber Kraft gehabt. Irgendwann habe er, Oskar, zu ihm gesagt: „Lass es gut sein, alter Freund, jetzt haben wir das Spiel einhundertsiebenundfünfzigmal gespielt, du weißt doch, dass du mich nicht besiegen kannst." „Es geht überhaupt nicht ums Siegen", habe Gustav geantwortet, „es geht ums Kämpfen." Und auch als Klimt Ferdinand Hodler kennenlernte, sah er in Hodler nicht nur den Künstlerkollegen, sondern auch den Schweizer Naturburschen, muskulös und braungebrannt. „Mit dir tät' ich gern ringen", sagte Klimt.

Ein Schlaganfall entsteht durch Durchblutungsstörungen oder Blutungen im Gehirn. Gustav kam am 11. Jänner 1918 früher als gewöhnlich aus dem Atelier nach Hause. Das Essen sei noch nicht einmal fertig gewesen, erzählte Klara Klimt später. Gustav klagte über Kopfschmerzen. Er brauche jetzt wohl eine Brille, heute habe er nicht recht malen können, alles sei ihm vor den Augen verschwommen. Er legte sich hin. Als Hermine zum Essen rief, lag er merkwürdig verkrümmt im Bett, seine rechte Mundhälfte war schief verzogen. Das Reden machte ihm Mühe. Der rechte Arm gehorchte ihm nicht. Der Hausarzt ordnete an, ihn sofort in ein nahegelegenes Sanatorium zu bringen. Dort sagte Klimt: „Die Emilie soll kommen!"

Emilie kam, aber Gustav hatte die Augen geschlossen, er öffnete sie manchmal, aber er schaute durch Emilie hindurch, als sei sie gar nicht da. Einmal fixierte er den Blick, versuchte ein Lächeln, das schief misslang, und sagte kaum hörbar: „Emilie". Emilie streichelte sein Gesicht, hielt seine Hand, sprach seinen Namen.

Er war halbseitig gelähmt, hilflos, konnte nicht ohne Unterstützung essen, sich waschen, auf die Toilette gehen. Er war apathisch, aber bei Bewusstsein. Das Sprechen fiel ihm schwer. Emilie kam jeden Tag. Manchmal strich Gustav mit seinem rechten Daumen den Nasenflügel entlang, eine vertraute Bewegung, die in die mechanischen Gesten seines Körpers übergegangen war. Manchmal sah es aus, als führe er akribisch die Zeichenfeder über ein imaginäres Papier. Einmal sagte er: „So vieles ist unvollendet." Der Gedanke, vielleicht nicht mehr malen zu können, quälte ihn.

Sein Geist war müde, sein Körper wurde jeden Tag hinfälliger.

Emilie saß an seinem Bett und hielt seine Hand. Eine Krankenschwester sagte: „Sie brauchen nicht so oft zu kommen, wenn es Ihnen nicht passt. Er kriegt so und so nicht mehr viel mit. Er ist nur noch eine Hülle." Emilie war empört, sie wusste, dass Gustav noch alles, aber auch alles wahrnahm. Was maßte sich so ein dummes junges Ding an, von einer Hülle zu sprechen.

Manchmal sang sie ihm Schuberts „Lindenbaum" vor, alle Strophen. Einmal schien es ihr, als habe er sie in einer plötzlichen Aufwallung von Erinnerung und Trauer angelächelt. Dann schloss er wieder die Augen.

Der Jänner verging, durch Wien fegte ein eisiger Wind. Emilie fror so sehr, dass auch ihr Pelzmantel keine Linderung brachte. Die Kälte war Schmerz, der Schmerz war Kälte.

Am 3. Februar verlegte man Gustav Klimt ins Allgemeine Krankenhaus, in die Abteilung von Professor Riedl. Eine Lungenentzündung hatte seinen Zustand verschlimmert, er hatte Druckstellen am Körper vom unbewegten Liegen, ein Wasserbett sollte Linderung verschaffen.

Als Emilie in sein Zimmer im Krankenhaus trat, dachte sie, sie habe sich in der Zimmertür geirrt. Der da im Bett lag, das war ein anderer Mann, das war nicht Gustav. Sie schlug sich mit der Hand vor den Mund, um nicht laut aufzuschreien, als sie gewahr wurde, was geschehen war: Man hatte Gustav den Vollbart abgenommen. Sein Gesicht war von gelblicher Farbe, der Schnauzbart, den man ihm gelassen hatte, wirkte wie angeklebt, hager die Nase, die Augen tief eingefallen. Er glich sich nicht mehr.

Sie rannte auf den Korridor, suchte das Stationszimmer, stürmte hinein, auch wenn auf der Glastür deutlich „Betreten verboten" geschrieben stand. Drei Schwestern saßen um einen Tisch und tranken Kaffee. Sie drehten sich zu ihr, hatten schon das „Betreten verboten" auf den Lippen, als sie Emilies Gesicht sahen. „Was habt ihr mit ihm gemacht?", keuchte diese, „was habt ihr verdammt noch einmal mit ihm gemacht?"

Die älteste der Schwestern straffte sich: „Fräulein Flöge, dies ist ein christliches Haus. Geflucht wird absolut nicht. Sollten Sie wissen wollen, warum wir dem Patienten den Bart abgenommen haben, so können wir Ihnen nur mitteilen, dass das Vorschrift ist, es steht so in der Hygieneverordnung. Im Bart kann sich Ungeziefer ausbreiten."

„Sie haben ihn völlig entstellt. Wissen Sie überhaupt, wen sie vor sich haben? Sie haben ihn verstümmelt, ihn, Gustav Klimt!"

„Er merkt doch fast gar nichts mehr", sagte die jüngste Krankenschwester in einem Ton, als wolle sie Emilie trösten. Da warf Emilie einen Stoß Handtücher, der neben dem Eingang auf einer Ablage aufgestapelt war, auf das Mädchen und rief: „Du dumme Gans! Du dumme Gans!" Es entstand ein Tumult. Ein Arzt stürzte herein, packte Emilie am Oberarm und zog sie aus dem Zimmer.

Gnädig sah die Krankenhausleitung davon ab, Emilie Flöge Hausverbot zu erteilen. Aber wo käme man hin, wenn sich alle Angehörigen so hysterisch aufführten. Dabei war das Fräulein Flöge nicht einmal eine richtige Angehörige.

Am nächsten Tag saß Egon Schiele an Klimts Bett, als Emilie kam. Sie saßen schweigend nebeneinander, bis Emilie sah, dass Schiele weinte. Er musste gar nichts sagen, Emilie wusste, was Schiele Klimt verdankte. Ohne die Kunstschau 1909, auf der Klimt dem jungen Schiele ein einmaliges Forum geboten und seinen Durchbruch erwirkt hatte, hätte Schiele nicht die spätere Berühmtheit erlangt. Klimt hatte ihn gefördert, obgleich Schiele mit seinen aggressiv-expressionistischen Bildern sein Vorbild Klimt auf das Gleis der vergangenen Jugendstil-Generation geschoben hatte. Und Klimt hatte zu ihm gehalten, als Schiele wegen der Verführung Minderjähriger und der Verbreitung unzüchtiger Bilder ins Gefängnis gehen musste.

Am übernächsten Tag, dem 6. Februar, starb Klimt um 6 Uhr in der Frühe.

Seine Totenmaske wurde abgenommen, sie zeigt einen fremden Menschen mit Schnurrbart und nacktem Kinn, Schiele zeichnete den toten Freund. Am 9. Februar gab es eine bewegende Beerdigung auf dem Friedhof in Hietzing, wo Klimt sein letztes Atelier in der Feldmühlgasse gehabt hatte. Schiele sprach Abschiedsworte, Peter Altenberg hielt eine Rede: „Gustav Klimt, den Idealen der Natur bist Du, fast eigentlich unbewußt, nahegerückt, und selbst Deine einfachen eigentlich adeligen Bauerngärten mit Sonnenblumen und Unkraut enthielten ein Hauch der Poesie des Schöpfers! So hieltest Du Dich auch almälig abseits von den Menschen, die dafür kein Verständnis haben! Gustav Klimt, Du warst ein Mensch!"

Berta Zuckerkandl, die treue Freundin, schrieb in der „Wiener Allgemeinen Zeitung" vom 6. Februar 1918:

„Einer der Größten ist dahingegangen. Ein schlichter Held. Ein stiller, zäher Kämpfer. Ein Unbesiegbarer. Ein Sieger. Ein Herrenmensch, der kein anderes Gebot kannte, als das tiefste Gesetz seines Wesens, das ein Gott ihm in die kunsttrunkene Seele gesenkt hatte, mit strahlender Wahrhaftigkeit zu offenbaren. So einzig, so ragend, so unersetzbar ist dieser Meister der heroischen Farbe, der königlich-schöpferischen Linie, der Harmonien entschwebenden Vision, dass selbst in diesen todesgewohnten Zeiten Klimts Tod als ein Unbegreifliches, als die Vergewaltigung eines herrlichen, der Menschheit geschenkten Besitzes Aufruhr in die Seele senkt."

Und Egon Schiele schrieb in der Zeitschrift „Der Anbruch": „Gustav Klimt ein Künstler von unglaublicher Vollendung ein Mensch von seltener Tiefe sein Werk ein Heiligtum."

Schiele starb im Oktober 1918, acht Monate nach Klimt, im Alter von 28 Jahren an der Spanischen Grippe. Im gleichen Jahr starben auch der Architekt Otto Wagner, Koloman Moser und Ferdinand Hodler.

Emilie stand am Tag nach Gustavs Beerdigung im Salon und modellierte ein Abendkleid für Madame Rothschild. 1920 brach sie zu ihrer ersten Modereise nach Paris nach dem Krieg auf. Der Portier im Grand Hôtel, der sie seit vielen Jahren kannte und wiedererkannte, sagte am dritten Tag: „Malheureusement pas de lettres, Madame."

Im Jahr 2013 schrieb ein fünfzehnjähriges Mädchen in das Gästebuch des Klimt-Zentrums in Kammer am Attersee:

„Since he liked cats all his sins will be forgiven."

Das Sanctuarium

Sie waren zu fünf Frauen in den ersten Stock der Casa Piccola gezogen, Barbara Flöge, die drei Töchter und die zwölfjährige Lentschi, Helenes Tochter – die eigentlich ihrer aller Tochter war. Die Etage war großzügig, große, hohe, lichte Räume, die im alten Flöge-Stil möbliert waren: feines Biedermeier. Der Kontrast zum Salon hätte nicht größer sein können: dort schwarz-weiße Geometrie im Stil der Wiener Werkstätte, hier: Kirschholz- und Mahagoni-Tische, Kommoden und Eckkästen mit Glastüren, geschwungene Sofas und Stühle, geblümte Streifentapeten. Barbara Flöge bestand darauf, ihre gutbürgerliche Einrichtung mitzubringen, aber auch Helene und Pauline plädierten für „Behaglichkeit" und „Rückzugsmöglichkeit". So sehr sie Emilie unterstützt hatten, den Salon konsequent und ohne jede Aufweichung des strengen Stils von Hoffmann einrichten zu lassen, so unnachgiebig verlangten sie die vertraute Idylle im Privaten. Arbeit und Leben solle man einfach trennen.

Emilie trennte sie nicht, aber da sie sich ohnehin den größten Teil des Tages im Salon aufhielt, konnte sie mit dem Widerspruch leben, im streng funktionalen Ambiente der Werkstatt zu arbeiten und am honigschimmernden runden Biedermeier-Tisch mit ihrer Familie zu speisen. Eine Zeitlang sah sie das als Kompromiss oder Zugeständnis an die Mutter an, aber bald war das Hinübergehen von der einen in die andere Welt so selbstverständlich geworden, dass sie sich auch vor sich selbst nicht mehr rechtfertigen musste: Immerhin bestand ja auch das Biedermeier auf besten Materialien und handwerklich hervorragender Verarbeitung. Nur Blümchentapeten konnte sie nicht leiden.

Pauline starb 1917. Lentschi war ausgezogen, als sie Rudolf Donner geheiratet hatte. Die Flöges ließen ein leergewordenes Zimmer unberührt.

Gustav hatte in seinem Testament seine Schwestern Klara und Hermine und seine Lebensgefährtin Emilie Flöge zu seinen Erbinnen eingesetzt. Obwohl er für seine Bilder Höchstpreise erzielt hatte, waren auf den Konten nur 60.000 Kronen vorhanden. Das war eine stattliche Summe, aber doch wenig angesichts der Gelder, die er verdient hatte. Zu Lebzeiten hatte er seine Familie und Freunde und die Mütter seiner unehelichen Kinder so großzügig unterstützt, dass ihm das Geld zerronnen war. An Mizzi Zimmermann hatte er einmal geschrieben: „Es bleibt eine üble Gemeinheit, Kapitalien anzuhäufen. Das Geld muss rollen, sonst interessiert es mich nicht."

So fiel vor allem das Inventar seines Ateliers in der Feldmühlgasse an die Erbinnen. In den Mappen fanden sich 3.000 Zeichnungen, in den Kästen seine Sammlung ostasiatischer Kunst, seine Kunstbücher, aber auch seine Arbeitskittel. Auf den beiden Staffeleien standen die unvollendeten Gemälde „Die Braut" und „Dame mit Fächer".

Alles war so akribisch aufgeräumt, als hätte Klimt den Schlaganfall geahnt und sein Leben vorher in Ordnung gebracht. Das war natürlich Unfug, nichts hatte er geahnt, auch wenn er in den letzten Monaten viel über Müdigkeit geklagt hatte. Er war ein penibel organisierter Mensch, der sich einen minutiösen Tagesplan verordnete und diesen auch nach heftigen Zechgelagen einhielt. Genau so hielt er auch in seinem Atelier eisern Ordnung.

Egon Schiele wollte unbedingt Klimts Atelier als Denkmal erhalten wissen: „Seine Freunde sollten in Hietzing das Haus samt Garten und Einrichtung kaufen – denn das Gefüge des Klimt-Hauses ist ein ganzes, ist selbst ein Kunstwerk."

Aber das war mitten im Krieg, viele Menschen waren obdachlos, die Zeit sprach nicht für die Errichtung einer Klimt-Gedächtnisstätte, das Gartenhaus sollte vermietet werden.

Klara Klimt weinte die ganze Zeit, als sie und Hermine Klimt und Emilie Flöge sich einige Wochen nach Klimts Tod im Atelier trafen. Hermine und Emilie gingen still an die Arbeit, beide bemüht, diesen Akt, „über seine Kleider das Los zu werfen", wie Klara es ausdrückte, so schnell wie möglich hinter sich zu bringen. Es gab keinen Streit, keiner wollte den anderen übervorteilen. Klara und Hermine missbilligten Gustavs Zeichnungen zutiefst, sie schauten gar nicht auf die Blätter, weil sie wussten, dass die Motive

„schamlos" waren. Emilie bestand darauf, dass sie dennoch redlich geteilt würden: „Ihr werdet Käufer dafür finden." Julius Zimpel, der Sohn von Klimts Schwester Johanna, der Kunstgewerbe studiert hatte, wüsste den Wert der Zeichnungen zu schätzen und könnte seine Tanten beim Verkauf beraten. Die 50 Skizzenbücher, die ordentlich aufgestapelt und datiert im Kasten lagen, erschienen den Schwestern völlig wertlos. Emilie nahm sie gerne an sich. In einem der Skizzenbücher fand sie später den Entwurf eines sich umarmenden Liebespaares, daneben in großen Buchstaben geschrieben: EMILIE.

In den Kästen und Regalen lagen und standen Gustavs umfangreiche Sammlungen: afrikanische Holzskulpturen, chinesische und japanische Kunstobjekte, chinesische Malereien, japanische Nō-Masken, eine echte japanische Samurai-Rüstung – und als Zugeständnis an den eigenen Kulturkreis eine Madonna aus Terrakotta, die romanischen Ursprungs sein konnte. Emilie interessierte sich mehr für Gustavs textile Sammlung: hier hatten sich ihre Interessen überschnitten. Was ihr die Hauben und Leibchen aus der alten Donaumonarchie waren, bedeuteten ihm orientalische Seidengewänder. Er besaß wunderbare alte Mäntel aus indischer und chinesischer Seide in intensiven Farben. Einmal hatte er das Prachtgewand eines hohen chinesischen kaiserlichen Beamten mit an den Attersee gebracht: Emilie sollte es anziehen, der Fotograf Friedrich G. Walker sollte sie darin fotografieren. Gustav neckte sie: „Jetzt kommen die Drachen zum Drachen!" Die stilisierten Drachen winden sich in hellem Beige auf magentarotem und blauem Grund, am Saum fließt ein stilisierter Wellenschaum, der als Symbol für das höfische Beamtentum galt. Das Gewand war schwer, drückte die Schultern herab, aber es hatte die Aura des Exotischen und Außergewöhnlichen.

Klara und Hermine lehnten die schönen Möbel, die Hoffmann und Moser entworfen hatten, rundweg ab: Gustavs Zimmer in der Wohnung stehe ja noch voller Biedermeier, sie wüssten nicht, wohin damit. Emilie wollte ihnen Geld zum Ausgleich geben, aber sie waren froh, dass irgendjemand die „Sachen" wegschaffte, sie

Emilie Flöge in einem chinesischen Kleid („Drachenkleid") aus Gustav Klimts Sammlung. Foto: Friedrich G. Walker

hätten vieles am liebsten zum Abfall gegeben. Dabei war der große Kasten, der wie ein Bauwerk gegliedert war, mit Glasvitrinen für die Kunstobjekte und großen Schubladen für die Zeichenmappen, von erlesener Qualität, genau wie der Aufbewahrungskasten für Künstlerbedarf auf Rollen, den Gustav zwar selten genutzt, aber als eigenständiges Objekt geschätzt hatte. Hinzu kamen ein Schreibtisch, ein Fauteuil von Josef Hoffmann mit hochgezogenen Wangen und ein Stuhl mit senkrechter Lehne im Mackintosh-Stil, nicht unähnlich denen, die im Empfangsraum des Flöge-Salons standen.

Die Kunstobjekte akzeptierten die Schwestern widerstrebend, am widerstrebendsten die furchterregende Rüstung des japanischen Kämpfers mit der roten Holzmaske. Emilie drängte ihnen auch die reichhaltige Sammlung von Büchern über japanische und chinesische Kunstgeschichte auf, für einen Liebhaber konnten sie eine wertvolle Ergänzung der Objekte sein, erbat sich von den Büchern nur Peter Altenbergs „Bilderbogen des kleinen Lebens", in das er eine persönliche Widmung für Gustav geschrieben hatte, und das zerlesene Exemplar von Dantes „Göttlicher Komödie", das Gustav immer mit sich herumgetragen hatte. Und seine Arbeitskittel aus indigoblauem mexikanischem Stoff, die sie genäht und mit geometrischen Achselstücken verziert hatte, wollte sie mitnehmen, was Hermine und Klara überhaupt nicht verstanden: dieses Zeug könne man doch wirklich zum Mist werfen. Die Kartons voller Briefe hätten die Schwestern gerne geradewegs im Garten verbrannt, aber Emilie stellte sie resolut zu den Sachen, die für sie aussortiert waren.

Die drei ungleichen Frauen verabschiedeten sich freundlichzurückhaltend, jede wusste von der anderen, dass sie einander kaum wiedersehen würden, obwohl sie in angrenzenden Bezirken zu Hause waren.

Ein Transporteur brachte am nächsten Tag Emilies Anteil von Gustavs Nachlass in die Mariahilfer Straße. Die Mutter und Helene waren damit einverstanden, dass sie Paulines Zimmer ausräumte und Gustavs Hinterlassenschaft dort aufbewahrte. Sie richtete ein Klimt-Zimmer ein, und jetzt war sie es, die tagelang weinte: Wenn sie an seinen Kitteln die eingetrocknete Farbe roch, wenn der sonnige Tag am See in der Erinnerung aufstieg, an dem er sie in das Drachenkleid gehüllt hatte, wenn sie die „Göttliche Komödie" in die Hand nahm, aus der er ihr vorgelesen hatte, wenn sie die Zeichnungen betrachtete. So virtuos konnte er mit drei Federstrichen eine nackte liegende Frau skizzieren, so mühelos hingeworfen sah das aus, aber sie wusste, welche Meisterschaft es verlangte, um diesen Eindruck zu erwecken. Emilie verstaute alles, was ihm etwas wert gewesen war, in seinen Schränken, ordnete die Zeichnungen chronologisch in Mappen, wickelte die Textilien in Seidenpapier, stellte Objekte hinter Glas aus, damit sie nicht verstaubten.

„Ein Sanctuarium mit kostbaren Reliquien", sagte Helene, nicht ohne Spott. Sie hatte recht.

Wochenlang beschäftigte Emilie das Ordnen der Korrespondenz. Alle Briefe und Karten lagen in wirrem Durcheinander in einem großen Karton, Gustavs buchhalterischer Ordnungssinn hatte vor dem Reichtum der Mitteilungen versagt. Es lagen auch Zettel in seiner eigenen Handschrift in diesem Kasten, Erinnerungshilfen wie: „morgen bei Lederers, 19 Uhr", „Stoclet: weiterer Aufschub von Nöten", „Moritz: neue Fotos". Auf einigen Zetteln standen Zitate, die er sich notiert hatte. Mehrmals las Emilie ein Zitat aus Schnitzlers „Paracelsus" und dachte darüber nach, was es Gustav bedeutet hatte:

Ein Sinn wird nur von dem gefunden, der ihn sucht.
Es fließen ineinander Traum und Wachen,
Wahrheit und Lüge. Sicherheit ist nirgends.
Wir wissen nichts von anderen, nichts von uns.
Wir spielen immer; wer es weiß, ist klug!

Manchmal ergriff Emilie eine Scheu, Briefe zu lesen, und manche Briefe hätte sie am liebsten gleich in den Ofen geworfen. Sie wollte nicht wissen, was Maria Zimmermann und Maria Ucicka und alle Ernas, Annas, Bertas, Mizzis, Elses und Herthas für Liebesbriefe geschrieben, was Klimts Söhne, beide Gustav mit Namen, in krakeliger Kinderschrift für Grüße an den Papa geschickt hatten. Das waren Botschaften aus einem Leben, das sie nicht mit Gustav geteilt und das er von ihr ferngehalten hatte. So las sie immer nur den ersten Satz eines Briefes in weiblicher Handschrift und legte ihn dann auf die Ablage: „Vernichten!"

Und ihre eigenen Briefe, Karten, Rohrpostmitteilungen, Telegramme?

Die hatte Gustav gesammelt: Sie lagen, zeitlich nach Jahren geordnet und jeweils mit einem Bindfaden als Paket verschnürt, in einem eigenen Karton. Die ersten „dünnen" Jahre ergaben nur ein schmales Bündel, dann kamen zwanzig „dicke" Jahre von 1897 bis 1917, ein Konvolut gemeinsamen Lebens, gebündelte Vertrautheit. War dieses aufmerksame Sammeln und Verschnüren nicht die größte Liebeserklärung, die er ihr posthum machte?

Und war es nicht mehr als ein Zufall, dass sie genau das Gleiche mit seinen vielen hundert schriftlichen Mittteilungen gemacht hatte? Chronologisch in der Reihenfolge des Eingangs lagen sie in ihrem abgeschlossenen Sekretär, zusammengebunden mit einem Bindfaden, dünner als Gustavs derbe Kordel und in anderer Farbe, ein Seidenband hatte sie bewusst verschmäht, das sah ihr zu sehr nach der Romantik vergangener Jahrhunderte aus. Ihr letztes Päckchen aus dem Jahr 1917 war noch geöffnet, wartete noch auf weitere Botschaften.

Emilie ließ sich auf den Stuhl fallen, der im Vorzimmer seines Ateliers gestanden hatte und der mit Zeichnungen übersät gewesen war, als sie dort aufräumten. Und jetzt, nachdem sie sein Erbe geordnet hatte, konnte sie endlich aufhören zu weinen.

Wochen später las sie alle ihre Briefe an Gustav, die banalen Mitteilungen, wenn es um Termine und Verabredungen innerhalb Wiens ging, die Postkarten und Briefe aus London und Paris, wenn sie auf ihren Mode-Reisen war, die Grüße vom Attersee, wenn Gustav noch in Wien war, während die Flöges bereits sommerfrischten, die Briefe nach Prag, nach Paris, nach Florenz und Rom, nach Madrid und Toledo, nach München, nach Brüssel, nach London, wenn Gustav auf Reisen war. Literarische Kunstwerke waren ihre Ergüsse bestimmt nicht, abends nach anstrengendem Tag schnell hingeworfene Zeilen, die Gustav baldmöglichst erreichen sollten, weil er immer auf Post von ihr wartete und diese anmahnte, ja, einforderte, viel Gerede vom Wetter, das ihn immer interessierte, von der Familie, vom Geschäft, vom Gemach und Ungemach des Reisens, von Wanderungen am Attersee, aber auch von Schlaflosigkeit, Stimmungsschwankungen, Rückenschmerzen, von Sehnsucht, ja, von Sehnsucht!, von Vorfreude auf ein Wiedersehen.

Nur ein einziger Brief war darunter, natürlich aus dem Frühjahr 1899, in dem die liebe Midi all ihre freundliche Zugeneigtheit aufgegeben und den Empfänger beschimpft, ihn als treulosen, kalten, brutalen Verräter attackiert, ihren Gefühlen freien Lauf gelassen und die Wohlerzogenheit einer jungen Dame einfach verabschiedet hatte. Gesagt hatte sie damals, als er ihr mitten in der Zeit ihrer „hohen

Liebe" die vielen parallel laufenden Liebesaffären und ihre Folgen gebeichtet hatte, nur: „Das ist zu viel!", geschrieben hatte sie mehr. Sie wurde rot, als sie diesen Brief las. Welcher Worte sie fähig gewesen war in ihrem Zorn, erstaunlich! Peinlich, wenn man zwanzig Jahre später an einen solchen Überschwang der Gefühle erinnert wurde. Aber hatte der Brief damals nicht eine reinigende Wirkung gehabt, ihr Verhältnis auf einen anderen Grund gestellt, ein Fundament, das stabil geblieben war? War nicht danach die „wahre Liebe" erst gewachsen – und auch die Ausschließlichkeit dieser besonderen Beziehung, die Gustav zu keiner anderen Frau und Emilie zu keinem anderen Mann unterhielt?

Eines war Emilie klar: niemand, wirklich niemand sollte je diesen Brief lesen. Und auch alle anderen Briefe nicht. Niemals würde sie der Nachwelt (Künstler haben ja immer eine „Nachwelt") die Intimitäten ihres gemeinsamen Lebens verraten. Sie waren im Leben diskret gewesen, sie würden es über das Leben hinaus sein. Bei dem Gedanken, dass sich nach ihrem Tode Menschen genüsslich an ihren Briefen delektieren könnten, schauderte ihr.

Das Belanglose, Marginale, Unverfängliche konnte ja ihretwegen aufbewahrt werden, Gustavs Auslassungen zu Wetter und schöpferischen Blockaden, Zahnschmerzen und schlechtem französischen Kaffee. Aber nichts, was ein Licht auf sie als Paar warf, ihre Vertrautheit ausleuchtete. Und nichts, was sie, Emilie, geschrieben hatte, kein einziges Wort.

Sollten sich doch spätere Generationen den Kopf zerbrechen, warum Gustav Klimt in den vier Jahren von 1897 bis 1900 nur 20 Karten an Emilie Flöge geschrieben hatte, im Jahr 1909 aber 117. Lücken waren eben Geheimnisse.

Das Vorhaben, diese Lücken zu reißen, war nur eine Frage des rechten Augenblicks. Und der kam: ein kalter Wintertag, an dem das Feuer im Kachelofen im Wohnzimmer brannte und alle anderen Flöge-Frauen ausgeflogen waren. Aber mein Gott, wie viel Asche die Briefe produzierten! Immer wieder musste Emilie den Aschenkasten leeren. Das hatte natürlich auch etwas Gutes: Die Vernichtung von Briefen, die in der Literatur immer von heftigsten Gefühlen begleitet wird, wurde einfach ein technisches Problem.

„Hier riecht es so komisch", sagte Helene, als sie nach Hause kam. „Entweder hast du Öl ins Feuer gegossen oder Liebesbriefe verbrannt."

„Wann I amal stirb"

„Das habe ich aus der Asche gefischt, es war nicht verbrannt", sagte Helene am Tag nach dem Werk der Vernichtung. Emilie hätte einen roten Kopf bekommen sollen, aber wozu? Helene wusste doch immer alles von ihr. Schließlich hätte Gustav auch ihr nahegestanden, war ihr Schwager gewesen, ein Levirats-Verhältnis wäre es beinahe gewesen, nur dass sie keine Juden waren und darum nicht erwartet wurde, dass der Schwager nach dem Tod des Bruders die Schwägerin heiratete, um sie zu versorgen und das Erbe zu sichern. Es reichte völlig aus, dass Gustav die Vormundschaft für seine Nichte übernommen hatte.

„Hier lies mal, es ist in Gustavs Schrift, und datiert ist es auch: Mai 1899. Und hier am Rand steht ,Emilie'."

Um a Liab anzufangen
ghört nit viel dazu
a lustiges Büable
kriagt Diandlan 'lei gnua
doch a Liab schön zu pflegen
is a sakrische Gschicht
weil recht a zart's Bleamerl
nur gar zu leicht bricht.

„Er hatte es immer mit den alten österreichischen Volksliedern", wich Emilie aus, weil sie so schön melancholisch seien, so recht passend für einen unglücklichen Menschen. Am liebsten mochte er „Wann I amal stirb". „Für einen Wiener gehört es sich, jeden Tag einmal an den Tod zu denken, egal ob er zwanzig, dreißig oder hundert ist", sagte Gustav, „der Wiener braucht das, sonst kann er keine Freud' am Leben haben. Und er muss sich sein Begräbnis ausmalen: Welche Freund' kommen, welche Feind' kommen, wie die Pferde apfeln, die den Sarg ziehen, welche Madln an seinem Grab weinen, ob es regnet, ob es schneit, ob der Pfarrer aus Versehen in die Grube fällt."

„In diesem Gedicht geht es aber um etwas ganz anderes", mahnte Helene.

„Ich weiß", sagte Emilie.

„Und warum hast du den Zettel in den Ofen geworfen?"

„Aus Versehen", sagte Emilie.

Der Geist über den Wassern

Der Sommer 1918 in Weißenbach zog sich endlos hin. Vom Krieg war am Attersee wenig zu spüren. Die Sonne schien unbeteiligt, der See schäumte weiß, wenn der „Rosenwind" ging, ein Nordostwind, der auch im Sommer von den Bergen fiel, die Zichorien blühten an den Wegrändern, blau und üppig. Das Essen in den Restaurants war schlechter geworden, aber auf dem Land gab es immer noch frisches Gemüse. Und im Winter waren Schweine geschlachtet worden, das Fleisch gepökelt und eingekocht, die Schinken hingen im Rauch – nein, die Flöges und Klimts und Paulicks mussten nichts entbehren. Nichts, was zu den Ingredienzen einer Sommerfrische gehörte.

Aber Emilie entbehrte alles, was zum Leben gehörte. Gustav.

Sie dachte oft daran, nach Wien zurückzukehren. Nur die Vorstellung, in der sommerschwülen Stadt allein in der Wohnung zu sitzen, hielt sie davon ab.

Übermächtig waren die Erinnerungen an glückliche Tage und Wochen, die sie fast zwanzig Jahre lang mit Klimt in der Gegend um den Attersee verbracht hatte. Es war ihr Arkadien gewesen. Und auch, wenn sie ständig von Familie und Freunden umgeben gewesen waren, war der See immer ihr sehr intimer Sehnsuchtsort geblieben, eine Inkarnation von Leichtigkeit und Lust, die Wien nie gewesen war.

Jedes Ruderboot auf dem See rief das Bild an unbeschwerte Partien auf. Wie hatte sich Klimt immer ins Zeug gelegt, wenn er sie auf den See hinausruderte, die Muskeln unter seinem derben Kittel spielen ließ, als gelte es, eine Regatta zu gewinnen. Jeden Uferweg in Kammer und Seewalchen und Weißenbach waren sie Hunderte Male entlang flaniert. Gejaust hatten sie immer wieder im Litzlbergkeller, aber auch im Gasthaus am Gahberg und Renners Gasthaus in Seeberg. Eine gute Jause gehörte zum Tag wie die spitzigen Wellen des Sees, oder, wie Barbara Flöge lieber gesagt hatte: wie das Amen in der Kirche. Speck und Wurst und Käse, für die Männer

Gustav Klimt und Emilie Flöge im Ruderboot vor der Villa Paulick in Seewalchen am Attersee, 1909

ein Bier, für die Frauen ein Kracherl, ein „Tschapperlwasser", wie Klimt die dünne Limonade abschätzig genannt hatte.

Und auch wenn Gustav in seinem Zimmer in der Villa Oleander gearbeitet oder seine Staffelei am See oder im Schlosspark in Kammer aufgestellt hatte und nicht gestört werden wollte, so war er doch immer anwesend. Als Gertrude, Hermanns und Thereses kleine Tochter, die für ihr Leben gern mit Onkel Gustav spielte, einmal den Onkel suchte und verzweifelt am See entlanglief und rief: „Wo bist du denn?", war Emilie herausgerutscht: „Sein Geist schwebt über den Wassern." Das konnte Gertrude natürlich nicht zufriedenstellen, und sie ruhte nicht eher, bis Gustav erschien, sie auf den Bootssteg zog, sich dort bäuchlings in die Sonne legte und Gertrude auf sich herumturnen ließ.

Einen einzigen Sommer, den Sommer 1913, war die „Colonie" dem Attersee untreu geworden und an den Gardasee gefahren. Sie wusste gar nicht mehr, wer zuerst den Gedanken aufgebracht hatte. Sie hatten ein schönes Landhaus in den Bergen über Malcesine gefunden, der Blick auf die Scaligerburg, auf der Goethe um ein

Haar als Spion verhaftet worden war, auf den kleinen Hafen von Malcesine und hinüber nach Limone hatte sie alle bezaubert. Die Berge waren höher als am Attersee, die silbrigen Olivenbäume, unter denen Klatschmohn blühte, eine Pracht, der einheimische Bardolino eine Wohltat. An kühleren Tagen war man auf den Monte Baldo gestiegen, Gustav, dem keine körperliche Anstrengung je zu viel war, allen voran. Die Italiener im Städtchen hatten sie kritisch beäugt, diese merkwürdige Gruppe, die mal in eleganter Sommerkleidung in die Cafés einfiel, mal in seltsam bäuerlicher Kleidung auf den Wegen in den Olivenhainen flanierte. Manche hatten geglaubt, sie seien Russen, Gustav eine Art Tolstoi im Dichterkittel.

Am Ende der Ferien saßen sie in einem Restaurant am Hafen, Gustav ließ mächtige Portionen Schinken und Porchetta auffahren und Felchen und Barsch aus dem See, zum Schluss hob er sein Glas und sagte: „Servus im nächsten Jahr in der Villa Oleander!"

Aber die Besitzerin von Schloss Kammer hatte die Villa Oleander im Sommer 1913 an andere Gäste vermietet, die ähnlich bezaubert von dem Haus im Schlosspark gewesen waren und es gleich für die nächsten Jahre reserviert hatten. Die Enttäuschung war groß, aber die Flöges und Klimt rasteten nicht, bis sie Ersatz gefunden hatten. So übersiedelte die „Colonie" im nächsten

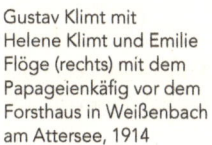

Gustav Klimt mit Helene Klimt und Emilie Flöge (rechts) mit dem Papageienkäfig vor dem Forsthaus in Weißenbach am Attersee, 1914

Jahr nach Weißenbach am südlicheren Teil des Sees, die Familie Flöge logierte im Gästehaus der Familie Brauner, Klimt wohnte im nahegelegenen Forsthaus und radelte täglich den Weg nach Weißenbach, um Emilie zu treffen.

Inzwischen war im März 1916 Emilies Bruder Hermann gestorben, erst 52 Jahre alt. Mit Hermanns Tod war auch jeder Besuch in der Villa Paulick schmerzhaft geworden, wo seine Witwe Therese jetzt allein mit Tochter Gertrude die Sommer verbrachte. Emilie war nicht die einzige, die trauerte. Wenn ihre Schwester Helene ab und zu ihre Hand drückte, bedeutete das nicht nur: „Es tut mir leid", sondern auch: „Ich weiß, was der Verlust für dich bedeutet. Mir war viel weniger Zeit mit Ernst geschenkt." Barbara, ihre Mutter, sagte nichts, blickte aber ab und zu von der Veranda des Hauses Brauner verloren über den See, als suche sie etwas. Gustav und sie hatten sich gut verstanden, er hatte sie mit „Muttern" angeredet. Sie war eher hilflos gewesen, wenn sie seine Bilder sah, ausgenommen die farbenprächtigen vom Attersee, aber sie hatte ihm das Gefühl gegeben, Teil der Familie zu sein, ohne Einschränkungen akzeptiert, ja mehr als das: geliebt. 1915 hatte er sie gemalt, es war ein eher konservatives Bild im Stil der akademischen Porträtkunst: eine einfache Frau en face in einem Stuhl sitzend, die Hände ineinandergelegt, in strenger schwarzer Kleidung mit einem feingezeichneten, milden Gesicht. Barbara Flöge trauerte um einen Schwiegersohn, der ihre Tochter nie geheiratet hatte.

Und Klara und Hermine Klimt war mit dem Tod der Mutter Anna vor drei Jahren und nun dem des Bruders Gustav der Lebensinhalt weggebrochen. Jetzt saßen die beiden ältlichen Schwestern in ihrer Wohnung in der Westbahnstraße, staubten die Möbel in Klimts Zimmer ab, streuten Mottenpulver in die Kästen, in denen seine Hemden und Anzüge lagen und gingen sich gegenseitig auf die Nerven. Zwar hatten sie wie Emilie je ein Drittel des Nachlasses geerbt und waren jetzt wohlhabend, aber sie wussten nichts mit sich anzufangen, Klara litt unter verstärkten Depressionen.

Sie pflegten keinen Kontakt zu Emilie.

Mit Gustav war eine Welt zu Ende gegangen.

Wie in einem verwackelten Bild

Im Seelischen wie im Körperlichen hat Geschwindigkeit gleichzeitig etwas Berauschendes und Betäubendes. Kaum daß der Wagen aus den Straßen hinaus ins freie Feld puffte, kam eine merkwürdige Entspannung über mich. Der Chauffeur fuhr scharf, wie schief weggehauen stürzten die Bäume, die Telegraphenstangen zurück, in den Dörfern taumelten Haus und Haus ineinander wie in einem verwackelten Bild, Meilensteine sprangen weiß auf und duckten sich schon wieder, noch ehe man ihre Ziffer ablesen konnte, und an der stürmischen Art, wie der Wind mir ins Gesicht schlug, spürte ich, in welchem verwegenen Tempo wir dahinbrausten.

Stefan Zweig, Ungeduld des Herzens, 1939

„Tante Emilie!", warnte Lentschi. Sie gebrauchte die förmliche Anrede nur dann, wenn sie das Gefühl hatte, dass Emilie drohte, über die Stränge zu schlagen, was trotz fortgeschrittenen Alters immer noch vorkam. Sonst nannte Lentschi ihre Tante „Emmi".

„Tante Emilie, gib es auf, ständig nach den Autos zu schielen. Wir kaufen kein Auto. Es ist viel zu teuer. Gut, du hast vor Jahren den Führerschein gemacht und damit bewiesen, dass du Auto fahren kannst. Lass' es damit gut sein. Wir fahren Tram, und wenn es regnet, gibt es Fiaker oder Mietautos."

Emilie hörte nicht auf zu schielen. Da stand auf der Ringstraße ein bildschönes Steyr-Auto, ein Sechszylinder, Typ Sieben. Angeblich konnte man damit 100 Kilometer in einer Stunde fahren, sofern die Straßen das zuließen. 100 Kilometer! Von Wien bis zum Attersee waren es 250 Kilometer: eine Reise, die sonst einen Tag in Anspruch nahm, konnte in drei Stunden bewältigt werden. Und in Wien selbst: Man könnte an einem schönen Tag in den Wienerwald fahren, in die Wachau, nach Grinzing. Ungeahnte Möglichkeiten täten sich auf.

Aber Zeitersparnis und praktische Aspekte interessierten Emilie nur am Rande. Sie wusste selbst nicht so genau, was sie am Autofahren faszinierte. Insgeheim glaubte sie, dass es nur eine Verlängerung ihres Bedürfnisses war, alles in die Hand zu nehmen, zu kontrollieren, zu steuern. Aber war es nicht auch der Rausch der Geschwindigkeit, den sie schon als Beifahrerin verspürte, das Vorbeifliegen der Natur, die Verdichtung der realen Welt?

Heimlich meldete sie sich zu einer Probefahrt an. Der Verkaufsdirektor der Steyr-Niederlassung staunte nicht schlecht, als unter dem angemeldeten Namen Flöge eine Frau erschien. Er hatte natürlich gedacht, dass eine Sekretärin einen Herrn Flöge angemeldet hatte. Emilie legte ihren Führerschein auf den Tisch des Kontors. Der Direktor ging mit ihr in den Hof der Werkshallen, in dem das neueste Modell, ein Steyr XVI, in einem erhöhten Rund wie in einer Zirkusmanege stand, eingeschlossen von einer dicken roten Kordel. Er druckste herum: „Sie wollen ihn wirklich fahren? Sind Sie über den Preis informiert? Wenn Sie ihn anwandeln, kostet Sie's ein Vermögen."

„Das vermute ich", sagte Emilie gleichmütig. So leicht ließ sie sich nicht ins Bockshorn jagen. „Haben Sie auch den Typ VII vorrätig, das 50 PS-Modell mit den Vorderradbremsen?" Der Direktor zögerte. Er sah, dass Emilie eine Dame war, aber nach Geldadel sah sie wiederum nicht aus. Nach ihrem Gatten oder den Vermögensverhältnissen zu fragen, wäre außerordentlich unfein. Ihr Führerschein war in Ordnung, aber er war schon einige Jahre alt. „Haben Sie denn Fahrpraxis, gnädige Frau?"

„Aber sicher", sagte Emilie kühl.

Da ging er mit ihr um das Luxusmodell Steyr XVI herum in eine Nische des Hofes, wo mehrere Siebener-Modelle in verschiedenen Ausführungen standen: offen, geschlossen oder als Landaulet, bei dem der hintere Teil des Wagens durch ein Verdeck zu schließen ist. „Am meisten verkaufen wir das Landaulet", sagte der Direktor, „man sitzt als Passagier eben immer im Trockenen".

„Nicht aber als Fahrerin", sagte Emilie, „die sitzt im Regen – oder gar in der Traufe." Für Redensarten hatte der Herr wenig Sinn. In seinem Gesicht zuckten mehrere Fragezeichen.

„Ich interessiere mich für das offene Modell."

Also öffnete der Direktor die Fahrertür eines offenen Siebeners für die Dame und die Beifahrertür für sich.

Emilie fuhr vorsichtig, gleichzeitig musste sie dem Direktor beweisen, dass sie fahren konnte. Auf der breiten Ringstraße beschleunigte sie bis Tempo 60, das ihr halsbrecherisch vorkam. Es war schwierig, alles gleichzeitig zu beachten, die Fußgänger, die sich nicht um die Automobilisten scherten, die vielen Straßenbahnen, die immer wieder die Wege kreuzten und die Autofahrer in die Bremsen zwangen, die Fiaker, deren Kutscher sich für die Könige der Straße hielten, die Kinder, die immer aussahen, als wollten sie vom Trottoir wegspringen und einem verlorenen Ball nachlaufen, Fahrradfahrer, die in Gruppen die Straße in ihrer ganzen Breite einnahmen, Gemüsefrauen, die mit ihren Karren vom Naschmarkt kamen: Ganz Wien schien auf Beinen und Rädern unterwegs. Und dabei musste sie sich mit der Bedienung von Steuerknüppel, Kupplung und Bremse vertraut machen, um den Wagen zu bewegen und ihn zum Stehen zu bringen. Nur gut, dass es nicht regnete, nur gut, dass es nicht dunkel war. Erst als sie wieder in den Hof der Steyr-Niederlassung einbog, spürte sie, dass ihre Nackenmuskeln steif und ihre Hände verschwitzt waren.

„Sehr sportlich, gnädige Frau", murmelte der Direktor. „Das Auto scheint ja auf Sie zugeschnitten zu sein. Ich nehme an, Sie wünschen einen weiteren Termin, zusammen mit dem Gatten?"

Emilie protestierte nicht. In Wien war es immer dasselbe (in Paris auch, in London auch): Eine Frau war die Frau eines Mannes. Sie konnte nicht allein gedacht werden, zumindest nicht, solange sie nicht im Witwenalter war. Natürlich hätte Emilie jetzt einen Vortrag halten müssen, dass Frauen auch ohne Mann existieren können. Hofrätin Zuckerkandl hätte sich die Gelegenheit nicht entgehen lassen und sich an der Hitze ihres Zorns gewärmt.

„Kann ich bei einer Bestellung Einfluss auf die Farbe nehmen?", fragte sie stattdessen.

„Natürlich. Jeder Wagen wird individuell nach den Wünschen des Käufers eingerichtet." Der Verkäufer wurde beflissen.

„Gut, dann machen Sie den Vertrag fertig. Ich möchte ein

gelbes Chassis und schwarze Kotflügel. Hier ist meine Karte. Ich komme morgen Mittag wieder."

Ihr Gegenüber verzog leicht die Mundwinkel. „Gelb und schwarz? Ja, natürlich. Etwas sehr auffallend. Um nicht zu sagen, extravagant. Aber es geht alles."

Emilie nickte und ergriff die Türklinke. Im Gehen steckte sie den Hut fest, der sich beim Fahren verschoben hatte. Jetzt müsste sie nur noch Lentschis Vorwürfe überstehen.

Der Verkaufsdirektor der Steyr-Werke, ansässig in Steyr, Oberösterreich mit Niederlassung in Wien, wendete die Visitenkarte hin und her: Die Schriftzüge waren so farbig, in so neumodisch verzerrter Schrift, dass er sie kaum entziffern konnte. „Salon Schwestern Flöge" fügte er schließlich zusammen. Das konnte doch nicht wahr sein, dass sich jetzt eine Kleidermacherin ein Steyr-Auto leisten konnte. Da musste er bis morgen Erkundigungen einziehen, dringend.

Emilie liebte ihr Auto. Am meisten genoss sie das schnelle Fahren auf unbelebter Landstraße, wenn alles Nahe durchlässig wurde, an den Rändern ausfranste, verwackelte und nur die Ferne die Konturen behielt – und einen großen Horizont.

Anfang der Dreißigerjahre sprang ihr auf dem Weg vom Attersee nach Wien in der Dämmerung ein Reh vor das Auto. Lentschi auf dem Beifahrersitz schrie auf. Emilie bremste, der Wagen geriet ins Schlingern, schleuderte auf die andere Fahrbahnseite, streifte einen Baum und kam zum Stehen. Lentschi war unverletzt. Emilie hatte Prellungen und Schnittwunden von zerborstenem Glas, gebrochene und gequetschte Rippen. Sie kam ins Spital. Am Tag, als sie entlassen wurde, holte sie das Auto, das Lentschi hatte abschleppen und auf Geheiß ihrer Tante reparieren lassen, in der Werkstatt ab und stellte missbilligend fest, dass die beiden Kotflügel ein unterschiedliches Schwarz aufwiesen. „Aber schwarz ist schwarz", wies der Werkstattleiter ihre Beschwerde zurück. „Das ist es eben nicht, ich sage Ihnen das als Spezialistin." Emilie bestand darauf, dass der Kotflügel noch einmal lackiert wurde.

Danach stülpte sie ihre lederne Autokappe auf, was bei der

Fülle ihrer Haare jedes Mal eine Prozedur war, drehte eine Ehren-
runde zum Schloss Schönbrunn, trank einen Kaffee und fuhr zurück. Die Rippen schmerzten, aber der Kopf hatte nicht gelitten.

Brand-Schätze

Mitte Mai 1945 fuhr Emilie mit Lentschi das erste Mal nach der Kapitulation Nazi-Deutschlands von Weißenbach nach Wien und sah das ganze Ausmaß der Zerstörung: die vielen zerbombten Häuser, die aufgerissenen Straßen, die Bettler und Obdachlosen, die jeden Morgen aus den Ruinen hervorkrochen und an den Straßen saßen und um Brot bettelten. Viele saßen auf dem Boden, weil sie nicht mehr stehen konnten. Kinder, barfuß und in Lumpen, spielten im Volksgarten mit Erdkügelchen und aßen Gras.

Es war dann nur eine Nachricht von vielen, die die beiden aus der Zeitung erfuhren: Schloss Immendorf war abgebrannt.

Emilie entfuhr ein Schrei: Das war eine Katastrophe, die den Brand in ihrer Wohnung in der Ungargasse bei weitem übertraf! Ein unersetzlicher Verlust für die Kunstwelt, ein Verlust, der sie erschütterte. Sie musste sich an Lentschis Arm festhalten. Wie konnte das passieren? Alle waren davon überzeugt gewesen, dass Klimts Bilder in diesem weit abgelegenen Depot sicher aufgehoben seien.

Im August 1943 hatte der Wiener Gemeinderat beschlossen, bedeutende Kunstschätze, an denen Wien reich wie kaum eine andere europäische Stadt war, auszulagern und vor Bomben und feindlichem Beschuss zu retten. Dafür waren die vielen kleinen und großen Schlösser und Burgen in der österreichischen Provinz ausersehen worden. 16 Bilder Klimts, die sich im Besitz der Österreichischen Galerie (die in der Nazizeit in „Galerie des 19. Jahrhunderts" umbenannt wurde) befanden, kamen in das Schloss des Freiherrn Carl Freudenthal in Immendorf in Niederösterreich. Das Schloss wurde am 7. Mai, einen Tag vor der Kapitulation, von der „Division Feldherrnhalle", einer Sprengstoff-Einheit der deutschen Armee, besetzt, einen Tag später rückte die russische Armee ein.

Lentschi las ihrer Tante den Zeitungsartikel vor, der die näheren Umstände des Brandes beschrieb: „Am späten Nachmittag dieses Tages hörte man eine Detonation. Ein Turm fing an zu brennen, gleich darauf geschah dasselbe mit den anderen Türmen. Als das Dach abgebrannt war, war zwei Tage alles ruhig. Am 11. Mai begann es plötzlich wieder zu brennen (scheinbar hatten die deutschen Soldaten Zündschnüre gelegt, oder es waren Zeitzünder), und ein Zimmer nach dem anderen fing Feuer. In den Zimmern waren Panzerfäuste und andere Sprengmunition versteckt, sodass fast jedes Zimmer noch einzeln gesprengt wurde. Es standen nur mehr die Außenmauern und schwer beschädigte Quermauern. Alles was im Schloss geborgen war, ging durch diese sinnlose Vernichtung zugrunde. Das Bedeutendste sind Werke von Gustav Klimt."

Emilie resümierte hektisch, welche Bilder betroffen waren: Natürlich die Fakultätsbilder. August Lederer hatte damals, als Klimt die Bilder von der Landesregierung zurückgekauft hatte (wobei Lederer einen großen Teil des bereits verbrauchten Honorars von 50.000 Kronen gezahlt hatte), die „Philosophie" erworben, Kolo Moser die „Medizin" und die „Jurisprudenz", nach Mosers Tod war die „Medizin" an die Österreichische Galerie gegangen, Lederer hatte die „Jurisprudenz" erworben. 1938 wurden August und Serena Lederer als Juden zwangsenteignet, die große Kunstsammlung, zu der auch der Klimt'sche Beethovenfries und natürlich das Porträt Serena Lederers gehörten, von der Zentralstelle für Denkmalschutz beschlagnahmt.

1943 waren die Fakultätsbilder noch einmal in der Secession im Ausstellungshaus Friedrichstraße gezeigt worden. Emilie hatte die Ausstellung besucht, sich lebhaft an den Skandal, den die Bilder mehr als dreißig Jahre zuvor ausgelöst hatten, erinnert und sich gewundert, dass es zu einem Zeitpunkt, da auch in Wien das Kunstleben von den Nazis und deren spießigem, pseudoheroischem Geschmack beherrscht wurde, noch möglich war, diese Bilder zu präsentieren. Eigentlich mussten sie in den Augen der Nazis „entartet" sein, zeigten sie doch nichts, was an „gesunden, völkischen Idealen" in den braunen Köpfen spukte, vielmehr die verstörende Fragwürdigkeit menschlichen Strebens.

Aber Klimt war von den Nazis vereinnahmt worden. Gauleiter und Reichsstatthalter Baldur von Schirach hatte diese Ausstelllung höchstpersönlich initiiert. Sie sollte ein Aufbegehren der „Kunststadt Wien" gegen den omnipotenten Machtanspruch Berlins sein, Klimt eine Art Hohepriester österreichischer Kunst. Bei den Frauenbildnissen waren allerdings die Biografien der Dargestellten hinderlich, viele der Damen hatten ja einen jüdischen Hintergrund. Kurzerhand wurde ihre Identität unterschlagen, aus den konkreten Personen wurden namenlose Modelle, aus Adele Bloch-Bauer zum Beispiel die „Dame in Gold".

Auch die Kompositionsentwürfe der Universitätsbilder waren verbrannt, jetzt waren nur noch Fotos der Bilder übriggeblieben. Verbrannt waren auch die wunderbaren Supraportenbilder aus dem Palais des Nikolaus Dumba, das Bild „Musik" und „Schubert am Klavier", das Hermann Bahr besonders gepriesen hatte: „...das schönste Bild das jemals ein Österreicher gemalt hat [...]. Diese Stille, diese Milde, dieser Glanz auf einer bürgerlichen Bescheidenheit das ist unser österreichisches Wesen! Da haben wir unser österreichisches Gefühl: daß der Mensch, wie klein er auch sein mag, doch eine Flamme in sich hat."

Wie immer man über Bahrs Worte dachte, der Klimt hier ins Biedermeierliche rückte, ganz einzigartig war Klimt durch die Behandlung des Lichts eine impressionistische Verklärung der Musik gelungen. Im parallelen Bild „Musik II" setzte er schon weniger beschauliche Akzente: Hier griff er auf antike Symbole zurück, die das Triebleben verkörpern – eine Sängerin in der Gestalt einer Femme fatale mit der Lyra, Silen und Sphinx am Sarkophag, Symbole für das Dionysische und Geheimnisvolle.

Auch Bilder mit Motiven vom Attersee waren den Flammen zum Opfer gefallen: „Goldener Apfelbaum" (1903), „Bauerngarten mit Kruzifix" (1911/12), „Gartenweg mit Hühnern", ein Bild aus der Sommerfrische in Italien mit dem Titel „Malcesine am Gardasee", ein Bild „Gastein", während seiner letzten Kur entstanden, und eines von Emilies Lieblingsbildern: die „Freundinnen" aus den Jahren 1916/1917; es zeigt zwei junge Frauen, die eine nackt, die andere in ein bauchiges orangerotes Gewand gehüllt mit einem turbanähnlichen Kopfschmuck. Auch der Hintergrund ist in roten und rosa Tönen gehalten, mit orientalischem Dekor ausgeschmückt: Drachenkopf und Pfauenschwanz, Vogelleib und Blumen. Das nackte Mädchen lehnt den Kopf an die Wange der Freundin, ihr Blick verschwimmt in einem Ausdruck seliger Zärtlichkeit. Die aufrecht stehende Freundin schaut aufmerksam dem Betrachter entgegen, als müsse sie die Freundin und die Freundschaft gegen mögliche Angreifer schützen. Und Angreifer hatte es natürlich wieder hinreichend gegeben, weil das Bild als Verherrlichung lesbischer Liebe gedeutet wurde. Es hatte gelegentlich Stimmen gegeben, in der weiblichen Figur mit dem Turban habe Klimt wieder einmal seine Freundin verewigt. Emilie konnte souverän über eine solch platte Zuschreibung lächeln, sie empfand die starke, farbige Ausstrahlung der beiden Frauen als eine Hymne auf die Weiblichkeit.

Insgesamt waren 16 Bilder verbrannt. Es war ein Schock.

Wien war in den ersten Maitagen nach dem Krieg für einen Besucher eine einzige Verstörung. Schmerzhaft war alles, was Emilie sah: das ganze Ausmaß der Verheerung, die Armut, der Hunger, die desolate Situation der Kinder, der Zusammenbruch des Verkehrs, das Schicksal der Frauen, die auf ihre heimkehrenden Männer warteten. Sie nahm wahr, wie die Menschen verrohten, wie offener Raub auf der Straße an der Tagesordnung war, Schlägereien um ein paar aus der Tasche gefallene Kartoffeln. Mit wem konnte sie angesichts all des Elends von ihren Verlusten sprechen?

Im 8. Schuljahr hatte ihre Lehrerin ein Gedicht von Andreas Gryphius besprochen, das er unter dem Eindruck des dreißigjährigen Krieges geschrieben hatte. Sie würde es nie vergessen, weil ihr die Metapher des „vom Blut fetten Schwerts" nicht aus dem Kopf gegangen war: ein Schwert, gierig nach Blut wie ein feister Mensch, dem das Fett der Stelze aus den Mundwinkeln rann. Und stand nicht in der letzten Zeile, dass das Schlimmste am Krieg sei, dass „der Seelen Schatz so vielen abgezwungen" wurde?

Lentschi fasste sie am Arm, als sie zusammen in die Ungargasse in den 3. Bezirk gingen, um sich dem Verlust der eigenen Wohnung auszusetzen. Emilie war, als sähe sie einen Film, in dem in düsterem Licht eine Landschaft vor ihr abrollte, die so fern war wie ein Niemandsland. Sie gingen am Belvederegarten vorbei, sahen, dass der Eckpavillon des Schlosses zerstört war und der Garten voller Schutt lag. Selbst vertraute Straßenzüge und Ecken waren fremd geworden. Überall waren durch Bombeneinschlag und Brände Lücken gerissen. Das Haus, in dem Lentschi und sie gewohnt hatten, war nicht völlig abgebrannt, die unteren Stockwerke waren noch intakt, aber dort, wo ihre Wohnung gewesen war, standen nur noch ein paar zerborstene Fenster in verkohltem Rahmen.

„Lass uns schnell weitergehen", sagte Emilie und zog Lentschi fort. „Ganz schnell."

Sie machte keine Liste, was alles den Flammen zum Opfer gefallen war. Aber täglich fiel ihr etwas ein, wo sie bei dem Gedanken aufstöhnte: auch dies, auch jenes, die schönen Möbel aus dem Klimt'schen Atelier, all seine Skizzenbücher, Teile seiner Sammlung von asiatischen Seidengewändern, die Möbel von Josef Hoffmann, die sie aus dem Salon Flöge in ihr neues Domizil hatte transportieren lassen, viele Kleider, die sie in der hohen Zeit der Reformmode entworfen hatte, Erinnerungen an ihre Mutter, an Pauline, an Helene, die 1936 gestorben war.

Lentschi versuchte sie zu trösten: „Aber vergiss nicht, was du alles gerettet hast, wie umsichtig du vieles Wertvolle rechtzeitig an den Attersee geschafft hast: Klimts Zeichnungen, viele Teile deiner Sammlung von Handarbeiten, die schönen Schmuckstücke von Kolo Moser, die dir Gustav geschenkt hat."

Lentschi hatte ja recht, aber manche Verluste lassen sich nicht mit Gewinnen aufrechnen.

Emilie blieb nur wenige Tage in Wien. Natürlich gab es auch am Attersee längst keine heile Welt mehr – aber doch die Illusion, als könne die unheile Welt wieder genesen.

Als sie wieder in ihrem Haus im Gmauret 7 in Weißenbach ankam, riss sie alle Fenster auf. Vor den hinteren Räumen standen die Berge des Höllengebirges, abweisend und bedrohlich. Vom anderen Ufer des Sees aber leuchteten Lichter aus Unterach herüber.

„Gott, welch Dunkel hier!"

Emilie suchte ihre Lesebrille in der Küchenschublade, da, wo die Stoffservietten lagen, die ein sicheres Futter für die Brille abgaben. Mit den neumodischen Etuis, die beim kleinsten Druck so heftig zuklappten, dass man die Finger retten musste, damit sie nicht eingezwickt wurden, konnte sie sich nicht anfreunden. Sie studierte den Brief, der mit der Mittagspost angekommen war. Der Absender war ihr unbekannt, Anton Hainbichler. Emilie bekam nur noch selten Post, oft vergaß sie tagelang, in den Briefkasten zu schauen. Sie fühlte sich als Übriggebliebene, hatte alle aus ihrer Familie überlebt: Ihr Vater war schon fünfzig Jahre tot, noch im letzten Jahrhundert gestorben, ihr Bruder Hermann und ihre Schwester Pauline waren als junge Menschen 1916 und 1917 gestorben, ihre Mutter Barbara 1927. Die Schwester Helene hatte 1938 die Schließung des Salons nicht mehr miterlebt, sie war zwei Jahre zuvor gestorben. Nur die Nichte Lentschi lebte noch. Sie war schon seit zwei Jahrzehnten Witwe, ihr Mann, Rudolf Donner, war 1928 gestorben.

Und Gustav war seit genau dreißig Jahren tot.

So viel früh beendetes Leben in ihrer Familie. Vollendetes Leben? Als Helene starb, die Schwester, mit der sie über 30 Jahre lang den Salon Schwestern Flöge betrieben hatte, Helene, die ihr so nahe gestanden hatte wie kaum ein Mensch sonst, hatte sie am Abend der Beerdigung einen uralten Brief gesucht, den ihr Jean-Philippe vor dem Ausbruch des Ersten Weltkriegs aus Sarlat geschickt hatte. Er hatte wie immer Montaigne zitiert: „Die Nützlichkeit des Lebens liegt nicht in seiner Länge, sondern in seiner Anwendung. Mancher zählt viele Jahre und hat doch nur kurz gelebt. Es liegt an euch, nicht in der Anzahl der Jahre, ob ihr hinlänglich gelebt habt."

Die Sätze hatten sie nicht überzeugt. Hatte Ernst Klimt wirklich „hinlänglich" gelebt, als er kurz nach seiner Heirat mit Helene und kurz nach der Geburt der Tochter sterben musste, so voll künstlerischer Pläne, voller Entwicklungsmöglichkeiten? Und so gesegnet mit der Fähigkeit, in Menschen das Beste zu sehen und es in ihnen freizusetzen. Er war so viel leichtblütiger gewesen als sein Bruder Gustav. Wenn er ins Zimmer trat, vergrößerte sich der Raum, jede Person erschien in einem freieren Licht, jeder sprach unbefangener, lächelte, als hätten sich mitten im Winter die Blätter der Buchen im schönsten Maiengrün entrollt.

Hatte sie, Emilie, inzwischen „hinlänglich" gelebt, um sagen zu können: „Es ist genug"? Nein, beantwortete sich Emilie resolut die Frage. Abgesehen davon, dass man das Ende seines Lebens nicht in der Hand hatte, konnte es doch zu jeder Zeit neue Überraschungen bieten. Es gab viele Erinnerungen, aber sie war nicht der Mensch, der nur von Erinnerungen lebte. Noch gab es Gegenwart, auch mit 73 Jahren. Morgen würde sie mit der Nichte Helene in die Oper gehen. Sie hatte ein Abonnement, das sie jedes Jahr pünktlich erneuerte. Die Staatsoper war ja im Krieg so schrecklich zerstört worden, dass die Restaurierung vermutlich ein Jahrzehnt dauern würde. Die Wiedereröffnung würde sie wohl kaum erleben. Aber in der „Staatsoper in der Volksoper" und im eilig restaurierten „Theater an der Wien" wurde eifrig gespielt, und die opernsüchtigen Wiener strömten in die Häuser. Endlich gab es wieder Aufführungen von Opern, die man vom „Anschluss" bis 1945 nicht hatte hören können, Beethovens „Fidelio" zum Beispiel, und Verdis „Nabucco".

Als das „Theater an der Wien" im Oktober 1945 mit „Fidelio" die neue Saison eröffnete, standen die Menschen beim Gefangenenchor spontan auf, schweigend, mit erhobenen Köpfen.

O welche Lust, in freier Luft
Den Atem leicht zu heben!
Nur hier, nur hier ist Leben!
Der Kerker eine Gruft.

Emilie war ergriffen gewesen. Sie musste an die Aufführung von 1904 denken, die Gustav Mahler dirigiert hatte, eine der furiosesten Vorstellungen in der Wiener Hofoper überhaupt. Das traditionsbewusste Wiener Publikum war geschockt, so ungehört und unerhört war das gewesen, was ihnen der Kapellmeister Mahler zumutete. Er hatte die dritte Leonoren-Ouvertüre zwischen die Kerkerszene und das Finale gesetzt! „Originalitätswahn", höhnte eine Zeitung. Eine andere beklagte, dass Mahler hundertjährige Musikgeschichte über den Haufen werfe.

„Tradition ist Schlamperei", war Mahlers trockene Antwort, wenn ihm Kritiker mit solchen Argumenten kamen.

Emilie hatte mit Klimt in einer Loge im ersten Rang gesessen. Er hatte seine Hand auf die ihre gelegt, nur für einen Augenblick, und nicht beim Gefangenenchor, sondern bei Florestans Arie: Gott, welch Dunkel hier!

Welch Dunkel hier! Sie wusste, was Gustav bei diesem Aufschrei bewegte, wusste, dass die Erinnyen des Selbstzweifels und der Unlust ihn oft ins Dunkel jagten, ihm den Pinsel aus der Hand schlugen. Aber sie war nicht seine Leonore, die ihn mit List und Tücke retten konnte.

Sie war einfach nur da.

Emilie dachte nicht nur an das musikalische Ereignis von damals zurück, sondern auch an den gesellschaftlichen Glanz: Sie sah im Geiste all die eleganten Paare, die in den Wandelgängen der Oper flanierten, die Zuckerkandls und die Bloch-Bauers, die Wertheimers und Politzers, die Gutmanns, die Tandlers und Sternbergs, die jüdische Crème von Wien. Wie viele der Familien waren ihr vertraut gewesen, wie viele der Frauen waren in ihrem Salon ein- und ausgegangen. Es gab sie nicht mehr, sie waren emigriert, verschleppt, ermordet. Niemals würde Wien diesen Verlust verschmerzen.

Und sie dachte an den ergreifenden Abschied von Mahler im Dezember 1907, als dieser, entnervt von den ständigen Querelen an der Oper und den offenen und versteckten antisemitischen Angriffen, ein Engagement an die New Yorker Metropolitan Opera angenommen hatte. Hunderte von Bewunderern und Freunden waren zum Westbahnhof gekommen, um ihm und Alma Adieu zu sagen. Emilie stand mit Gustav, der Mahler glühend verehrte, am Bahnsteig, entdeckte unter den Wartenden Mahlers musikalische Weggefährten: Arnold Schönberg, Alban Berg, Anton Webern,

Bruno Walter, aber auch Alfred Roller und Carl Moll. Viele hatten Blumen in den Händen, schmückten damit das Eisenbahncoupé, die Frauen weinten, die Männer schnauften vor Verlegenheit über ihre Gefühlsaufwallung. Eine Epoche ging zu Ende, die Menschen, die hier standen, wussten es, und Klimt sprach es mit einem Wort aus, als sich der Zug in Bewegung setzte: „Vorbei!"

Wenige Jahre später, kurz nach Mahlers Tod, hörten Gustav und Emilie im Bösendorfer-Saal gemeinsam „Das Lied der Erde". Bei den letzten Liedzeilen setzte ein vernehmliches Schluchzen im Saal ein, auch Emilie betupfte unentwegt ihre Augen mit dem Taschentuch. Das war der zweite und letzte Abschied von Gustav Mahler:

Wohin ich geh'? Ich geh', ich wandre in die Berge.
Ich suche Ruhe für mein einsam Herz.
Ich wandle nach der Heimat, meiner Stätte.
Ich werde niemals in die Ferne schweifen.
Still ist mein Herz und harret seiner Stunde!
Die liebe Erde allüberall
Blüht auf im Lenz und grünt aufs neu!
Allüberall und ewig blauen licht die Fernen!
Ewig... ewig...

Emilie öffnete den Brief. Der Buchstabe „E" war auf der Schreibmaschine des Absenders offensichtlich defekt, und so sah der Brief aus, als habe ein ungezogenes Kind mit einem Radierer alle Es ausradieren wollen.

Der Herr Hainbichler stellte sich als ein junger Mann vor, der an der Universität Wien Kunstgeschichte studierte und eine Doktorarbeit über Gustav Klimt schreiben wollte, und deshalb bat er allerhöflichst um ein Gespräch, denn wenn jemand etwas über Klimt sagen könne, dann doch sie.

Emilie legte den Brief unwillig zur Seite. Das Beste wäre, dem jungen Studiosus das zu schicken, was Klimt einmal selbst geschrieben hatte, als man ihn um eine Lebensbeschreibung gebeten hatte: „Ich bin überzeugt davon, dass ich als Person nicht extra interessant bin. An mir ist weiter nichts Besonderes zu sehen. Wer über mich – als Künstler, der allein beachtenswert ist, etwas wissen will, der soll meine Bilder aufmerksam betrachten und daraus zu erkennen suchen, was ich bin und was ich will."

In der Opernpause erzählte Emilie ihrer Nichte Helene von dem Brief des Kandidaten Hainbichler.

„Der Name klingt ja nach einem Steirer Naturburschen. Aber natürlich gibst du ihm ein Gespräch", sagte Lentschi. „Du bist wichtig. Du bist es Onkel Gustav doch schuldig, dass nicht aller mögliche Unfug über ihn veröffentlicht wird. Du kannst das Bild, das von ihm gezeichnet wird, doch beeinflussen. Lad' diesen jungen Mann ein, versprich es mir."

Sexualität und Obsession

Der junge Mann hatte ein angenehmes Äußeres, er trug eine gebügelte Hose und ein weißes, etwas zu eng geschnittenes Hemd, seine Fingernägel waren sauber, seine Manieren wiesen auf eine gute Erziehung hin. Er sprach mit leiser Stimme. Emilie hatte manchmal Mühe, ihn zu verstehen. Sie fragte ihn, über was er genau forsche, ob seine Arbeit schon einen Titel habe.

„Ja sicher", sagte Hainbichler eifrig, „‚Sexualität und Obsession – Studien zum Werk Gustav Klimts.'"

Emilie schenkte Tee ein.

„Ja, … und was genau verstehen Sie unter ‚Obsession'?"

„Die Besessenheit, mit der Klimt arbeitete, den Drang, sich zu entäußern, seine Leidenschaften Gestalt werden zu lassen, seine manische und exklusive Beschäftigung mit dem weiblichen Körper, den er im Freud'schen Sinne als Projektionsfläche sah, sich künstlerisch einverleibte…"

Emilie lächelte. „Klimt hatte durchaus Phasen, in denen er keinen Drang zum Arbeiten verspürte."

„Kreative Blockaden kennt natürlich jeder Künstler, sie sind die Kehrseite der Obsession, weil sie mit der gleichen Leidenschaft durchlitten werden. Und auch die Sexualität in seinen Bildern ist ja keine lustvolle, sondern eine dunkle, gewalttätige, die die Frauen zu reinen Objekten der Begierde degradiert."

„Wenn Sie so genau wissen, was Klimt gemalt hat und was in seinen Bildern zu finden ist, was wollen Sie dann von mir erfahren?"

„Eher das Private, das er verborgen hat. Wie er sich vom Malen erholt hat. Wie die Zeiten am Attersee waren, sein Verhältnis zur Mode, wie Sie sich in den Kleidern gefühlt haben, die er für Sie kreiert hat."

„Eines", sagte Emilie. „Ein Kleid hat er ganz allein entworfen. Das grünblaue Kleid, in dem er mich gemalt hat. Das war seine Kreation. Alle anderen Kleider stammten von mir. Ich war die Modeschöpferin."

Musste sie dem Kandidaten Hainbichler auf die Nase binden, dass die Entwürfe oft das Ergebnis gemeinsamer Inspiration, einem gegenseitigen Austausch von Ideen entsprungen waren?

„Er hat Ihre Kleider geliebt."

„Und ich hatte gedacht, Sie wollten wissenschaftlich arbeiten."

Anton Hainbichler war für einen Augenblick still. Er hatte eine Frau erwartet, die sich in Ehrfurcht und Adoration vor dem großen Meister verneigte. Diese Emilie Flöge gefiel sich in Widerworten. Aber das war ja auch interessant.

Untreu bis in den Tod

„Hast du eigentlich den Arnold Schönberg näher gekannt? fragte Lentschi.

„Ist er gestorben?"

„Nein, er lebt noch." Lentschi blätterte die Zeitung um. „Ein Redakteur hat ihn in Los Angeles besucht. Schönberg schreibt an einer Oper namens ‚Moses und Aron'. Seine Frau war viel jünger als er. Wie hieß sie noch? Ich glaube Gertrud, Gertrud Kolisch."

Aber Emilie dachte nicht an Gertrud Kolisch, ein ganz anderes Bild stieg in ihrer Erinnerung auf.

Es musste im Jahr 1909 gewesen sein. Sie hatte eine Kundin besucht, die nicht in den Salon kommen konnte, weil der Gatte bettlägerig war. Das hinderte die Dame aber nicht, sich für ein anstehendes Fest eine neue Robe entwerfen zu lassen. Emilie lief durch den Volksgarten nach Hause. Emilie ging selten, sie lief. „Ich habe es nicht im Kopf, sondern in den Beinen", sagte sie gerne, wenn jemand nicht mit ihr Schritt halten konnte. Pauline, die reklamierte, dass man auch als „unschleuniger" Mensch durchs Leben kommen könne, beschwerte sich: In einem Modesalon müssten die Nähmaschinen klappern, nicht aber die eiligen Schuhe der Besitzerinnen.

Emilie schaute kaum nach links und rechts, zeichnete im Kopf schon erste Entwürfe für das in Auftrag genommene Festtagskleid. Sie schrak leicht zusammen, als sie ihren Namen hörte: „Grüß Sie Gott, Fräulein Flöge." War das tatsächlich Mathilde Schönberg, die sie da ansprach? Sie musste es sein. Sie hielt zwei Kinder an den Händen, ein etwa sechsjähriges Mädchen und einen etwa dreijährigen Buben. Emilie blieb stehen, gab Frau Schönberg die Hand. Was macht man, wenn man verlegen ist? Man bewundert die Kinder. Emilie fragte nach Alter, nach den Namen (Gertrud und Georg), versuchte sich zu erinnern, wann sie Mathilde Schönberg, Arnold Schönbergs Frau und Alexander Zemlinskys Schwester, kennengelernt hatte: Ja, es war vor drei Jahren gewesen, an einem frostigen Februartag, als im Großen Saal des Musikvereins

Schönbergs 1. Kammersymphonie uraufgeführt worden war. Gustav hatte sie mitgenommen, anschließend war man noch ins „Sacher" gegangen, die Musiker des Rosé-Quartetts, die gespielt hatten, waren mit von der Partie gewesen, Freunde der Familien Schönberg und Zemlinsky, Mitglieder des Hofopernorchesters, die an der Aufführung des schwierigen Werks beteiligt gewesen waren. Sie erinnerte sich an die allgemeine Erleichterung, dass das Konzert ohne lautstarke Publikumsproteste zu Ende gebracht werden konnte. Dort im „Sacher" war sie Mathilde Schönberg begegnet, hatte auch ein paar Worte mit ihr gewechselt, das heißt, sie, Emilie, hatte vor allem zugehört, wie es eben ihre Art war. Frau Schönberg war ihr ebenso intelligent wie schlecht angezogen vorgekommen. Sie war sehr klein, vielleicht nur einen Meter fünfzig groß. Emilie erinnerte sich, dass es ihr peinlich gewesen war, auf Mathilde Schönberg herabzublicken wie auf ein großes Kind. Offensichtlich verstand sie viel von Musik, kein Wunder, wenn man einen berühmten Musiker als Bruder und einen aufstrebenden Komponisten als Gatten hatte.

Aber sie hatte nicht über Musik gesprochen, sondern über die Sommerfrische in Gmunden am Traunsee, über Berlin, wo sie mit Arnold zwei schwierige Jahre verbracht hatte, das ihr aber so viel freier vorkam als Wien, über ihre Begeisterung für die Malerei.

Und jetzt, drei Jahre später, erinnerte sich Frau Schönberg an Emilie Flöge.

Emilie war die Begegnung unangenehm, sie suchte krampfhaft einen Vorwand, um zu entfliehen. Aber sogar die beiden kleinen Kinder hielten still, als wollten sie den beiden Frauen ihre Unterhaltung gönnen.

Wie derangiert Mathilde aussah, reizlos, mit stumpfem Blick und herben Zügen um den Mund. Ein schlechtgeschnittener Mantel unterstrich das Plumpe und Matronenhafte ihrer Erscheinung. Dabei war Mathilde Schönberg eine junge Frau, noch jünger als Emilie, erst 32 Jahre alt. Was die Begegnung so quälend machte, war die „Geschichte", über die man nicht sprechen konnte, obwohl beide wussten, dass sie wussten. Die Geschichte, die wenige Monate zuvor in Wien die Gemüter erhitzt hatte.

Arnold Schönberg war nicht nur ein herausragender Komponist, der die Musikgeschichte revolutionieren würde, sondern auch an Malerei interessiert. So holte er sich einen genialen Jungmaler ins Haus, Richard Gerstl, aus gutem und vermögendem Haus, der ein behagliches und sorgenfreies Leben führen konnte, aber auf sehr unbehagliche Weise Bilder malte. Was heißt „malte": aus sich herausschleuderte, mit exzessivem, pastosem Farbauftrag, pointilistisch, expressionistisch, wild, ein Maler, der im Malen sein Sujet verstümmelte, „vernichtete". Diesen aufbrausenden, wütenden jungen Mann erwählte Schönberg als seinen Lehrer – und als den Maler seiner Familie. Gerstl malte Porträts – von Schönberg, seiner Frau Mathilde, von Mathilde mit Töchterchen Gertrud, von den Eltern mit den zwei Kindern. Er wurde Schönbergs Freund und Mitglied des Schönberg-Kreises, zu allen musikalischen Aufführungen, zu allen privaten Festivitäten eingeladen.

Er verliebte sich in Mathilde Schönberg, die Liaison blieb nicht lange ein Geheimnis. Schönberg ertappte das Paar in flagranti und stellte seiner Frau ein Ultimatum. Diese kehrte der Kinder wegen zu ihrem Mann zurück. Gerstl wurde im Hause Schönberg persona non grata. Am 4. November 1908 fand ein Konzert statt, das Schönbergs Studenten ihrem Lehrer zu Ehren gaben. Richard Gerstl wurde ausdrücklich von der Teilnahme ausgeschlossen. Daraufhin beging der 25-Jährige auf eine Weise Selbstmord, die seinem wilden Exhibitionismus entsprach: Er durchbohrte sich mit einem Messer und erhängte sich vor einem Spiegel. Das war nun vier Monate her, aber in Wien vergaß man solch einen Skandal nicht so schnell. Mathilde Schönberg wurde die alleinige Schuld an dieser Katastrophe zugeschrieben, sie war die untreue Frau, die ihren Gatten desavouiert hatte. Nach einer Schuld des Gatten zu fragen wäre höchst unpassend gewesen. Da mochte in den Künsten und der Wissenschaft die Morgendämmerung eines neuen Zeitalters aufleuchten, in der Sexualmoral aber blieb die gute Gesellschaft der katholischen Morallehre vergangener Jahrhunderte verhaftet. Die bürgerliche Frau hatte keine Triebe und darum kein Triebleben. Sie hatte auch kein Liebesleben, sondern Verantwortung für den Gatten und die Kinder.

Emilie empfand tiefes Mitleid mit Mathilde Schönberg, die die Liebe gewagt hatte und jetzt damit bestraft war, an einen ungeliebten Gatten gefesselt und mitschuldig am Tod eines jungen Malers zu sein. Aber natürlich konnte sie ihr Mitgefühl nicht formulieren, nicht jetzt, nicht hier im Volksgarten, nicht im Beisein der Kinder.

Sie konnte ihr nur die Hand drücken und hoffen, dass Mathilde Schönberg erkannte, dass es in Wien Menschen gab, die sie nicht aufs Schafott wünschten.

„Ich hätte mich so gefreut, wenn sich Klimt und Gerstl nahegekommen wären. Aber Richard lehnte die Kunst-Szene ab. Er war noch so jung. Manchmal hatte er etwas sehr Kindliches."

Emilie war verblüfft. Mathilde sprach sie an wie eine Schwester, unbefangen, als hätte es nie einen Skandal gegeben, sondern nur ein trauriges Ableben, wie es häufiger vorkommt. Und ihr Blick wurde offen, ruhig, ja selbstbewusst. So konnte man also auch mit dieser „Geschichte" umgehen.

„Ich glaube, wir würden gerne einmal Richard Gerstls Bilder sehen", sagte Emilie. „Es gab ja nie eine Ausstellung."

„Richard hat vor seinem Tod viele Bilder verbrannt, aber einige Werke sind gerettet. Arnold hat natürlich die Bilder, die wir besitzen, verbannt, sie dürfen nicht aufgehängt werden, aber sie werden in unserem Hause aufbewahrt. Ich werde Sie einmal einladen – wenn sich die Gelegenheit ergibt. Es hat mich gefreut, Sie zu sehen, Fräulein Flöge."

Damit fasste sie ihre Kinder wieder fester an den Händen und ging weiter.

Es kam nie zu einer Einladung an Klimt und Flöge – vielleicht ergab sich nie eine Gelegenheit. Aber Emilie sah Mathilde Schönberg hin und wieder in Konzerten.

So bei dem legendären Konzert im März 1913 im Goldenen Saal des Musikvereins, wo Schönberg Anton Weberns „Sechs Stücke für Orchester", op. 6 dirigierte. Webern hatte die Komposition Schönberg gewidmet: „meinem Lehrer und Freunde in höchster Liebe", und viele sagten, dass er radikaler zu Werke ging als sein

Lehrer. Selbst Schönberg beschwerte sich über die Hartnäckigkeit, mit der ihm seine Schüler auf den Fersen seien und zu überbieten trachteten. Das erste Orchesterstück wirkte auf Emilie verstörend, zwar bewegte sich die Musik im Piano- und Pianissimo-Bereich, aber die Dissonanzen waren so schrill, dass sie verhaltenen Schreien ähnelten. Emilie rutschte tiefer in ihren Konzertsessel, Gustav neben ihr richtete sich ein Stück auf. Das zweite Stück war dann ein einziger Aufschrei, nur noch Geräusch, nicht Klang, eine akustisch gesetzte Katastrophe, ein Inferno. Jetzt hielt es das Wiener Publikum nicht länger auf den Sitzen, es hatte Mahlers Kompositionen ertragen, es hatte sich von Schönberg viel gefallen lassen, aber dieser Webern schlug dem Fass den Boden aus, das hatte überhaupt nichts mehr mit Musik zu tun, da wollte ein Komponist die Zuhörer pflanzen. Bevor das dritte Orchesterstück beginnen konnte, war der ehrwürdige Saal des Musikvereins schon in Aufruhr, Zwischenrufe übertönten die Instrumente, Pfiffe, wüstes Aufstampfen mit den Füßen, dazwischen höhnisches Gelächter und Gezische. Auch die feinen Damen der Gesellschaft verloren ihre Contenance und riefen mit wutverzerrtem Gesicht „Aufhören". Schönberg dirigierte weiter, die Musiker starrten angestrengt in ihre Noten, aber der Tumult übertönte bald die lautesten Blechbläser. In der ersten Reihe stand plötzlich der Komponist auf, der schmale, dunkle, nervöse Anton Webern und rief, man solle die ganze Bagage hinausschmeißen. Aber auch sein Rufen ging unter. Der Skandal war perfekt, es roch nach Handgreiflichkeiten, als sich Verteidiger und Verächter der Webern'schen Musik immer wutentbrannter niederschrien. Schönberg brach das Konzert ab, die Musiker verließen das Podium und bemühten sich um einen geordneten Rückzug, der aber dennoch Anzeichen von Flucht aufwies. Und dann war der Saal plötzlich voll von Polizisten, die mit Knüppeln die Menge teilten und schlimmere Auseinandersetzungen verhinderten.

Emilie war während des Tumults sitzen geblieben und hatte fassungslos dem aggressiven Treiben zugeschaut. Gustav hatte für Webern und die Freiheit der Kunst geschrien und war selbst niedergeschrien worden. Beim Hinausgehen sagte er zu Emilie:

„Weißt du, wie dem Webern geht es mir auch manchmal, man muss in der knappestmöglichen Form seinen Schmerz hinausbrüllen."

Im Foyer sahen sie Mathilde Schönberg. Sie wirkte wie immer ruhig und gleichmütig, als ginge sie alles dieses nichts an. Manche sagten, sie litte an Depressionen.

Sie starb mit 46 Jahren, wenige Monate später heiratete Schönberg die dreiundzwanzig Jahre jüngere Gertrud Kolisch, die Schwester eines Schülers.

„Lebt sie mit ihm in Los Angeles?", fragte Emilie.

Lentschi wusch in der Küche das Frühstücksgeschirr ab. „Wen meinst du denn eigentlich?"

„Die andere Frau Schönberg. Die nach Mathilde kam."

Die Muse

Emilie ahnte es. Gleich würde das Wort „Muse" fallen. Und es fiel. Hainbichler sprach von der Fülle an Inspirationen, die Klimt in seiner künstlerischen Laufbahn empfangen habe, angefangen bei seinem Lehrer Ferdinand Laufberger an der Akademie, über Maler wie Hans Makart und Fernand Khnopff bis hin zu den französischen Impressionisten und Henri Matisse. Und natürlich die Frauen! Die seien ja wohl die Quelle seiner Schöpferkraft gewesen – „… und Sie, Emilie…", er verhedderte sich, „…Fräulein Flöge, waren ja die eigentliche Muse."

Da war es, das Wort, das sie am meisten ärgerte. Kurz war sie versucht zu fragen, ob es ihm, Anton Hainbichler, schon einmal in den Kopf gekommen sei, dass Gustav Klimt eine Muse für Emilie Flöge gewesen sein könnte. Aber Muse war nun einmal weiblich, die männliche Form gab es nicht, nicht einmal als Wort.

Aber sie sollte sich nicht mehr aufregen, nicht in ihrem Alter. Die Welt brauchte Klischees, und ihr Schicksal war es, bis an ihr Lebensende als Klimts Muse apostrophiert zu werden, weil die Menschen in Stereotypen dachten und nicht in komplizierten Beziehungen.

Warum konnte man Menschen nicht ihr Geheimnis lassen, warum musste man alles auf einen Begriff bringen? Auch sie, die Klimt so gut gekannt hatte, hatte das Geheimnis seiner Kreativität nicht entschlüsselt, nicht entschlüsseln wollen.

Zu Beginn seiner Laufbahn, als er mit seinem Bruder Ernst und Franz Matsch in der „Compagnie" arbeitete, stand er noch ganz in der Tradition der Ringstraßen-Maler, die monumentale Ausstattungen im Stil des Historismus bis zur gewollten „Ununterscheidbarkeit der Handschrift" übernahmen. Die „Compagnie" brach aber nicht auseinander, weil Ernst starb, sondern weil Gustav Klimt sich von dieser konservativen Malerei abwandte – brüsk und mit lautem Skandal – und zur Leitfigur der Secession wurde – einer völlig anderen Auffassung von Kunst und Leben. Sein Stil zu malen änderte sich radikal. Was diesen Wandel in ihm hervorgerufen hatte, was ihn inspiriert hatte, diesen unglaublichen „Sprung" zu wagen, in neue ästhetische Dimensionen vorzustoßen, wusste sie nicht. Klimt sprach ja kaum über seine Arbeit, er interpretierte sich nicht selbst. Wenn überhaupt, sprach er über Ziele der Secession oder über das Handwerkliche.

Wenn der Herr Hainbichler jetzt noch fragt, ob ich seine Geliebte oder ob unsere Beziehung platonisch gewesen sei, werfe ich ihn hinaus, dachte sie. Doch Anton Hainbichler lenkte ein: „Ich meine das jetzt nicht so, dass Sie ihm Ideen eingegeben oder ihn zu Leistungen angespornt haben. Sie haben ihm ja wohl eher Halt gegeben. Aber könnte es nicht sein, dass er von Ihnen die Textur des Sinnlichen gelernt hat, dass Ihre Art, mit Stoffen umzugehen, sie zu behandeln, mit Schmuck zu dekorieren, etwas freigesetzt hat, das er in die Wucht des Ornamentalen verwandelt hat? Ins Zeigen, statt Bedeuten? Wittgenstein schreibt in seinem ‚Tractatus': ‚Es gibt Unaussprechliches. Dies zeigt sich, es ist das Mystische'."

Emilie war für einen Augenblick verblüfft. Woher wusste der junge Mann, dass Gustav gerne abends spät in den Salon gekommen war, wenn sie noch arbeitete, weil Termine drängten. Immer wieder nahm er aus der Vitrine, in der sie ihre Sammlung von Spitzen und Bordüren ausstellte, einige schöne Stücke heraus und bewunderte die filigrane Arbeit. Er sah ihr schweigend zu, wie sie Stoffe an ihren Modellpuppen drapierte, Tüll und Spitzen anheftete, Ketten um das Dekolleté schlang, wie sie fältelte, plissierte, smokte und kräuselte. Manchmal, wenn sie in den Schränken nach neuem Stoff suchte, Ballen entrollte, nahm er den Stoff zwischen Daumen und Finger, rieb ihn sacht oder führte ihn gar an seine Wange – an den spärlichen Teil davon, der nicht von Bart bedeckt war. Oder er strich der Schneiderpuppe über die Hüften wie ein Liebender der begehrten Frau. Er karessiert das Material, hatte Emilie damals gedacht, nicht das Leben. Denn er rührte sie nicht an, wenn sie arbeitete, sagte kaum etwas, roch intensiv nach Bier und fettem Essen, manchmal schlief er auf dem Stuhl ein, dann musste sie ihn wecken und ihn ein Stück nach Hause begleiten, bis sie sicher sein konnte, dass ihn

Emilie Flöge um 1935

die frische Luft so weit aufgeweckt hatte, dass er unterwegs nicht in einem Hauseingang niedersank und weiterschlief.

Den Satz von Wittgenstein verstand sie nicht, wusste auch nicht, warum Hainbichler ihn zitiert hatte. Aber wie alle Wiener kannte sie die Wittgensteins. Karl Wittgenstein hatte zu den reichsten Männern der Stadt gezählt, seiner finanziellen Unterstützung war es zu verdanken, dass das Secessionsgebäude überhaupt realisiert werden konnte. Ludwig, der Sohn, galt wie alle Wittgensteins als psychisch labil. Er war eigentlich ein Ingenieur, lebte aber, so glaubte sie gehört zu haben, in England und schrieb philosophische Bücher. Seine Schwestern Hermine und Margarethe hatten zu ihren Kundinnen gehört. Margarethe war eine recht resolute Frau, außerordentlich begabt, die sich wie die Brüder für Mathematik und Naturwissenschaften und Philosophie interessierte, daneben aber auch für Literatur und Kunst. Klimt hatte sie gemalt, aber Margarethe war unzufrieden gewesen mit ihrem Porträt, das sie anlässlich ihrer Heirat mit dem Amerikaner Jerome Stonborough in Auftrag gegeben hatte: Auf dem Bild sehe sie zwar elegant aus, aber Haltung und Ausdruck der Figur und der stilisierte Hintergrund ließen den Eindruck entstehen, dass es sich bei der Porträtierten um eine „unnütze" Dame der Gesellschaft handele. So harmlos sei sie nun aber wirklich nicht.

Emilie ging in die Küche, um einen neuen Tee aufzubrühen. In einer Kaffeestadt wie Wien tranken die Leute selten Tee. Sie hatte sich bei ihren Besuchen in London daran gewöhnt. Und beim Kaffeeröster Julius Meinl wusste man schon Bescheid, dass sie immer die gleichen Sorten wählte: Earl Grey mit Bergamotte-Öl und English Breakfast Tea.

Als sie wieder ins Wohnzimmer kam, war Anton Hainbichler aufgestanden und schaute durchs Fenster auf die Straße.

„Darf ich bald wiederkommen?", fragte er.

Augenhöhe

„Ich glaube", sagte Anton Hainbichler, „ich weiß inzwischen, was Klimt an Ihnen geschätzt hat, Fräulein Flöge. Sie waren ihm ebenbürtig. Sie waren auf Augenhöhe."

„Nein", sagte Emilie prompt, „ich habe ihn überragt."

Hainbichlers dummes Gesicht war sehenswert. Dann brach er in Lachen aus. „Natürlich, Sie waren größer als er."

„Einen halben Kopf größer."

Unternehmensführung

„Post für dich!"

„Ach, schon wieder der Hainbichler?"

„Schaut nicht danach aus." Lentschi legte behutsam einen Brief mit schwarzem Trauerrand auf das Beistelltischchen neben Emilies Sessel. Mittags lag der Brief immer noch ungeöffnet da.

„Soll ich ihn öffnen?"

Emilie nickte.

Lentschi ließ sich Zeit mit dem Öffnen des Kuverts und dem Auffalten des Briefes. „Es ist eine Todesanzeige. Olga Madach."

„Kenne ich nicht." Emilie war erleichtert.

„Geboren 1887 in Wien, gestorben vor drei Tagen, auch in Wien. Es trauern um sie drei Söhne: Adam, György und Tamás."

„Kenne ich nicht. Nie etwas von ihr gehört."

„Hier ist noch ein handgeschriebener Zettel beigelegt: ‚Sehr verehrte Frau Flöge, unsere Mutter, die viele Jahre in Ihrem Salon als Näherin gearbeitet hat, sprach immer von Ihnen wie von einer Heiligen. Ihnen verdanken wir, dass unser bereits 1913 verstorbener Vater ein Grab auf dem Zentralfriedhof erhalten hat. Wir werden unsere Mutter ganz in seiner Nähe bestatten können. Im Namen der trauernden Söhne, Tamás Madach.'"

„Ich finde, Olga hängt heute über ihrer Nähmaschine, als würde sie ihr Totenhemd nähen", sagte Emilie zu Pauline in der Kaffeepause.

„Ist mir noch gar nicht aufgefallen."

„Schick sie doch im Laufe des Tages einmal zu mir ins Büro."

Olga sah Emilie an wie einen Geist, als sie ins Zimmer trat, starrte auf ihre Füße und presste dann heraus: „Habe ich einen Fehler gemacht?"

Mein Gott, dachte Emilie, bin ich denn für die Näherinnen eine Fuchtel, die mit Ochsenziemern droht, wenn etwas schiefläuft? Was für ein Bild haben die denn von mir?

„Nein Olga, Sie haben überhaupt keinen Fehler gemacht. Sie machen Ihre Arbeit immer tadellos. Es erscheint mir heute nur, als trügen Sie eine Last, die sie niederdrückt."

Olga sah immer noch verstört aus, als hätte sie Emilies Lob nicht verstanden. Sehr leise kamen dann Sätze heraus, die jetzt Emilie verstörten:

„Mein Mann ist vor drei Tagen gestorben. Er war sehr lange krank. Unsere Ersparnisse sind für Medizin draufgegangen. Morgen wird er in ein Armengrab gelegt. Ich hätte so gerne ein richtiges Grab für ihn gehabt, auch der Kinder wegen, damit wir ihn auf dem Friedhof besuchen könnten. Das ist alles."

Emilie zog die Luft ein. Wie konnte eine Frau angesichts solchen Elends „Das ist alles" sagen? Es klang wie „Weiter ist nichts".

„Wo liegt denn ... Ihr Mann?" Emilie bemühte sich um einen sachlichen Ton, vermied aber das Wort „Leiche".

„Im 2. Allgemeinen Krankenhaus." Olga wiederum vermied das Wort „Leichenhalle".

„Kommen Sie bitte heute Abend, bevor Sie nach Hause gehen, noch einmal bei mir vorbei, Olga."

Emilie telefonierte mit dem Krankenhaus, mit einem Beerdigungsinstitut, mit der Friedhofsverwaltung, zuletzt mit einem Steinmetz. Als Olga um sechs an ihre Tür klopfte, hatte Emilie alle Informationen säuberlich auf einen Zettel geschrieben.

„Morgen ist die Beerdigung auf dem Zentralfriedhof, Olga, und dann haben Sie drei freie Tage. Es ist alles geregelt. Nur eines müssen sie hoch und heilig versprechen: absolutes Stillschweigen gegenüber den Kolleginnen." Olga wirkte noch immer wenig aufnahmefähig, aber sie nickte.

Als sie gegangen war, fiel Emilie ein, dass sie nach der Anzahl und dem Alter der Kinder hatte fragen wollen.

Vier Tage später sah sie Olga wieder an ihrem Platz. Die beugte sich über die Nähmaschine, als nähte sie an einem Jäckchen aus Seidentüll für Serena Lederer. Was auch genau so zutraf.

Das Ende einer Ära

„Kann man sagen, dass Hitler Ihren Salon ruiniert hat?"

Anton Hainbichler saß schon wieder auf dem Biedermeier-
stuhl in ihrem Wohnzimmer und drehte seinen Bleistift in der Hand.
Irgendwie hatte sich Emilie an den jungen Mann gewöhnt. Sie kaufte
jetzt sogar beim Demel etwas Gebäck ein, wenn er sich angemeldet
hatte. Lentschi gefiel das nicht. „Bleib nur auf Distanz!", riet sie.
Aber ein bisserl Teebäckerei gehörte sich doch, wenn man Besuch
erwartete. Und heute hatte sie ihm zu Ehren die schöne Silberkette
mit dem herzförmigen Anhänger angelegt, die ihr Klimt von Josef
Hoffmann hatte entwerfen lassen. Aber Hainbichler hatte sie noch
nicht bemerkt, wer schaut einer alten Frau schon auf ihr Oberteil?

„Ja, das kann man schon sagen. Aber mit Klimt hat das alles
gar nichts mehr zu tun. Der ist doch schon zwanzig Jahre vorher
gestorben."

„Ich weiß, ich weiß", beteuerte Hainbichler eifrig, „aber Ihr
Leben ging doch nicht mit Klimt zu Ende. Sie leben jetzt seit drei-
ßig Jahren ohne Klimt, da muss es doch noch einiges in Ihrem
Leben gegeben haben."

„Ich habe nie mit Klimt gelebt", sagte Emilie, „zumindest nie
unter einem Dach." Sie räusperte sich.

„Schon 1935 gingen die Geschäfte deutlich schlechter. Es war
ein großer Unterschied zum Ersten Weltkrieg, der zwar nicht spur-
los an unserem Salon vorübergegangen war, uns aber nicht ruiniert
hatte. Zwar wurden wir damals von der Verwaltung gezwungen, unseren Beschäftigten Teuerungszulage zu zahlen, weil ja selbst die
elementarsten Lebensmittel unerschwinglich wurden. Wir haben
die höhere Vergütung gezahlt. Aber wir hatten in den Kriegsjahren
und auch noch in den Jahren danach wohlhabende Kundinnen.
Fabrikanten verdienen ja im Krieg und am Krieg. Und es scheint
ein Urbedürfnis zu sein, dass man sich in Krisenzeiten gut kleiden
möchte. Man setzt dann dem Grau der Zeit etwas entgegen: Stil,
Schönheit, Eleganz, Qualität.

Also, unsere Nähmaschinen ratterten in dieser Zeit fast so flink wie zuvor. Aber nachdem Hitler in Deutschland an die Macht gekommen war, begann der Niedergang unseres Salons. Erst schleichend, fast unmerklich, ab 1935 aber sehr deutlich. Es gab zwei Ursachen. Ich bin zu dieser Zeit zwar noch immer nach Paris und London gefahren, aber es wurde zunehmend schwieriger, Pariser Mode zu verkaufen. Zwar habe ich noch die charismatische Coco Chanel und Christian Dior kennengelernt, habe miterlebt, dass auch andere Frauen als ich begannen, Mode zu entwerfen, dass sich in Paris die Modelandschaft veränderte. Aber die Vorbehalte der Franzosen und Engländer erstreckten sich bald nicht nur auf Deutschland, sondern auch auf Österreich. Stofflieferungen aus Paris kamen hier nicht mehr an. Und unser Salon lebte davon, dass wir anderes anboten als die Wiener Konfektionäre."

„Und dann blieb die Kundschaft weg ..."

„Ja, sehr viele meiner Kundinnen kamen aus den großbürgerlichen jüdischen Familien. Die Lederers, die Gutmanns, die Bloch-Bauers, Clarisse Rothschild ... Apropos Lederers. Wussten Sie, dass die Tochter von Serena und August Lederer, Elisabeth Franziska, während der Nazizeit behauptete, sie sei eine uneheliche Tochter Klimts? Das stimmte nicht, aber es war bei Klimts Ruf so glaubhaft, dass sie 1940 einen entsprechenden ‚Abstammungsbescheid' erhielt, nach dem sie nur als ‚Halbjüdin' galt. Das hat ihr wahrscheinlich das Leben gerettet. Klimt hätte das sehr gefallen, dass eine vorgetäuschte Vaterschaft eine so positive Wirkung haben konnte.

Diejenigen, die die Zeichen der Zeit richtig deuten konnten, verließen vor 1938 Wien, Adele Bloch-Bauer war schon 1925 gestorben, Ferdinand Bloch-Bauer floh nach Prag, die Rothschilds nach Amerika, Friederike Beer-Monti ebenfalls. All die großen Vermögen wurden konfisziert, Kunstschätze verschwanden, die meisten für immer.

Ich hatte plötzlich keine Kundinnen mehr. 1935 hatten wir immerhin noch 20 Näherinnen in Arbeit und Brot, nach dem ‚Anschluss' aber ging nichts mehr, wir mussten den Salon schließen. Unsere Auftragsbücher waren leer."

Hainbichler hielt den Kopf gesenkt, als sei ihm ein Unglück widerfahren. Emilie wollte am liebsten nicht weiterreden, zu schmerzhaft waren die Erinnerungen. Aber da erwachte Hainbichler wieder aus seiner Dumpfheit: „Was geschah mit der Einrichtung des Salons, den wunderbaren Möbeln von Hoffmann, den Bildern von Kolo Moser und allem, was Sie von Klimt geerbt hatten?"

Emilie antwortete nicht. Sie muss sich fassen, dachte Hainbichler, ich hätte nicht daran rühren dürfen. Es ist über zehn Jahre her, aber was bedeuten schon zehn Jahre, wenn ein Lebenswerk ruiniert wurde. Emilie nahm einen Schluck Tee. „Wir haben das meiste aus dem Salon Schwestern Flöge dem Dorotheum angeboten, das damals schon die bedeutendste Kunstgalerie in Wien war – zur Versteigerung. Nur einige wenige Kleinmöbel habe ich mir mitgenommen in die neue Wohnung in der Ungargasse. Denn ohne den Salon war die Casa Piccola viel zu groß für uns geworden – und viel zu teuer. Das Dorotheum hat die Möbel rundweg abgelehnt. Sie wollten ‚das alles' nicht, das sei nicht mehr im Geist der Zeit, dafür gäbe es einfach kein Interesse mehr, keine Sammler. Die herrschende Meinung sei: Die Wiener Werkstätte war eine Erfindung jüdischer Dekadenz, eine Verirrung, ein Affront gegen jedes gesunde Volksempfinden.

Wir mussten beinahe betteln, dass man uns die Kästen, Tische, Stühle, Vitrinen abnahm, damit sie nicht von einem Schrotthändler abgeholt und zu Brennholz zerkleinert wurden. Es war unwürdig, zutiefst unwürdig.

Die Versteigerung erbrachte nichts, absolut gar nichts. Nach Abzug der Transportkosten blieb kein Heller übrig. Eine unserer Näherinnen war bei der Versteigerung dabei. Sie hat mir berichtet, wie dieses Trauerspiel ablief. Lentschi und ich hätten nicht hingehen können. Wahrscheinlich wären wir in Tränen ausgebrochen – oder hätten Wutanfälle bekommen angesichts dieses unseligen ‚völkischen Geschmacks', der sich damals in Österreich ausbreitete.

In kürzester Zeit hatte sich alles verändert, in drei, vier Jahren war auch Österreich braun geworden. Ein Maler wie Carl Moll, der zur Secession gehört hatte, eng mit der Wiener Werkstätte verbunden war, mit Kolo Moser in einem Haus gewohnt, die Galerie

Miethke geleitet hatte, eine Leitfigur der neuen Kunst, ein enger Freund Klimts: Dieser Carl Moll wurde zum überzeugten Nationalsozialisten. Ich konnte es nicht fassen. Ein Freund hat ihn nach dem ‚Anschluss‘ auf dem Heldenplatz Hitler zujubeln sehen. Kurz zuvor musste seine Stieftochter Alma Mahler mit ihrem jüdischen Mann Franz Werfel aus Österreich fliehen. Was hat einen Mann wie Moll so anfällig für die braune Propaganda gemacht? Wie konnte er seine künstlerischen und menschlichen Ideale verraten? Als im Mai 1945 die Russen vor Wien standen, hat er zusammen mit seiner Tochter und seinem Schwiegersohn Selbstmord begangen.“

„Aber Alma Mahler war ja auch infiziert von rassistischem Gedankengut.“

„Ja, das stimmt, und das war noch erstaunlicher. Sie hat immer wieder betont, dass Gropius, mit dem sie kurze Zeit verheiratet war und eine Tochter hatte, so ein wunderbar arischer Mann gewesen sei, der rassisch so gut zu ihr gepasst habe. Sonst hätten sich immer nur kleine Juden in sie verliebt. Gut, dass Mahler das nicht gehört hat.“

„Den Krieg haben Sie ja am Attersee überlebt. Aber nach dem Krieg konnten Sie nicht wieder an das Verlorene anknüpfen…“

„Ach, nun rechnen Sie halt einmal, Herr Hainbichler, der Krieg ist seit drei Jahren aus, heute bin ich 73 Jahre alt. Und jetzt sagen Sie ja nicht, dass ich noch so jugendlich aussehe, weil dann werfe ich Sie im hohen Bogen hinaus.“

Hainbichler lachte: „Ich bin ein bisserl unerfahren, Frau Flöge. Zwar habe ich auch noch den Krieg als junger Bursch miterlebt, aber ich lebte auf dem Land, in der Steiermark, dienen musste ich nicht, weil meine Augen zu schlecht waren, so habe ich eben viel gelesen, hab’ nach der Matura gleich zum Studieren angefangen – ich habe wohl in einer Seifenblase gelebt. Und jetzt ist der Krieg so weit weg, auch wenn es erst drei Jahre her ist.“

Ich bin zur Frau Flöge avanciert, schau an, dachte Emilie.

„Immerhin interessieren sich in Wien wieder ein paar Menschen für Klimt und nicht nur dafür, wie man an einen Raum zum Wohnen und an etwas Brennnesselsuppe zum Essen kommt. Ich fürchte aber, dass die meisten Österreicher bis heute nicht wissen, was sie dem Land angetan haben, als sie die Juden hinausgejagt haben. Wenn Sie mich fragen: Die meisten Österreicher sind immer noch heimliche Antisemiten. Die verzeihen es dem Herzl Theodor nie, dass es jetzt sogar einen jüdischen Staat gibt. Ist denn das nötig, fragen sie. Und der Lueger Karl wird immer noch verehrt wie sonst was.

Dass der Freud weltberühmt war und dass sie den haben ziehen lassen müssen, das hatten die Nazis immerhin verstanden. Seine Schwestern hat er ja hier in Wien zurückgelassen und lieber seine Krankenschwester und seinen Hund mitgenommen. Die Schwestern sind ja dann auch deportiert und umgebracht worden."

„Ich habe gehört, dass Adolfine Freud und Klara Klimt befreundet waren, beide ein wenig verwirrt, beide zeitweilig in der gleichen psychiatrischen Anstalt. Klara Klimt soll jeden Monatsanfang mit Geldumschlägen Klimts vierzehn uneheliche Kinder besucht und ihnen die Alimentation ihres Bruders persönlich überreicht haben. Und alle vierzehn Kinder hießen Gustav. Ein Mann wie er zeugte eben nur Söhne."

Jetzt musste Emilie laut lachen. „Das ist so ein Schmarrn, dass es schon wieder gut ist. Nur zu schade, dass ich das dem Gustav nicht mehr erzählen kann. Was hätte er sich amüsiert! ‚Bin ich ein Stier?', hätte er wahrscheinlich gerufen. ‚Ist Wien nicht herrlich? Nirgendwo wird so getratscht wie hier!' Und die depressive Klara hätte vielleicht ihren Mundwinkeln erlaubt, sich zu heben. Vierzehn Kinder: Diese Legende rührt daher, dass bei der gerichtlichen Verlassenschaftsabhandlung die Mütter von vierzehn unehelichen Kindern Ansprüche anmeldeten. Sie haben eben versucht, ihre Schäfchen ins Trockene zu bringen."

„Und wie viele waren es nun wirklich?" Offensichtlich war es Anton Hainbichler peinlich, so direkt zu fragen, es klang so nach Boulevardpresse. Aber die Neugier war doch größer als die Zurückhaltung.

„Nach Klimts Tod haben wir Erbinnen Abfindungen für die Kinder gezahlt, die Gustav anerkannt hatte: Gustav Zimmermann und Gustav Ucicky. Dazu kamen noch zwei Kinder, die die Hausangestellte Camilla Huber geboren hatte: Gustav, geboren 1912 und Wilhelm, geboren 1915. Ein weiteres Kind, Charlotte Huber, geboren 1914, war einjährig verstorben."

„Dann hatte es Gustav Klimt nicht zu vierzehn, aber immerhin zu drei Söhnen mit dem Namen Gustav gebracht."

„Das war jetzt ein ziemlich unpassender Kommentar, Herr Hainbichler. Demnächst frage ich Sie, wie viele uneheliche Kinder Sie haben."

Klimt statt Kette

„Erinnerst du dich noch an Friederike Maria Beer?", fragte Lentschi ihre Tante beim Frühstück. Lentschi war eine leidenschaftliche Zeitungsleserin und las Emilie beim Frühstück gerne aus der „Wiener Zeitung" vor. Vor allem Nachrichten, die die Vergangenheit betrafen, zwangsläufig waren es oft Todesanzeigen. Lentschi ging davon aus, dass Emilie das ungemein interessierte, sie irrte, aber Emilie ließ sie in dem Glauben.

Heute horchte sie auf: „Ist die Friederike gestorben?"

„Nein, sie hat Karriere in New York gemacht, leitet dort eine bekannte Galerie, hier ist ein Interview mit ihr, soll ich es dir vorlesen?"

„Ist auch ein Bild von ihr abgedruckt?" Emilie nahm Lentschi die Zeitung aus der Hand und betrachtete das Foto der 57-jährigen „Frederika" Beer-Monti, das diese in ihrer Galerie zeigte. Sie erkannte sie kaum. Zwar hatte Friederike wie fast vierzig Jahre zuvor noch immer die schwarzen Haare locker zu einem Knoten im Nacken geschlungen, aber ihr einst hübsches Gesicht war grob und füllig geworden. Nur ihre Augen hatten den vertrauten insistierenden Blick, mit dem sie damals – fast gierig – in die Welt geblickt hatte.

Friederike war Kundin im Salon der Schwestern Flöge gewesen, war auch der Wiener Werkstätte eng verbunden. Sie war eine der Töchter des Inhabers der berühmten Kaiser-Bar in der Krugerstraße, ein „wilder Mustang", wie ihr Vater halb stolz, halb resigniert sagte. Friederike wollte Schauspielerin werden, vor allem aber wollte sie ein Kind der „neuen Zeit" sein, und das bedeutete für sie: auf alle Konventionen zu pfeifen, fröhlich nach ihrem Gusto in den Tag hinein zu leben. Sie war den Künsten zugetan, vor allem auch den Künstlern. Einer von ihnen, der Maler Hans Böhler, der auch auf der Kunstschau 1908 ausgestellt hatte, war ihr Liebhaber.

„Fritzi, wie wir sie nannten, hatte dieses umwerfend Freie und Natürliche, nach dem wir uns damals sehnten, von dem wir aber alle weit entfernt waren, wahrscheinlich weil uns die konservative Erziehung daran hinderte, über die Hecken und Zäune zu springen. Fritzi sprang, wo immer sie ein Hindernis sah oder auch nur witterte. Sie war in deinem Alter, Lentschi, 1890 oder 91 geboren, und für sie waren die Schwestern Flöge alte Tanten. Trotzdem hatte sie einen Narren an uns, vor allem an mir, gefressen. Sie mochte unsere Kleider; sie hat sogar einige Male bei uns als Mannequin posiert, das hat ihr sehr gefallen. Fast noch mehr liebte sie die Kleider der Wiener Werkstätte, weil die noch schriller und exzentrischer waren. Sie ließ sich ihre Wohnung von der Wiener Werkstätte einrichten, die Möbel, sogar die Teppiche. Sie mochte mich, weil ich die Brücke zu Gustav Klimt war, denn sie hatte sich in den Kopf gesetzt, nicht nur von ihrem Liebhaber Hans Böhler, sondern von den bekanntesten Malern Wiens gemalt zu werden: Gustav Klimt und Egon Schiele. Und dann auch noch, sozusagen als Krönung der Modernität, von Oskar Kokoschka."

„Es gibt immer Mädchen, die sich wie Kletten an einen berühmten Mann hängen, weil sie denken, es fällt etwas von seinem Glanz für sie ab", sagte Lentschi und faltete die Zeitung zusammen. Außer über „Fritzi" würde heute Morgen wohl nichts gesprochen werden.

„Du musst die Fritzi doch 1916 am Attersee kennengelernt haben, erinnerst du dich gar nicht, es gibt da ein paar Fotos mit Gustav und ihr in Weißenbach, die Fritzi mit Sonnenschirm."

„Ich erinnere mich nicht. Man hätte ja auch viel zu tun gehabt, hätte man sich alle Frauen merken wollen, die Onkel Gustav umzingelten…"

„Hans Böhler hatte sich heftig bemüht, dass Schiele sie malte. Hast du das Bild schon einmal gesehen?" Emilie holte einen Band mit Reproduktionen aus dem Bücherregal. „Und, was meinst du? Schiele hatte ihr gesagt, sie solle vier Kleider ihrer Wahl mitbringen und er hat dann dieses Kleid der Wiener Werkstätte ausgewählt."

„Es schaut aus wie ein Harlekinskostüm."

„Wahrscheinlich hat genau das der Fritzi gefallen, diese farbige Fülle von Flecken und Rauten, so hat sie sich doch gern als Person gesehen."

„Und auch das grotesk Verbogene ihrer Gestalt? Sie schaut aus wie eine zur Spirale gedrehte Tänzerin, anatomisch so schief und verzerrt, dass sie bei jedem Schritt auf die Nase fallen muss. Vielleicht liegt sie ja auch schon, mehr in der Luft als auf der Nase. Wenn ich mir das Bild so anschaue, weiß ich gar nicht, ob sich Friederike in der Horizontalen oder der Vertikalen bewegt."

„Das hätte sie bestimmt als Ausdruck ihrer unglaublichen Dynamik gefeiert. Sie konnte nicht anders als sich in allem zu spiegeln, in Bildern, in Menschen, in Theateraufführungen. Immer war sie wie ein geschliffener Edelstein, der alles Licht auffängt und zurückwirft."

„So wie du über sie sprichst, war sie ein kleines, egomanes Biest."

„Nein, so einfach ist es nicht. Natürlich war sie extrem selbstbezogen, aber das hatte auch Kraft. Sie hat dort weitergemacht, wo deine Mutter und ich zaghaft angefangen haben, Frauen Selbstbewusstsein zu geben, sie hat das in explosiver Fülle gehabt."

„Du und zaghaft, Emilie!"

„Ach, ich war doch auch immer eine Tochter aus gutem Hause!"

„Und du hast sie also – selbstlos wie immer – mit Klimt bekannt gemacht?"

„Nein, das war der Böhler, der seiner Fritzi ergeben war. Sie hat später herumerzählt, der Hans habe ihr einen Perlenkette zum Geburtstag schenken wollen, da habe sie gerufen: ‚Nein, ich will keine Perlen, ich will ein Porträt von Klimt!' Klimt hat sich zunächst standhaft geweigert, sie zu malen. Er wollte nicht. 1916 lebte er ja, wie du weißt, schon sehr zurückgezogen und wenig zugänglich. Das war die letzte Phase, er sagte immer, er habe nur noch Blei statt Blut in den Adern. Aber die Fritzi und der Hans haben ihm so zugesetzt, dass er schließlich einverstanden war."

„Das Bild wird den Böhler aber mehr als eine Perlenkette gekostet haben."

„20.000 Kronen, das war dann umgerechnet schon eine respektable Beletage im 7. Bezirk. Und weißt du, was Schieles Bild gekostet hat? Nur 600 Kronen. Das nenne ich einen Unterschied!"

„Ich weiß ja nicht, Emmi, was du denkst, aber mir hat Onkel Gustavs Porträt nie so besonders gefallen. Es ist einfach zu bunt, und die Frau Beer schaut so matronenhaft aus, diese Pluderhosen, an den Knöcheln zugebunden, und die weit ausgestellte Jacke sind nicht eben vorteilhaft. Die waren bestimmt nicht aus deiner Kollektion. Und dann dieses Bunt der Jacke, abgesetzt mit einem räudigen Pelz…"

„Iltis, das war Iltis. Iltis wurde damals öfters verarbeitet. Es waren Kleidungsstücke der Wiener Werkstätte. Die Jacke wurde auf Gustavs Wunsch von innen nach außen gedreht, er hat sich also durch das bunte Seidenfutter gearbeitet. Der Pelz war ursprünglich weiß, aber Gustav hat ihn grau gemalt, das passte ihm wohl besser in die Farbkomposition. Die Fritzi hat erzählt, bei den ersten Sitzungen habe sie chinesische und orientalische Kostüme aus Gustavs Sammlung ausprobieren müssen. Nach der Gold-Phase hat Gustav eben sehr viel mit farbigen Kleidern experimentiert. Denk nur an das Bild von Eugenia Primavesi im knallbunten Blumenkleid. Gustav hatte 1909 auf der Internationalen Kunstmesse hier in Wien Bilder von Matisse und den Fauves gesehen. Das war für ihn eine neue Inspiration: diese expressiven Farben, hart voneinander abgesetzt und sehr pastos aufgetragen. Ich finde das Kleid von Friederike schön, diese überwältigende Farbigkeit strahlt doch ab auf die Person. Was mich dann aber irritiert hat, war der absolut gelangweilte Blick der jungen Fritzi. Sie war 25 Jahre alt, ein Ausbund an Temperament und Lebensfreude, aber auf dem Bild ist davon wenig zu finden, zumindest nicht in ihrem Gesichtsausdruck. Dafür hat Gustav sie mit diesen wunderbaren asiatischen Kriegern eingerahmt, er hat sich von einer Vase aus seiner Sammlung inspirieren lassen."

„Hat ihr das Bild gefallen?"

„Sie hat immer nur gestöhnt, dass sie habe sitzen und sitzen müssen. Vier Monate lang hat Gustav sie dreimal die Woche vier Stunden lang ins Atelier kommen lassen, hat hundert Zeichnungen als Vorarbeit angefertigt, hat das Bild immer wieder übermalt und verändert.

Du weißt ja, wie er arbeitete, wie er nie fertig wurde. Immer

Gustav Klimt: „Bildnis Friederike Maria Beer", Öl auf Leinwand, 1916

wenn ich ein Quartett von Schubert höre, muss ich an Gustav denken: So wie Schubert nie mit einem Motiv an ein Ende kommt, es immer neu variiert, immer neu Atem schöpft, einen neuen Anfang wagt, schließlich mehr abbricht als in ein Finale zu münden, genauso hat Gustav gearbeitet, vor allem in seinen letzten Jahren. Irgendwann hat sie ihm wohl das Bild unter den Händen weggerissen, hat gesagt: ‚Jetzt ist es fertig‘ – und ist aus dem Atelier gestürmt. Das ist ihre Version der Geschichte. Gustav hat sich nicht dazu geäußert. Immerhin ist das Bild riesig, ungefähr Lebensgröße, das reißt man nicht einfach von der Staffelei, nimmt es unter den Arm und läuft damit los. Aber die Fritzi hatte eben den Hang zum Dramatischen, sie konnte solche Geschichten wunderbar ausschmücken. Ein Auto mit Fahrer habe mit laufendem Motor vor dem Atelier gewartet, um ihr die ‚Flucht‘ zu erleichtern."

„Und was war nun mit dem Bild von Kokoschka?"

„Sie hätte wahrscheinlich auch den Oskar eingewickelt, sie hatte so etwas Unwiderstehliches, das Männer dazu brachte, ihr zu Willen zu sein – und sei es aus Resignation. Aber der Krieg kam dazwischen. Oskar hatte sich – wohl aus verzweifelter Liebe zu Alma Mahler – als Freiwilliger an die Front gemeldet, wurde 1915 schwer verletzt und ging schließlich 1917 nach Dresden, wo er nach dem Krieg eine Professur an der Kunstakademie erhielt. Er ist erst Anfang der Dreißigerjahre nach Wien zurückgekehrt. Also, aus dem Porträt ist nichts geworden."

„Schade", sagte Lentschi, „wär' doch interessant, drei verschiedene Ansichten von ein und derselben Person zu haben – in so unterschiedlichen Handschriften wie denen von Klimt, Schiele und Kokoschka."

„Na ja. Dann wär' die Fritzi ja unsterblich – kein guter Gedanke", sagte Emilie knapp.

Oje, dachte Lentschi, irgendwo ist hier vermintes Gelände. Besser nicht weiter nachfragen. Aber Emilie erzählte weiter: „In den Zwanzigerjahren lebte sie auf Capri, hat dort mit ihrem italienischen Ehemann, dem Herrn Monti, ein Künstlerlokal geführt. Irgendjemand hat mir einmal erzählt, dass er dort gewesen sei, das Lokal hatte einen verrückten Namen, ‚Kater Hiddigeigei' oder so ähnlich. Stell dir einmal so etwas Albernes vor! Sie ist rechtzeitig emigriert, Anfang der Dreißigerjahre, als viele Juden in Wien das Anwachsen des Antisemitismus noch unterschätzt haben. Sie war ja reich, ist, so erzählt man sich, allein von Hamburg aus nach Amerika gefahren und hat sich nichts als ihre Bilder nachschicken lassen."

„Und hat in Amerika Erfolg gehabt, was man ja nicht von allen Emigranten sagen kann", sagte Lentschi.

Sie wollte den Frühstückstisch abräumen. Aber Emilie griff nach der Zeitung und studierte noch einmal aufmerksam das Foto: „Also, eines musst du zugeben: Gut ausschauen tut die Fritzi nicht mehr. Und gut angezogen ist sie auch nicht. Damenhosen in allen Ehren, aber man muss schon die Figur dafür haben. Und statt einer weißen

Jacke trägt man zu solch einem Anlass schwarz oder dunkelblau. Die Bluse mit dieser dickgebundenen Masche verkürzt den Hals und betont das Doppelkinn. Die Kette…"

„Tante Emmi", rief Lentschi, „die Frederika lebt jetzt in Amerika und da darf man alles. Und seit wann machst du dich zur Anwältin der strengen Kleiderordnung? Erlaubt ist, was gefällt." Und damit faltete Lentschi resolut die Zeitung zusammen, um sie im Abstellraum in den Abfall zu werfen. Nicht noch einmal das Thema Friederike Maria Beer-Monti aufs Tapet bringen. Vielleicht gab es ja in der Vergangenheit etwas, das Emilie heute bitter aufgestoßen war. Aber zu kleinlicher Eifersucht war sie doch nie fähig gewesen. Oder doch, oder im Nachhinein? Besser nicht nachfragen.

Auf der Couch

Der Herr Hainbichler trug eine neue Brille, eine große, mit dunklem Horn umrandete. Emilie sah das sofort bei seinem Eintreten. Er möchte sich älter machen, intellektueller dreinschauen, dachte sie, aber es gelingt ihm nicht.

Anton Hainbichler hatte sich vorbereitet. Er zog ein Notizbuch aus der Tasche und las daraus vor:

„„...Wenn von einer Person ein Eindruck ausgeht, der zu hoher psychischer Wertschätzung führen könnte, so läuft er nicht in Erregung der Sinnlichkeit, sondern in erotisch unwirksame Zärtlichkeit aus. Das Liebesleben solcher Menschen bleibt in die zwei Richtungen gespalten, die von der Kunst als himmlische und irdische Liebe personifiziert werden. Wo sie lieben, begehren sie nicht, und wo sie begehren, können sie nicht lieben. Sie suchen nach Objekten, die sie nicht zu lieben brauchen, um ihre Sinnlichkeit von ihren geliebten Objekten fernzuhalten.'

Das hat Sigmund Freud geschrieben: ‚Über die allgemeinste Erniedrigung des Liebeslebens'. Ich weiß nicht, ob er Klimt gekannt hat, aber er könnte doch mit ‚solchen Menschen' einen Mann wie Klimt gemeint haben, der Ihnen hohe seelische Wertschätzung entgegengebracht hat. Oder, was meinen Sie?"

Emilie lehnte sich zurück und tunkte ein Gebäck in ihren Tee. Nicht, dass sie keine Zähne mehr gehabt hätte, um zu knabbern, aber die Mischung aus Herbem und Süßem verschmolz so weich und apart auf der Zunge.

Das war doch ziemlich unverschämt, was der Herr Hainbichler da versuchte, nämlich mit Hilfe Freuds das Verhältnis Klimt-Flöge aufzudecken, dachte Emilie.

„Jetzt sind Sie endlich wieder bei Ihrem Thema angekommen, Herr Hainbichler, Sexualität und Obsession. Ich hatte ja schon gefürchtet, Sie hätten angefangen, sich für die Mode der Schwestern Flöge zu interessieren."

„Natürlich interessiere ich mich auch für Klimts Umfeld, aber immer frage ich mich, was für eine Person er wirklich war."

„Umfeld"-„Drumfeld", na, Anton H., jetzt hast du dich verraten. Klimt, der leuchtende Jupiter, um den herum die Frauen als Monde kreisten.

„Der Herr Freud war sicher ein sehr kluger Mann, der die Tiefen des Unbewussten ausgelotet hat. Aber heut' wär es fast schon wieder gut, wenn sich jemand auch einmal für die Oberfläche interessierte. Gustav Klimt war im Grunde ein sehr einfacher Mensch."

„Aber er hatte doch eine dionysische Natur", widersprach Hainbichler lebhaft.

„Schauen Sie", fuhr Emilie unbeirrt fort, „das Einfache bei Klimt bestand darin, dass er es sich zwischen allen Frauen wunderbar eingerichtet hat."

„Soll das heißen…"

„Gemach, gemach, Herr Hainbichler! Für Klimt war das weibliche Geschlecht Natur. Und alles was Natur ist, war für ihn schön, auch die Natur, die landläufig als hässlich gilt. Sexualität ist natürlich nichts als pure Natur, aber das muss ich alte Frau einem jungen Mann nicht erzählen."

„Da bin ich nicht Ihrer Meinung, Sexualität weist doch immer über die Natur hinaus. Aber ich würde nach Ihrer Rolle in diesem Kontext fragen mögen…"

„Die ist doch ganz uninteressant. Schauen Sie sich Klimts Bilder an, und vernachlässigen Sie vor allem nicht die Aktzeichnungen. Da finden Sie doch alles zu Ihrem Thema."

„Aber all die Facetten… Und all die Geliebten…"

„Ich verstehe Sie nicht, Herr Hainbichler. Mir scheint, Sie wollen unbedingt wissen, ob Klimt mit Sonja Knips, mit Margarethe Wittgenstein, mit Adele Bloch-Bauer, mit Fritza Riedler, mit Friederike Maria Beer, mit Emilie Flöge geschlafen hat. Und wenn ja, was dann? Wissen Sie dann mehr?"

„Vielleicht."

„Was denn?"

„Woher Klimts obsessive Beschäftigung mit dem weiblichen Körper kam."

„Tja, da studieren Sie am besten weiterhin Ihren Freud. Klimt hätte in der ihm eigenen Schlichtheit nur gesagt: ‚Wozu hat Gott denn die Frauen erschaffen, wenn man sie nicht anschaut?'"

„Er hat an Gott geglaubt?"

„Muss man an Gott glauben, um ihn im Munde zu führen?"

„Aber Klimt hat die Frauen doch nicht nur angeschaut, seine Bilder spiegeln doch nicht nur Oberfläche, selbst die aus seiner Goldenen Periode sind doch mehr als nur schöne Fassade, immer scheint doch auch die Seele dieser Frauen durch…"

„Zumindest scheint in allen Bildern Klimts Begehren durch."

Anton Hainbichler rührte heftig mit dem Silberlöffelchen in der Teetasse, obwohl sich der Zucker längst aufgelöst hatte.

„Freud will doch auch nichts anderes, er will über das Sprechen zur Seele vordringen, nicht über das Schauen wie ein Maler. Natürlich ist das problematisch, es birgt die Gefahr, sich das Objekt des Anschauens anzueignen, einzuverleiben, seiner Subjektivität zu enteignen."

„Mit dem Wort ‚einverleiben' hätte Klimt mit Sicherheit andere Vorstellungen verbunden: vielleicht ein Gabelfrühstück im Tivoli."

„Frau Flöge, heute machen Sie es mir aber wirklich schwer."

„Ich dachte, das ist genau das, was Sie von mir wollen."

Warum war ich nur so gschnappig, so grantig zum Anton Hainbichler, dachte Emilie, nachdem er gegangen war. Richtig fies habe ich ihn auflaufen lassen. Und wollte es doch eigentlich gar nicht. Vielleicht reagiere ich so allergisch, wenn jemand Gustav posthum in theoretische Höhen hebt, wo die Luft ganz ätherisch wird. In meiner Erinnerung ist er immer so konkret, so leibhaftig.

Vielleicht weiß der Hainbichler doch mehr über ihn als ich, die ich ein so klares Bild von Gustav habe – oder haben will. Dabei ist nichts klar.

Gustav war ja gar nicht einfach. Ich habe das dem Hainbichler so hingedreht. Wenn jemand gerne Schweinsbraten mit Rotkraut mag und Bier trinkt, ist er doch noch kein Simpel. Die Wahrheit über einen Menschen ist nie schlicht. Und Gustav konnte so verschlossen sein, als sei seine Seele in viele Lagen Nesseln eingewickelt. Aber dem Hainbichler gegenüber habe ich so getan, als ob jedes Nachdenken über Klimts Persönlichkeit überflüssig sei, weil doch eh alles an der Oberfläche liege.

Das mit dem Einverleiben eines Gabelfrühstücks war ein rechter Schmarrn – und ein bisserl gemein. Hainbichler gegenüber, auch Gustav gegenüber.

Vielleicht habe ich mir auch immer etwas eingeredet in den über zwanzig Jahren, die auf die italienische Krise folgten. Dass Klimt Geschlechtsverkehr mit anderen Frauen braucht, weil das eben so seine Natur ist, dass er seine Triebe befriedigen muss, dass ich aber die bin, die er wirklich liebt – auf eine Weise, die ohne Besitz auskommt. Vielleicht war das alles ein ganz großer Irrtum. Aber ich war immer zu stolz, einen Kompromiss zu leben.

Was hat der Hainbichler gesagt: Der Künstler will doch immer zur Seele vordringen. Und will nicht ein Liebender, auch wenn es scheinbar nur um die Befriedigung der Sexualität geht, auch zur Seele der Frau, mit der er schläft, vordringen?

Nicht Gustav hatte sich mit unserem Status quo eingerichtet, ich war es, die das von ihm verlangte. Er hat doch nicht aufgehört, mich zu begehren. Wie oft habe ich das in unseren glücklichen Sommern am Attersee gefühlt. Wenn wir zusammen im Ruderboot in den Sonnenuntergang gefahren sind. Wenn er mich in meinen Kleidern fotografiert hat. Wenn wir allein durch die Wiesen gewandert sind, wenn... So viele Momente, die möglicherweise beseligend hätten sein können, die ich verschenkt habe. Ich habe auf der Abmachung bestanden, dass wir nur ein Paar sein könnten, das ohne die letzte Intimität auskommen müsse. Ein äußerst kluger Kontrakt, so kam es mir vor.

Und Gustav hat sich daran gehalten, aber nicht weil er das auch klug fand. Er fand es furchtbar. Aber er wollte mich nicht verlieren. Und er sah mich als eine Frau, die sich eisern an Verträge hält. Ich dachte, nur indem ich mich ihm verweigere, kann ich meine Eifersucht beherrschen. Aber was für einen Preis habe ich dafür bezahlt!

Als der Hainbichler den Freud zitiert hat, schien mir das Zitat auf mich zu passen, nicht auf Gustav. Ich habe den Menschen Klimt aufgespalten: in den Triebmenschen, den ich nicht wollte, und den

Künstler, den ich wollte. Dabei habe ich nicht wahrhaben wollen, dass Gustav ein ganzer Mensch war, der nie nur begehrte, sondern immer auch liebte, gleichgültig, ob es ein Vorstadt-Mädchen, eine Frau „von Stand" oder seine Emilie in der Mitte war. Ich war es, die die Unterscheidung eingeführt hat: hier der Wüstling, dort der Genius auf dem Piedestal.

Musste erst Anton Hainbichler kommen, um mir – unbeabsichtigter Weise – einen Lebensirrtum klarzumachen? Dass der Liebe ohne Begehren etwas fehlt, dass auch der Akt immer mehr ist als etwas rein Körperliches, dass Erotik etwas anderes ist als Seelenfreundschaft?

Mein Stolz, mein verdammter Stolz, der mir im Leben so sehr geholfen hat, der mir aber auch im Wege gestanden ist. Meine größte Eitelkeit bestand darin so zu leben, wie es keine andere Frau für sich akzeptiert hätte. Und das von morgens bis abends mit souveränem Lächeln.

Emilie räumte die Teetassen in die Abwasch, die Teebäckerei in die Blechdose, damit sie nicht weich wurde. Sie war so verwirrt heute Abend. All die vielen Gedanken, die ihr durch den Kopf gingen und solch ein Unbehagen auslösten. Heute Abend würde sie eine Schlaftablette nehmen müssen, sonst käme sie nicht zur Ruhe.

Und ich habe doch immer so genau gewusst, was ich wollte, sagte sie sich vor. Und morgen weiß ich auch wieder, dass alles richtig war, so wie es geschehen ist.

Jersey

Die Winter am Attersee konnten sehr kühl sein, auch wenn im Tal selten Schnee fiel. Manchmal bat Emilie ihre Nichte um ein englisches Plaid, das sie sich über die Knie legte, wenn der Ostwind allzu kühl durch die Fensterritzen zog. „Du bist einfach zu dünn, Tante Emmi, da hat man im Alter keine Eigenwärme mehr."

Aber damit, dass Lentschi ihr das Bett jetzt mit Jersey-Wäsche überzogen hatte, war sie zu weit gegangen. Damit hatte sie ihr einen Tort angetan. Musste sie ihre Tante denn unbedingt an eine ihrer Niederlagen erinnern?

Von ihrer Mode-Reise nach London im Jahr 1913 war Emilie begeistert zurückgekommen: In England machte gerade ein neuer Stoff Furore, nach einer der Kanalinseln benannt, weil er dort „erfunden" worden war: Jersey. Dieses Material hatte die schönsten Eigenschaften: es war leicht, schmiegte sich der Figur der Trägerin an wie eine zweite Haut, Jersey war dehnbar, man konnte ihn waschen und auf einen Bügel hängen. Er trocknete faltenfrei und brauchte nicht gebügelt zu werden: ideal für ein Reisekleid oder Kostüm.

Die Faser war Baumwolle, aber sie war nicht gewebt, sondern gestrickt, hatte überzeugende Vorzüge: Man schwitzte nicht in einem Kleid aus Jersey, es wärmte im Winter und kühlte im Sommer. Der Stoff des 20. Jahrhunderts, hieß es bei den Tuchhändlern.

Emilie ließ sich von der Begeisterung anstecken. Aus Jersey würde sie eine Kollektion von Kostümen entwerfen, die die Sensation der Herbstmodenschau im Salon Schwestern Flöge wäre. Sie orderte mehr Ballen als gewöhnlich: Jersey in edlem Grau, in Petrol und Ultramarin und in einem warmen Brombeerton.

Den ersten Dämpfer erhielt sie, als die voluminösen Tuch-Pakete in der Casa Piccola eintrafen: Pauline und Helenes spontan erwarteter Enthusiasmus blieb aus. Pauline, die erfahrene Handwerkerin, rieb den Stoff zwischen Daumen und Zeigefinger: „Wer soll denn das nähen? Der flutscht doch unter jeder Nähnadel weg."

Helene hatte andere Bedenken: „Also edel sieht das Material nicht unbedingt aus. Man kann sich eher vorstellen, dass die englischen Landedelfräuleins so etwas tragen, wenn sie zur Fuchsjagd gehen: Hält warm und ist praktisch und reißt nicht beim Reiten."

Eine leichte Verunsicherung machte sich bei Emilie breit. Aber hatten nicht alle Käufer auf der Modemesse gierig nach dem neuen Stoff gegriffen, auch die französischen Einkäufer der „Galeries Lafayette" und des „Printemps"?

Sie entwarf Kostüme in fließender Linie mit halbhohen Schößchen und dreiviertellangen Röcken, eine klassische Linie, die einen Pfiff durch überlange Revers erhielt, die die Vertikale betonten. Hochgewachsene schlanke Frauen mussten in solchen Kostümen aristokratisch aussehen.

Die erste Zuschneiderin schimpfte in einem Ton, der sich in aristokratischen Kreisen nicht hätte hören lassen dürfen: „So a Gwirx! Kruzitürken nochamoi! Der Schas will einfach nicht, wie ich will. Der weicht nach rechts aus, der weicht nach links aus, die Schere kann einfach keinen geraden Schnitt machen, das geht nicht."

Pauline nahm einen Probestreifen und versuchte es selbst. Es ging wohl, man konnte den Stoff schneiden, aber nur, wenn man festes Material unter- und sehr viel Geduld an den Tag legte. Auch da noch reagierte der Jersey wie ein störrisches Pferd, das immer wieder auszubüchsen versuchte.

Verzweiflungsschreie aber erfüllten die Werkstatt, als es daran ging, den Jersey zu nähen. Die Näherinnen, die gewohnt waren, auch extravagante Ideen auszuführen, traten in eine Art kollektiven Streik: Keine einzige gerade Naht könne man nähen, die Nadeln würden sich in den Maschen des gestrickten Stoffes verfangen, ihn auftrennen.

Pauline nähte abends, nachdem die Werkstatt leer war, einen einfachen, gerade geschnittenen Rock mit der Hand, nähte mit der Sorgfalt und Akkuratesse der erfahrenen Schneiderin, unterfütterte ihn und zog ihn an. Sie schaute sich nicht im Spiegel an, sondern ging geradewegs ins Wohnzimmer, wo Barbara, Emilie und Helene saßen und versuchten, das justament streikende Grammophon in Gang zu setzen. „Pauline, du bist unsere einzige Rettung, du weißt doch immer in technischen Dingen..." Helene stockte. Jetzt schaute auch Emilie auf. „Ist das ein Jersey-Rock?", fragte sie betont ausdruckslos. Pauline nickte und drehte sich um. „Vielleicht könnten wir sie als ‚Kaminröcke' anbieten", schlug Helene nach einer Weile vor.

„Das werden wir ganz sicher nicht", sagte Emilie mit deutlicher Schärfe.

Am nächsten Tag telefonierte Emilie mit dem englischen Tuchhändler. Über dem Kanal schien es einige Turbulenzen zu geben, das Gespräch war mühsam.

Mister Harrison erklärte, dass man bestimmte Nähnadeln brauche, stumpfe oder mit Kugeln, die die feinen Maschen des Stoffes nicht zerstörten. Er werde Miss Flöge solche schicken. A dozen pieces, of course. Und der traditionelle Gabardine, wie er im Katalog unter der Bestellnummer Y728 stehe: In welchen Farben? Wie viele Ballen?

Das Paket aus London brauchte vier Wochen, um nach Wien zu gelangen. Die speziellen Jersey-Nähnadeln passten nicht in die Singer-Nähmaschinen: Das englische Fabrikat funktionierte nur in englischen Maschinen. Bei der Firma Singer hatte man noch nichts von Jersey-Stoffen und Spezialnadeln gehört.

Die Näherinnen arbeiteten unter Hochdruck, um bis zur Vorführung der neuen Modelle im Salon Flöge Kostüme in herkömmlichen englischen Stoffen zu nähen. Der Schnitt war natürlich neu, die Linie anders als im vergangenen Jahr, die Röcke leicht ausgestellt, die Jacken stärker tailliert, die Revers schmaler als üblich: Fräulein Emilie Flöge hatte wieder einmal das klassische englische Kostüm individuell variiert.

Pauline nahm eine Näherin beiseite und ließ sie aus festem Baumwollstoff Hüllen für die vielen unbrauchbaren Ballen Jersey nähen, verstaute dann die Pakete in einem der Kästen im Büro. Emilie zahlte aus ihrer Privatschatulle den Verlust in die Geschäftskasse. Für ein paar Tage war Feuer am Dach, Vorwürfe lagen wie Zunder überall verstreut, aber der Schwelbrand konnte gelöscht werden. Vor allem Pauline und ihrer ruhigen Art war es zu verdanken, dass die Krise schnell bereinigt wurde.

Bei der Auflösung des Salons 1938 tauchte der Jersey wieder auf, Emilie erinnerte sich an das Debakel vor 25 Jahren und wollte die Ballen fortgeben. Aber Lentschi protestierte: das war doch feinstes englisches Tuch, erstklassig erhalten, und inzwischen hatte der Jersey seinen Siegeszug auf dem Kontinent angetreten. Emilie nähte sich drei Jumperkleider in Petrol, Grau und Brombeer, Lentschi zwei Kostüme – und aus dem feinen, hellgrauen Stoff nähte Lentschi Bettbezüge, deren Eigenschaften sie rühmte: So kuschelig warm und weich habe sie noch nie geschlafen.

Emilie aber bestand darauf, weiterhin in weißer Damastwäsche zu ruhen. Kompromisse mache man ohnehin schon genug im Leben.

Und darauf würde sie auch weiterhin Wert legen, so alt war sie nun auch noch nicht, dass sie Schönheit für Bequemlichkeit eintauschen würde. Das musste sie Lentschi einfach klarmachen. Diese liebte neuerdings das Wort „praktisch" so sehr. Alles was praktisch war, war auch gut. Woher hatte sie das nur? Von ihr zumindest nicht.

Die Bettwäsche jedenfalls musste gewechselt werden.

Das unschuldige Mädchen

„Was mich immer aufs Neue in Faszination und Begeisterung zu versetzen im Stande ist", hub Anton Hainbichler an, „ist Klimts frühes Bild von Ihnen aus dem Jahr 1891." Hainbichler hatte so eine gravitätische Art, eine Ansprache zu formulieren, die eigentlich nicht zu seinem jugendlichen Alter passte. Im Laufe eines Gesprächs konnte sich dieser Zug verlieren, aber am Anfang spürte Emilie den Duktus eines Professors am Pult – sie sah den gelehrten Kunsthistoriker Hainbichler voraus.

„Es gefällt Ihnen also", sagte Emilie lächelnd, „das hätte ich mir denken können. Es gefällt allen."

Hainbichler lehnte sich zurück, als habe er einen Schlag auf den Handrücken erhalten: „Sie mögen das Bild also nicht?"

„Ich war siebzehn Jahre alt, und der Herr Klimt war bereits ein berühmter Maler, es war eine Ehre, von ihm gemalt zu werden, meine Eltern waren hocherfreut, als er das Ansinnen äußerte."

Hainbichler zog die Kopie des Bildes aus seiner Aktentasche, nahm sie in die Hand und verharrte im Schauen. Er fürchtete offensichtlich, dass jedes weitere Wort Entgegnungen Emilies provozieren könnte, die seine Verzauberung zerstörten. Vielleicht sollte er einfach mit dem Rahmen beginnen.

„Schon zu diesem frühen Zeitpunkt hat Klimt auch die Rahmen als Teil des Bildes mitgestaltet. Ich denke an das wunderbare Bildnis des Pianisten Joseph Pembaur. Das Porträt ist eingebettet in einen Rahmen mit Motiven von griechischen Vasen, ein Bild im Bild. Bei Ihrem Porträt hat er die Zartheit der jungen Frau durch japanische Kirschzweige, Bambusblätter und andere Blattornamente verstärkt, der goldene Holzrahmen romantisiert das Objekt – und ich glaube, dass Klimt zum ersten Mal seiner Liebe zum Asiatischen künstlerischen Ausdruck verleiht, die ja später viel deutlicher zu Tage tritt."

„Fein beobachtet", sagte Emilie. Hainbichler wurde nervös. Man wusste nie, wann Frau Flöge ironisch wurde.

„Es ist natürlich noch ganz im Stil der Historienmalerei entworfen, aber man spürt doch schon, dass Klimt darüber hinausgeht, das Naturalistische wird zurückgenommen, offenbar um symbolisch überhöht zu werden, das ‚Bildnis Sonja Knips‘ scheint schon durch, auch wenn Sie noch sehr streng im Dreiviertelprofil gehalten sind.“

„Und was genau ist es, das Sie an diesem Bild fasziniert, Herr Hainbichler?“

Emilie beugte sich vor, als sei sie wirklich gespannt auf die Antwort.

Natürlich geriet Hainbichler ins Räuspern und Stottern. Aber dann ermannte er sich und hob den Blick: „Im ersten Augenblick könnte man glauben, dass es sich um eine Fotografie in Sepia-Braun handelt, so exakt, so sorgfältig ist die Ausführung des Gesichts. Das weiße Kleid ist ja weniger detailliert ausgeführt, gibt nur einen hingehauchten Eindruck von Zartheit und Weiße des Stoffes. Aber das Gesicht ist so fein und subtil gemalt, das es in einer anrührenden Weise von innen heraus leuchtet. Wie es Klimt gelungen ist, so etwas Reines, Unschuldiges, Zartes, ja, Bräutliches zum Leben zu erwecken! Eine junge Frau jenseits dieser Welt.“

Eine wahre Empfindung darf man nicht ins Lächerliche ziehen, dachte Emilie. Hainbichler hatte sich offensichtlich in dieses Bild verliebt und in die junge Emilie – oder in seine Projektion dieser Emilie.

Dabei sah sie, die Emilie von heute, nicht nur den alabasternen Kopf ihres jüngeren Selbst, die mädchenhafte Frisur, die schimmernde weiße Tüllbluse, das zarte Blätter-Diadem im Haar, all das, was auf Außenstehende den Eindruck von jugendlichem Schmelz und zartbehauchter Unschuld hervorrief, sie sah auch die entschlossen ausgeprägte Nase, die Klimt noch verlängert hatte, den klaren Blick und vor allem den sehr fest geschlossenen, schmalen Mund. Gustav hatte doch mehr in ihr entdeckt als ein behütetes Mädchen, das von der Liebe träumt, sondern – zu einem Zeitpunkt, als sie es selbst noch nicht ahnte – eine junge Frau, die ihr Leben in die Hand nimmt.

War das nicht seine besondere Gabe gewesen, im Prozess des Malens seelische Schichten einer Frau freizulegen, von denen diese oft nichts ahnten? Wahrscheinlich benötigte er darum so viele Skizzen und Zeichnungen, manchmal gar hundert, bis er mit einem Porträt beginnen konnte – und immer kam er mit einer Frau eher im Leben an ein Ende als im Malen. Es war ja auch kein Zufall, dass er sich, obwohl es Angebote genug gab, weigerte, Männer zu porträtieren – Pembaur war ein frühes Bild, eine Ausnahme. Und wenn einige der porträtierten Damen gar nicht zufrieden mit ihren Bildern waren, lag es daran, dass sie ein anderes Bild von sich hatten, als Klimt es ihnen vorhielt, ein Selbstbild, das sie nicht in Frage gestellt sehen wollten. War ihr das nicht selbst mit Gustavs späterem, großem Emilie Flöge-Bild so gegangen, das er schließlich „verschachert" hatte, weil sie ihre Enttäuschung nicht verbergen konnte? Vielleicht hatte Gustavs Größe genau darin bestanden, auch die reichsten Auftraggeber nie zu bedienen und ihre Erwartungen nicht zu erfüllen, sondern die Frauen immer so zu malen, wie er ihr Wesen erspürte.

Und manchmal hatte ihn sein Gespür wohl auch verlassen. Nicht nur bei Margarethe Stonborough-Wittgenstein, sondern auch bei Rose von Rosthorn-Friedmann, die er als paillettenglitzernden Vamp porträtiert hatte, die aber eine berühmte Alpinistin war, die erste Frau, die die Ostwand des Watzmanns durchstiegen und an anderen Erstbesteigungen teilgenommen hatte, die in der klaren Luft der Alpengipfel zu Hause war und nicht in schwülen Boudoirs.

Aber der junge Herr Hainbichler, der sich als ausgewiesener Klimt-Kenner einschätzte, war ein Romantiker: Vielleicht bedurfte er nach dem Studium so vieler Bilder nackter, schwangerer, masturbierender, in lesbischer Liebe verknoteter Frauen als Kontrast des Mädchens als unschuldige Braut.

Was sollte sie ihm sagen?

„Wissen Sie, als junges Mädchen war ich ziemlich rebellisch. Ich war kein sanftes Täubchen. Meine Mutter habe ich oft genug mit meinen Widerworten zur Weißglut gebracht. Wenn Sie lange genug hinschauen, werden Sie auch das in dem Bild entdecken. Klimt hat es jedenfalls in mir gefunden – und das hat ihm besser gefallen als alle Unschuld."

„Ach, gnädige Frau, jetzt kokettieren Sie aber sehr", lachte Hainbichler befreit auf. „Wenn das mit der rebellischen Natur stimmen sollte, waren Sie ihr Leben lang eine glänzende Schauspielerin. Alle Fotos, die ich gesehen habe, zeigen eine lachende oder lächelnde Emilie Flöge, eine wohltemperierte Persönlichkeit mit großer Ausstrahlung."

„Ja, wenn Sie das so wahrgenommen haben, wird es wohl stimmen." Emilie hatte sich vorgenommen, heute ausnahmsweise freundlich zu ihrem harmoniebedürftigen Gast zu sein.

Aber damit sollte es auch langsam genug sein, Hainbichlers Besuch heute sollte der letzte sein. Sie war nun bald 74 Jahre alt und hatte einen Anspruch auf Ruhe. Aber Hainbichler gab noch keine Ruhe. Er wollte noch über die Mode der Belle Époque und das Innovative an der Mode im Geist der Secession dozieren. Die Frau sei im vormodernen Wien der Definition durch männliche Fantasien unterworfen gewesen, auf ihre Biologie reduziert, entweder erlösende Göttin oder Sexualobjekt, keinesfalls aber ein unabhängiges, selbstbestimmtes Wesen. Die Dichotomie zwischen Verführung und Emanzipation sei ein uraltes Thema und auch in der Gegenwart keinesfalls obsolet geworden. Der Klimt-Kreis hätte Zeichen gesetzt, diese Rollenstereotype zu durchbrechen. Man dürfe nicht vergessen, dass zu dieser Zeit Otto Weiningers „Geschlecht und Charakter" erschienen sei, ein wütendes, frauenfeindliches Pamphlet, in dem Weininger den Frauen jeden Geist abgesprochen habe, auch jede Sittlichkeit. Die Frau sei reine Sexualität, nichts als Materie, triebhaft, minderwertig. Und vor Weininger habe bereits Möbius mit seinem Buch „Über den physiologischen Schwachsinn des Weibes" Aufsehen erregt – vor diesem Hintergrund seien doch die emanzipatorischen Bemühungen einer Emilie Flöge oder einer Berta Zuckerkandl im Wien der Jahrhundertwende leuchtende Vorbilder für die Gegenwart.

Emilie stand auf. „Vielleicht bin ich jetzt reine Materie, Herr Hainbichler, ich bin müde." Hainbichler errötete, wie zu erwarten war, und verbeugte sich mit tausend Entschuldigungen. „Verzeihung, gnädige Frau, es geht immer wieder mit mir durch. Aber verstehen Sie bitte in allem, was ich sage, dass ich Sie grenzenlos bewundere!"

Lentschi

Lentschi war eine „bella frutta dell'amore", ein schönes Kind, vor der Ehe in Liebe gezeugt. Ihr Vater, Ernst Klimt, vergötterte seine kleine Tochter. Sie war ein Jahr alt, als er krank wurde, starb und seine Frau Helene und seine Tochter Helene auf der Welt zurück-ließ. Aber Helene, die Lentschi genannt wurde, blieb in der Liebe. Ihre Mutter, die Großmütter, die Tanten, ihr Onkel Hermann, ihr Onkel Gustav – sie alle waren verrückt nach ihr. Klimt malte sie als sechsjähriges Kind – es ist eines seiner wenigen Kinderporträts, und es ist bezaubernd, weil er ein Kind ganz „bei sich" sieht, un-angerührt von allem, was außerhalb seiner kleinen Welt geschieht.

Lentschi verlor ihren Ehemann, Dr. Rudolf Donner, als sie 36 und dieser 38 Jahre alt war, sie hatten keine Kinder. Sie zog zurück zu ihrer Mutter und ihrer Tante Emilie in die Mariahilfer Straße und übernahm Paulines Rolle im Salon.

Lentschi hatte von ihrer Mutter die praktische Ader und den Flöge'schen Familiensinn geerbt, von ihrem Vater den Wiener Charme und die Liebe zur Musik (auch wenn ihr Geschmack mehr zu Richard Strauss als zu Johann Strauss tendierte), „und vom On-kel Gustav die Schönheit", wie sie gerne sagte, wenn die Rede auf vererbte Ausstattung kam. Was eindeutig zeigte, dass ihr Tante Emilie einen Hang zur Ironie vererbt hatte.

Nach Rudolfs frühem Tod gab es nicht wenige wohlmeinen-de Freundinnen und Verwandte, die ihr rieten, nach einem neuen Mann Ausschau zu halten. Sie war noch so jung, sie war attraktiv – und arm war sie auch nicht. Lentschi lehnte die guten Ratschläge ebenso wie die Bemühungen älterer oder verwitweter Herren der besseren Wiener Gesellschaft, die ihr den Hof machten, ab. „Wenn man Rudolf geliebt hat, was kann einem da noch ein anderer Mann bieten?", sagte sie. Helene und Emilie, die sich nicht weniger als junge Witwen empfunden hatten, als Ernst und Gustav starben, kam dieser Satz mit einem anderen Vornamen vertraut vor. Es ging gar nicht um Treue über den Tod hinaus – das verlangte nicht einmal die katholische Kirche, und die war nicht zimperlich in ihren moralischen Forderungen. Es war einfach das beste Rezept, unglücklich zu werden und unglücklich zu machen, wenn man einen zweiten Mann nahm, der dem ersten nicht das Wasser reichen konnte. Dabei waren die Flöge-Frauen klug genug, um zu wissen, dass die posthume Idealisierung mit dem Tag des Begräbnisses einsetzt: ein unbewusster Drang, den Verstorbenen zu einer Ikone zu modellieren, der dem Menschen aus Fleisch und Blut, der jener einmal gewesen war, alles natürliche Leben entzog und ihn mit einem Nimbus aus verklärten Erinnerungen umgab.

Helene Klimt, geborene Flöge, starb 1936 an Brustkrebs. Lentschi, ihre Tochter, blieb bei Emilie und betrieb mit ihr den Salon Flöge – oder was nach dessen Auflösung davon übrigblieb – als exklusive kleine Kleidermacherei in der Ungargasse.

Lentschi lebte bei ihrer Tante Emilie bis zu deren Tod im Jahre 1952. Sie war ihre Alleinerbin; das Haus in Weißenbach, das 1926 als Gästehaus der Familie Brauner gebaut worden war und das Emilie und sie in den Dreißigerjahren gekauft hatten, wurde jetzt zur „Donner-Villa". Lentschi erbte den Teil von Emilies Klimt-Nachlass, der nicht den Flammen in der Ungargasse zum Opfer gefallen war. Sie hütete ihn mit der gleichen Diskretion und Ehrfurcht wie ihre Tante. Helene Donner starb im Jahr 1980 im Alter von 88 Jahren – so alt war noch kein Mitglied der Flöge-Familie geworden. Erst dann gelangte einiges aus dem Klimt-Nachlass, wie etwa seine 399 Postkarten und Briefe an Emilie, an das Licht der Öffentlichkeit.

Und wie Emilie vorausgesehen hatte, traten Interpreten in Scharen auf und werteten das Konvolut aus: eine unersetzliche Quelle für die Erforschung der Persönlichkeit Klimts, fanden die einen. Ein Beweis der innigen, wenngleich wenig erotischen Lebensgemeinschaft des Paars Klimt-Flöge, die anderen. Und ein paar ganz nüchterne Analysten befanden: Die Mitteilungen Klimts seien von erschreckender Banalität.

Das Leben ein Traum

„Ich bin wieder zurück, Emmi", rief Lentschi, als sie schwer bepackt mit Lebensmitteln in die Wohnung trat. Sie war echauffiert, das Auto streikte, so hatte sie alle Einkäufe in Weißenbach zu Fuß erledigen müssen. Und das an einem der heißesten Augusttage des Jahres. Der Attersee lag ölig und matt, die Touristen liefen in kurzen Hosen durch die Stadt, auch die Frauen.

„Ich muss mich erst einmal umziehen."

In Lentschis Einkaufskorb steckte mitten im Karottenlaub ein Brief wie eine Glückwunschkarte in einem Blumenpräsent.

Es wird wohl wieder der Herr Hainbichler sein, dachte Emilie, der ersuchte sie nämlich, wenn sie nicht in Wien war, schriftlich um Antworten auf seine unverständlich formulierten Fragen. Aber sie war seiner müde. Es war jetzt genug mit der ganzen Fragerei. All die Historiker oder Kunstgelehrten würden über Klimt schreiben, was sie wollten, und je abenteuerlicher sie schrieben, umso mehr Erfolg würden sie haben. Was hatte sie mit alldem noch zu schaffen!

„Emmi, warum sagst du denn nichts", rief Lentschi aus dem Badezimmer. „Ist alles in Ordnung?" Sie kam ins Wohnzimmer, frisch gekämmt und umgezogen. Auf ihrer Oberlippe standen immer noch Schweißperlen. „Heute gibt es eine echte Rübli-Torte, speziell zu deinem Geburtstag! Seit dir einmal deine Schweizer Freundin Rosalie, die du in Gastein kennengelernt hast, den Kuchen mitgebracht hat, hast du doch immer davon geschwärmt. ‚Besser als jede Sacher-Torte', hast du behauptet."

„Ach, ist denn wirklich schon wieder der 30. August? Ich dachte, es sei erst der 28." Und hatte ich jemals in meinem Leben eine Schweizer Freundin, überlegte Emilie.

„Beim Kaffee musst du mir alle 30. Auguste deines Lebens aufzählen, die vielen am Attersee kenne ich – aber wo hast du die Geburtstage vorher verbracht? Eine gute Gedächtnisübung!"

„Ach, Lentschi, du weißt, Erinnern ist nicht meine Stärke. Und in meinem Alter sind Geburtstage nur noch Menetekel!"

„Keine Morgendepression, Emmi. Ich verdunkele das Fenster, damit das Zimmer schön kühl bleibt. Ich lege dir deine Lieblingsmusik auf."

War das wirklich der einzige Geburtstagsbrief, der gekommen war? War sie schon so vergessen, dass niemand mehr an sie dachte? Aber alle, die an sie hätten denken können, waren ja schon tot. Und einmal hatte sie doch zum inneren Kreis einer Gesellschaft gehört, die das Wien zu Beginn des Jahrhunderts verändert hatte. So viele Glückwünsche waren jedes Jahr nach Kammer und Weißenbach gekommen, und wenn sie im September zurück nach Wien kam, lagen in der Silberschale im Vestibül Briefe zuhauf.

Und jetzt Rübli-Torte von Lentschi. So manche alte Frau war schlechter dran als sie.

Sie stand auf und suchte ihre Handarbeitsschere. Manchmal fertigte sie noch kleine Stickereien an, der Korb mit den Stickgarnen, den Nadeln und Scheren stand immer neben ihrem Fauteuil. „Wenn es dich beruhigt", sagte Lentschi dann. Alles, was man tat, wurde nur noch unter therapeutischen Gesichtspunkten verworfen oder begrüßt. Das war die Kränkung der Wohlmeinenden.

Waren Lentschi und sie nicht früher an ihrem Geburtstag zum Föttinger-Gasthaus nach Steinbach gewandert, hatten dort einen Saibling oder einen Zander gegessen und von der Terrasse aus auf den See und auf das am Ufer stehende Komponierhäusl geschaut, in dem Gustav Mahler Mitte der Neunzigerjahre seine 3. Symphonie komponiert hatte? Das war jetzt nicht mehr möglich, Lentschi legte ihr jetzt am Geburtstag Mahlers Dritte auf den Plattenspieler. Man lebt im Alter immer mehr vom „Stattdessen", dachte Emilie.

Der Brief. Wie schön er sich im Karottenlaub ausgemacht hatte, er hätte dort steckenbleiben sollen. Wie ein Strohstern am Weihnachtsbaum.

Wo hatte sie denn ihre Lesebrille hingetan? Das Beste war, abzuwarten, ganz einfach in ihrem Sessel zu sitzen, die Augen zu schließen. Wenn sie sie öffnete, saß die Brille auf der Nase. Das geschah häufiger.

Das war Gustavs Schrift. Dass sie das nicht auf Anhieb erkannt hatte, diese Buchstaben, die wie Derwische auf dem Papier tanzten und jetzt noch krakeliger, noch unleserlicher waren als früher. Emilie Flöge, Gmauret 7, Weißenbach. Manche schrieben auch heute noch Fräulein Emilie Flöge, Gustav aber nicht mehr. Im Umschlag steckte eine Karte vom Schloss Schönbrunn, Gartenseite.

Sie drehte die Karte um, das Entziffern nahm eine erkleckliche Zeit in Anspruch. Zwischendurch musste sie sich immer wieder die Augen reiben.

„Liebe Emilie; jetzt zittert auch die rechte Hand, der Pinsel fällt ständig auf den Boden. Ich kann nicht mehr stehen, sitze auf einem Hochstuhl wie ein kleines Balg. Wetter grauslich. Magendrücken die ganze Nacht. Wien raubt mir die letzte Kraft. Will an den See. Kann Lentschi mich holen? Gruß Gustav."

Ihren Geburtstag hatte er wohl vergessen.

„Aber Emmi, es ist doch viel zu dunkel zum Sticken", rief Lentschi, als sie mit dem Tee ins Wohnzimmer kam. „Und was hast du denn da für ein Büschel Karottenlaub in der Hand?"

„Gustav will kommen."

„Ach, Emmi!" Lentschi nahm ihrer Tante liebevoll den Stickrahmen und das Grünzeug vom Schoß.

„Du musst ein bisschen schlafen."

MARGRET GREINER

»Mutig und stark alles erwarten«
Elisabeth Erdmann-Macke
Leben für die Kunst

352 Seiten, btb 75963

Auf Freiheit zugeschnitten
Emilie Flöge
Modeschöpferin und Gefährtin Gustav Klimts

304 Seiten, btb 71413

Margaret Stonborough-Wittgenstein
Grande Dame der Wiener Moderne

304 Seiten, btb 71875

btb

Gustav Klimt: „Brustbild Emilie Flöge", Pastell/Karton, 1891

Gustav Klimt:
„Bildnis Emilie Flöge",
Öl auf Leinwand, 1902

Gustav Klimt: „Die Sonnenblume", Öl auf Leinwand, 1906/07

Gustav Klimt: „Die Freundinnen II", Öl auf Leinwand, 1916/17